金朝往事系列

耿元骊 主编

世章之治
盛世下的危机

张宝珅 著

辽宁人民出版社

© 张宝珅　2025

图书在版编目（CIP）数据

世章之治：盛世下的危机 / 张宝珅著. -- 沈阳：辽宁人民出版社，2025.7. --（金朝往事系列 / 耿元骊主编）. -- ISBN 978-7-205-11547-0

Ⅰ．K246.09

中国国家版本馆 CIP 数据核字第 2025X3M960 号

出版发行：辽宁人民出版社
　　　地　址：沈阳市和平区十一纬路 25 号　邮编：110003
　　　电　话：024-23284191（发行部）　024-23284304（办公室）
　　　http://www.lnpph.com.cn
印　　　刷：清淞永业（天津）印刷有限公司
幅面尺寸：145mm×210mm
印　　张：10.5
字　　数：177 千字
出版时间：2025 年 7 月第 1 版
印刷时间：2025 年 7 月第 1 次印刷
责任编辑：姚　远　赵维宁　蔡　伟
封面设计：乐　翁
版式设计：一诺设计
责任校对：吴艳杰
书　　号：ISBN 978-7-205-11547-0
定　　价：78.00 元

总 序

金朝：自树唐宋之间

9—13世纪的欧亚大陆东端，在大唐王朝逐渐走向衰败消亡的同时，北方各族群勃兴未艾，契丹人、女真人、党项人与中原汉人族群形成了广泛而激烈的对抗。辽、宋、西夏、金几大势力反复争夺，最终形成了对峙之局，开启了第二次南北朝时期。群雄争霸之时，生长于白山黑水之间的女真人，由完颜阿骨打带领，成为其中极耀眼的一支，并最终成为东北亚霸主，建立"金朝"。征战中金朝维持近一百二十年，成为中国历史上一个极为重要的朝代，置身唐宋之间，自有独特地位。

全盛之时的金朝，北达外兴安岭-库页岛，南到淮河-大散关，东到日本海，西至今呼和浩特-延安-兰州一线更西，面积约360万平方公里，与此对照，南宋面积约200万平方公里。南宋人口高峰期约6000万，金朝人口也有4800万。虽然在文化创造、经济开发上略输一筹，但无论是军事实力还是当时周边威望，在南北多方对峙当中，金朝都更占上风。"辽主见获，宋主

世章之治：盛世下的危机

被执",是它的高光时刻;"大定民兴咏,明昌物适宜",是它的全盛之际;"跨辽宋而比迹于汉唐"是后世史官的高调褒扬。

宋政和四年（辽天庆四年），也就是公元1114年，完颜阿骨打兴兵宁江州，开启了反辽征程，随后在出河店赢得第一次大捷，第二年就开启自立之途，定国号大金。辽天祚帝亲率70万大军，想在黄龙府一举剿灭只有2万人的女真军。不想女真军勇猛剽悍，以少胜多，大败辽军，战绩辉煌，由此开启了兵锋威震天下之势。随后一路南下，攻占了辽上京、中京、西京、南京，天祚帝出逃被俘，被封为海滨王，居于长白山东。而宋徽宗不知己方军事实力，更对天下局势没有准确判断，妄想恢复燕云，建立超迈祖宗的不世功业。在马植等人建议下，派人过海到辽东与女真结盟。但宋军战力不强，独自面对失势且无后援的辽军，仍不能取胜，两次攻打燕京均告失败，最终还是由金军攻占燕京。面对军事无能的局面，宋方还要招纳降将，贻人口实，被指责为"渝盟"。1125年，金军南下攻宋，而徽宗应对失当，一味想逃跑避敌，匆忙传位给太子，是为钦宗。金军一路向南，直抵开封城下。一年多时光里，在后方局势占优的情况下，北宋君臣采取种种匪夷所思应对策略，终致败局，二帝被俘，被封为昏德公、重昏侯，迁居东北，北宋灭亡。自起兵到灭辽灭宋，十余年而已，所谓"金之初兴，天下莫强"的局面得以一气呵成。

金朝近一百二十年历程当中，"海内用兵，宁岁无几"，但是

总序　金朝：自树唐宋之间

就在年年征战，高层矛盾持续不断，纷争无日无之的局面下，却出现了世章之治的国泰民安光景。耶律楚材说，"大定民兴咏，明昌物适宜"，也算和杜甫名句"忆昔开元全盛日"一样的追忆名句了。金世宗熟悉中原文化，提倡以史为鉴，认为历史很重要，特别是认真通读过《资治通鉴》《汉书》等汉文典籍，还能评论一二，足见其吸收能力。世宗下令翻译"五经"，完善科举制度，专门开设女真进士科，多管齐下，金朝出现了"国朝文派"。儒学事业在金朝达到了鼎盛状态，"声明文物出中天"。世宗也被《金史》称赞为"小尧舜"，"金源大定始全盛，时以汉文当世宗"。世宗之后，由皇太孙章宗继位，赓续以文治国道路，继续扩大推广儒家文化，完善礼乐制度，推动国家礼制形成体系，编成《大金集礼》。加强法律体系建设，制定了《泰和律》。史家褒奖说章宗统治时期，"宇内小康，乃正礼乐，修刑法，定官制，典章文物粲然成一代之治规"。章宗在位之时，南宋主动进攻，发动了"开禧北伐"，金朝实力仍在，最终在大幅度消耗国力的前提下，取得了"嘉定和议"的胜利。金朝声望在泰和年间的东北亚达到了顶峰状态，大定明昌，成为金朝历史上的一段绝唱。

金史学界将金朝主体文化归纳为"金源文化"，称其是以女真文化为基础，融合了中原文化和其他北方文化，最终形成的一种新北方文化。也有学者认为，金源文化吸纳和融汇多民族文化，成为一种东北区域文化，在交往交流交融当中，最终成为中

世章之治：盛世下的危机

华文化支脉。女真早期完颜部，基本没有什么典籍，没有文字，无官府，大体处于部落联盟阶段。在辽统治下，逐渐学习到了契丹人的文化知识，掌握了建立统治体系的办法。完颜阿骨打建政不久，就由完颜希尹创设了所谓女真大字，然后又创设了女真小字。有了文字，就有了记录、交流的精密工具，说明女真文化水平在逐步提高。不过，从现存金代高水平作品来看，大多数还是汉文作品。攻破开封之时，金军大量索取医人、艺人、工匠迁往北方，也说明北方能工巧匠还不多，水平还不是足够高。但是以此为基础，金朝工艺水平有了很大提升，在建筑、纺织、艺术等方面都呈现了自己的特点。金熙宗这样狂暴的君主也亲自到孔庙祭拜，以后各代也都重视尊孔，提倡儒家教育。金朝在太宗时期，就开始学习中原王朝，编纂国史、实录，建立了修史制度，甚至还修成了一部《辽史》，成为元修《辽史》的基础。金人在几番争论之后，还采用了五德终始之说，主动纳入中国历史谱系，自称是"中华"正统继承者。元代郝经就说，"金源氏有天下，典章法度几近及汉唐"，史称其"跨辽宋而比迹于汉唐"。

到金代末期三帝，面对来自蒙古高原的强敌，虽然自身决策并无较大失误，但是"形势比人强"，局部可抵抗蒙军势力，全局上还是节节败退。宣宗畏敌如虎，蒙古大军兵临中都城下，竟然如徽、钦二帝一样相信术士可作法取胜，幸而蒙古大军议和妥协暂退。在重重压力之下，宣宗决定将首都从中都（今北京）迁南

总序　金朝：自树唐宋之间

京（今河南开封）。哀宗继位后，被迫迁归德（今河南商丘），再迁蔡州（今河南汝南），最终在蔡州亡国。但是败亡之际，金哀宗还算是有英雄气概，自杀殉国，所谓"图存于亡，力尽乃毙"。

金朝历史一路走来，波澜壮阔，悲壮沉浮。在金、西夏、南宋的对峙当中，金朝基本占据上风，但是面对蒙古大军，也难逃溃败命运，自然让人更加唏嘘。如果想了解女真人百年历程，观察辽、宋、西夏、金四方五政权彼此角力的精彩斗法，自然要读"金朝往事"。与往事系列其他朝代撰写思路相同，孟浩然"人事有代谢，往来成古今"最能代表我们的心声。没有人，没有事，也就没有历史。见人，见事，方见历史。考虑到史料局限性，我们选择了五事来进行描绘，各书仍然是尽力做到文字流畅，线索清晰，分析准确精当，且可快速读完。希望读者朋友能和我们一起思考金朝，思考第二次南北朝的对峙之局，回首"金朝往事"。

女真初起，完颜部源于按出虎水，即今黑龙江哈尔滨东阿什河，女真语"金"即"按出虎"，传说由此得大金之名。无论是经济社会发展程度，还是军事装备技术，甚至是后勤财政支援，辽的实力都是远远高于女真。但是就是这样一支没有财政支援，没有后勤力量，只凭一个杰出头领，由不世出的英雄豪杰完颜阿骨打带领，一群白山黑水之间的精兵猛将，运筹帷幄，十余年间，吞辽灭宋，功勋卓著，伟业足以震古烁今。女真人如何兴起，不由得让人长思。故有《女真崛起：辽朝后方的强大部族》

世章之治：盛世下的危机

一部，探析辽朝后方如何生成了如此强大的部族且如何成长为辽之大患。

金人只用十余年征战，就俘虏天祚帝，歼灭立国二百年的辽朝。先与宋结成海上之盟，但是在战争中发现宋军实力不济，军纪不整，指挥失灵，逐渐起了觊觎之心。正好宋方投机取巧，多次违反盟约，给了金军借口。1125年，金军西路军由云中（今山西大同）攻太原，东路军由平州（今河北卢龙）攻燕京（今北京）。东路军长驱直入，宋军将领郭药师投降，转而带领东路军绕过保州（今河北保定）等有重兵把守的军事关隘，直奔开封而来，兵临城下。东京城内，举措失当，最终二帝北狩，北宋灭亡。故有《吞辽灭宋：金朝建立初期的"壮举"》一部，详细解说金军军事路线、进攻谋略、征战经过，足为鉴戒。

金朝与南宋之间，常有征战，也常有议和，每一次金朝都能得到超额利益。自绍兴和议之后，双方息兵20余年。到1161年，海陵王完颜亮征集60万大军，号称百万雄师，兵分四路，企图饮马长江，一统天下。这一年是正隆六年，史称"正隆南伐"。南宋朝廷上下，再次惊慌失措，不知道如何应对。宋高宗仍然想先行逃跑，令人不齿。恰在此时，一位智勇双全的文官虞允文视察前线，主动承担了防务指挥工作，虽然仓促迎敌，但是组织得法，赢得大胜。完颜亮败退扬州，仍想一鼓作气，攻克临安，再回师消灭发动政变的完颜雍。不过军情骚动，完颜亮被杀，大军

总序　金朝：自树唐宋之间

北返。故有《正隆南伐：图治之君的"疯狂"选择》一部，梳理海陵王南征败亡历程，介绍完颜雍东京政变经历，双线索理解世宗上台的全过程。

完颜雍政变上台，开启了金朝全盛之时，消除了熙宗造成的混乱局面，金朝国力得到全面恢复。世宗将治国重点转入文治，与民休息，整顿吏治，提出各种文教措施，制定礼法，推动文学发展。"不折腾"在任何时代，都是发展民生的好办法，于是出现了社会稳定，百姓基本能安居乐业的新状态。世宗推崇孝道，模仿汉地治国办法，减少对外征伐，保境安民，和安邻国。章宗继位，继续推广以文治国，扩大科举，制定国家礼乐制度。而且取得了反击开禧北伐的成功，重开和议，宣告金朝是天下共主，威望在东北亚达到了顶峰。故有《世章之治：盛世下的危机》一部，详细介绍两位皇帝统治时期，如何追求文治并取得成功的过程。

盛世之后，就是败亡，此为恒久不变的历史规律。到卫绍王和金宣宗时期，虽然帝王昏庸无能，统治腐败，但也看不出有什么重大的过格之举。但是两位帝王如宋钦宗一样倒霉，无论怎么做，都难逃失败命运。全新外部力量，蒙古势力已然在草原崛起。面对再次新兴的北方势力，曾经雄霸北方的女真人在衰落。对蒙古铁骑，女真人几无还手之力。内忧外患加剧了金朝衰败，哀宗虽然积极抵抗蒙古进攻，却无力回天，金朝在蒙古和南宋联合夹击下灭亡。故有《金朝覆灭：北宋悲剧的重演》一部，详细

世章之治：盛世下的危机

介绍金朝灭亡历史，思考金朝灭亡原因。

以上就是"金朝往事"总体设计。与其他往事系列一样，再抄写我们的基本设想：希望以明晰框架，建设具有整体感的书系。既有主线，又可分立；既有清晰流畅的语言，足够的事实信息，也有核心脉络可以掌握。提供给读者既不烧脑，又不低俗的"讲史"，以学术为基础，但又不是满满脚注的学究文。专业学者用相对轻松的笔调来记录和阐释，提供不一样的阅读感受。这个目标做到与否还很难说，但是我们正在向此努力。我们6人用一年多时光，共同打造的5部小书，请读者诸君阅后评判！

感谢陈俊达（吉林大学）、刘晓飞（辽宁师范大学）、齐伟（辽宁大学）、武文君（吉林大学）、张宝珅（内蒙古大学）等辽金史学界青年翘楚（以上按姓名音序）接受我的邀请，参与撰写"金朝往事"。感谢辽宁人民出版社蔡伟编辑及其所带领编辑团队，细致加以审校，使本书能与"唐朝往事""宋朝往事"以同样优美状态呈现出来。

现在，亲爱的读者，请您展卷领略金朝往事，我们一起思考金源文化与中华文化，探索女真人融入中华民族，长期交往交流交融的历史走向！

耿元骊

2025年5月18日于金之南京开封府

目录

总　序　金朝：自树唐宋之间　　　　　　　　　　001

楔　子　同室操戈戏未休　　　　　　　　　　　　001

第一章　城头变幻大王旗　　　　　　　　　　　　008
　　一、完颜雍其人　　　　　　　　　　　　　　009
　　二、辽阳府之变　　　　　　　　　　　　　　019
　　三、海陵王之死　　　　　　　　　　　　　　031
　　四、定鼎中都城　　　　　　　　　　　　　　039
　　五、初步稳局势　　　　　　　　　　　　　　047

第二章　北定契丹南安宋　　　　　　　　　　　　056
　　一、北定契丹　　　　　　　　　　　　　　　057
　　二、南遏宋兵　　　　　　　　　　　　　　　079

第三章　金源大定始全盛　　100
一、轻徭薄赋，与民休息　　102
二、求贤若渴，澄清吏治　　115
三、重视教化，发展文化　　130
四、保境安民，友善四邻　　143
五、"小尧舜"后世扬名　　156

第四章　盛世基业谁人继　　167
一、北幸忆旧俗　　169
二、皇太子允恭　　178
三、册立皇太孙　　195

目 录

第五章　明昌之风承世宗　　　　　　　　　　209

　　一、文治昭融　　　　　　　　　　　　　211

　　二、政治新风　　　　　　　　　　　　　228

　　三、重农惜民　　　　　　　　　　　　　238

　　四、国势顶峰　　　　　　　　　　　　　253

第六章　金源道衰何从起　　　　　　　　　　275

　　一、诸王法禁严　　　　　　　　　　　　276

　　二、监婢可为妃　　　　　　　　　　　　289

　　三、经童再作相　　　　　　　　　　　　299

　　四、后继又无人　　　　　　　　　　　　306

尾　语　日中须景昃，月满必光亏　　　　　　315

后　记　　　　　　　　　　　　　　　　　　318

楔 子
同室操戈戏未休

"女真不满万,满万不可敌",辽朝人没料到这句话最终会成为现实。公元1125年春,在女真人的杰出统帅、金朝的开国皇帝完颜阿骨打去世仅仅一年半后,金朝便正式灭亡辽朝——辽朝的末代皇帝天祚帝耶律延禧成为女真人的囚徒。

中原的宋人也未曾想到,女真人的胃口竟不只在吞灭往日的上国辽国。仅仅在辽朝灭亡的两年后,也就是在公元1127年四月,稳坐汴梁皇城的太上皇宋徽宗赵佶、宋钦宗赵桓,以及宋室后妃、皇子、贵戚等3000余人也全都成为了金人的阶下囚,北

世章之治：盛世下的危机

宋至此灭亡。

"其兴也勃焉"，金朝的崛起无疑当得起这句评价。但乍兴的金朝无论对内还是对外，似乎都充满血腥的色彩。对外，自然是持续的军事征伐和战争杀戮；对内，同族同姓的女真贵族在争权夺利时同样毫不手软。

金太宗天会八年（1130），谙班勃极烈完颜杲去世，导致皇位继承人的位置出现空缺。金廷由此爆发一系列激烈的争斗。首先跳出来的是完颜宗翰，也就是大家熟悉的《岳飞传》小说中的大太子"粘罕"。作为吞辽灭宋的大功臣，同为皇室宗亲的完颜宗翰表示自己"在诸多同辈兄弟中最为年长，且功劳最大，理应获得皇位继承权"。完颜宗翰的竞争对手有金太祖的长子完颜宗干和金太宗的嫡长子完颜宗磐，完颜宗干认为自己作为太祖的长子，继承皇位是当仁不让。完颜宗磐则对完颜宗干说："你虽然是太祖的庶长子，但我是当今皇帝的嫡长子。"因此认为自己才应该成为太宗的储嗣。

三方势力争论不休，金太宗也无可奈何，只能任由事态发展。悬而未决自然不是长久之计，完颜宗干和完颜宗翰最终达成妥协。天会十年（1132），完颜宗干同入朝的左副元帅完颜宗翰、右副元帅完颜宗辅、左监军完颜希尹商定，共同推举太祖嫡孙完

楔　子　同室操戈戏未休

颜亶作为金太宗的继承人。完颜亶，女真名合剌，其父是阿骨打的嫡长子完颜宗峻。完颜宗峻于公元1124年去世，根据女真的"收继婚"习俗，完颜宗峻的妻儿多由阿骨打的庶长子完颜宗干"继承"，所以完颜亶从5岁开始就由完颜宗干抚养长大。在完颜宗干、完颜宗翰的联手推动下，完颜宗磐虽有不满，但也无力回天。最终，年仅13岁的完颜亶"鹬蚌相争，渔翁得利"，戏剧性地成为金太宗的继承人。

天会十三年（1135）正月，老皇帝金太宗吴乞买去世，终年61岁。年仅16岁的谙班勃极烈完颜亶正式即位，是为金熙宗。未承想，金朝也由此揭开了一系列更为残酷的血腥斗争，直到本书的第一位主角金世宗成为金朝皇帝，这轮延绵20余年的同室操戈的"大戏"才暂时告一段落。由于初登帝位的金熙宗年纪尚小，因此即位初期的朝政多被完颜宗翰、完颜宗干与完颜宗磐等宗室大贵族掌握。在完颜宗翰去世后，朝堂之上逐渐围绕完颜宗磐和完颜宗干形成两党。

起初，完颜宗磐倚仗太宗诸子的强大势力，在朝堂上占据主导地位，行事更是跋扈至极。有一次，完颜宗磐与完颜宗干在朝堂上争论起来，两人互不退让。因为没有达到自己的目的，完颜宗磐一怒之下竟然直接向金熙宗上表说自己要隐退。金熙宗为稳定局面，只能竭尽所能为完颜宗磐和完颜宗干说和。但是，完颜宗磐见到熙宗如此迁就自己，不仅不知反省，反而更加骄横无礼，甚至还在后来的一次争论中当着金熙宗的面持刀指向完颜宗干，幸亏殿前都点检萧仲恭及时制止了完颜宗磐的非礼举动，不然金廷之上很可能发生一次高级贵族之间的持械杀伤人命事件。

为了不再受权臣制衡，完颜亶在登基为帝后的第四年，即天眷元年（1138），在完颜宗干、完颜希尹、完颜宗弼等人的全力支持下，开始推行大规模改革，史称"天眷新制"。新制的根本目的就是强化皇权，这对完颜宗磐等大贵族来说无疑是一种政治打压。

本就不满完颜亶登上皇位的完颜宗磐决定放手一搏，与在外掌握兵权的完颜昌结成政治同盟，两人一内一外、互为照应。就在颁布"天眷新制"的同时，时任左副元帅的完颜昌与东京留守完颜宗隽一同入朝。需要说明的是，完颜宗隽虽是阿骨打的第六子，在政治派别上却属于完颜宗磐一党。入朝后，熙宗任命完颜宗隽担任右丞相，完颜宗磐一党可谓如虎添翼。

完颜宗磐、完颜昌和完颜宗隽一同倡议将原来伪齐的旧地如数归还给南宋。此等大事不能草草决定，金熙宗便召集群臣集体议论。在讨论中，完颜宗隽公开表示："我们把土地送还给宋朝，

楔　子　同室操戈戏未休

宋朝一定会对我们充满感激之情。"但完颜宗干、完颜宗宪和完颜勖等人均持反对意见。然而，由于当时完颜宗磐位在完颜宗干之上，又有完颜昌、完颜宗隽等人配合，最终金朝还是决议将河南、陕西之地还给南宋。

归还河南、陕西之地的提议如愿后，完颜宗磐一党变本加厉，逐渐显露出谋反之状。事态发展到这个地步，完颜宗磐一党与金熙宗、完颜宗干的矛盾事实上已经无法通过和平的方式解决。金熙宗决定先下手为强。

天眷二年（1139）七月，金上京会宁府一派初秋的肃杀之气。金熙宗、完颜宗干即将与完颜宗磐展开最后的决战。金熙宗在完颜宗干、完颜希尹等人的支持下，对完颜宗磐、完颜宗隽一党展开突然逮捕行动。史籍虽然对这次影响金朝历史走向的政治事件记载不详，但抽丝剥茧后，还是可以大体还原这次宫廷动乱的真相。根据不完全统计，参加逮捕行动的有完颜宗宪、完颜宗秀、完颜宗亨、完颜海里、完颜思敬、乌林答晖等人，这些人都是女真宗室戚属中的后起之秀。由此可以看出，金熙宗得到了许多女真贵族中青年才俊的支持。

当时被金朝扣留在冷山的南宋使者洪皓记载下了韩昉所作的诛杀完颜宗磐、完颜宗隽等人的诏书，这为我们更好地了解这次宫廷乱斗提供了资料。据洪皓记载，皇伯太师、宋国王完颜宗磐与皇叔太傅、领三省事、兖国王完颜宗隽是罪魁祸首，他们的罪名是"轻视金熙宗，常有取而代之的企图"。除这二人外，被牵连诛杀的还有皇叔虞王完颜宗英、皇叔滕王完颜宗伟，殿前左副点检浑睹，会宁少尹胡实刺，郎君石家奴，千户述离古楚等人，可见完颜宗磐一党势力已经盘根错节，若不是金熙宗抢先发难，鹿死谁手犹未可知。

在铲除政敌后，金熙宗继续深化自己的集权改革，加之金朝与南宋的战争也已经接近尾声，似乎一切都要变得更好。然而天公不作美，就在签订"绍兴和议"的前夕，完颜宗干突然去世，金熙宗就这样失去了自己的又一个父亲，人生似乎也从此蒙上了一层阴影。此后，金熙宗喜怒无常，长时期与身边的侍从饮酒，更有甚者，金熙宗开始嗜杀，不仅随意处死身边的侍从，还任意处置朝廷的官员，轻则处以杖刑，重则取其性命。

与此同时，金熙宗的太子早逝，另一个儿子又被他在"疯癫"的状态下无故杀死，因此没有后代，这就给一些别有用心的宗室提供了可乘之机。完颜宗干的儿子完颜亮在金熙宗末期得到了信任，担任宰相主持政务。完颜亮自认为是太祖之孙，父亲更是功勋显著的完颜宗干，因此早就有取金熙宗而代之的想法。在

楔　子　同室操戈戏未休

金熙宗心理崩溃之后，完颜亮更是加紧步伐，他一边铲除异己、一边收买人心，最终目的就是篡位夺权。

为达成目的，完颜亮先是诬陷金熙宗的亲兄弟完颜常胜和完颜查剌谋反，已经丧失正常思考能力的金熙宗轻信完颜亮，派人杀掉了完颜常胜二人。为了生儿子，金熙宗又不顾群臣反对，将查剌的妻妾全部收入宫中，同时再次"发疯"，杀掉了皇后裴满氏和所有嫔妃。就在金熙宗彻底陷入疯狂之际，他的末日也到来了。

金熙宗皇统九年（1149）十二月，完颜亮纠结同党唐括辩、完颜秉德、完颜乌带、徒单贞、高景山等人潜入宫中，在内应大兴国、仆散忽土、徒单阿里出虎等人的配合下，成功地在寝宫中弑杀金熙宗。事后，完颜亮即皇帝位，这就是海陵王。

海陵王成为金朝的第四位皇帝后，一方面继续致力于强化中央集权，一方面则对宗室大臣采取了更为残酷的手段。在这一期间，始终没能站在历史舞台正中央的另一位太祖皇帝的孙子——完颜雍又将如何自保呢？

第一章

城头变幻大王旗

公元 1161 年,对于已经建国 40 余年的金朝来说是具有转折意义的一年。历史证明,这一年是金朝走向治世的起点,但如果换个角度,这一年或许也是金朝由开拓走向保守的节点。

这一年,已经在位 12 年、力求以武力征服南宋、致力于达成"大一统"成就的海陵王完颜亮被部下弑杀于南征途中。

这一年,完颜亮的堂弟完颜雍在东京辽阳府自立为帝,之后又兵不血刃地进入金中都,成为金朝新的统治者。

这一年,流血政变、帝位更迭、国策转向,城头变幻大王旗，历史再次为金朝按下重启键。

一、完颜雍其人

金世宗完颜雍的女真名是乌禄，他也是金太祖阿骨打的孙子，父亲则是阿骨打的第三子完颜宗辅，完颜宗辅后又名完颜宗尧，女真名讹里朵。在金朝吞辽灭宋的战争中，完颜宗辅和自己的诸多兄弟一样，也是功勋卓著。尤其在攻宋期间，自天会五年（1127）起，完颜宗辅率军转战淄州、青州、滑州、开德府与大名府等地，为金朝彻底平定河北立下不朽战功。天会八年（1130），完颜宗辅又率军南下河南、陕西，其间屡破宋军，将西线宋军彻底压制在蜀地。在金太宗继承人的问题上，完颜宗辅坚定地站在完颜宗干、完颜宗翰一边，在拥立完颜亶成为谙班勃极烈的过程中发挥了积极作用。不幸的是，天会十三年（1135），年仅40岁的完颜宗辅就因旧疾复发病逝。此时，完颜雍只有12岁。

金世宗的母亲是完颜宗辅的姜室——渤海人李洪愿，后来被追封为睿宗的贞懿皇后。李洪愿虽为姜室，但出身并不低，是渤海世家大族之后。李洪愿的祖辈世代在辽朝为官，祖父甚至官至

世章之治：盛世下的危机

宰相，李洪愿的父亲叫雏讹只，早年同样仕辽，担任桂州观察使。在完颜阿骨打掀起反辽斗争后，雏讹只顺应时势归降阿骨打，后来雏讹只跟随完颜斡鲁讨伐占据辽阳府的高永昌，不幸战死沙场。雏讹只还有一子，名李石，李石后来为完颜雍登上帝位立下汗马功劳。由此可见，李洪愿称得上出身名门、家世显赫。因此，虽为妾室，但李洪愿自幼就受到过良好的教育。

在完颜宗辅去世后，按照女真人"接续婚"的习俗，李氏有很大的概率被完颜宗辅的兄弟甚至子侄"接续"。但李洪愿并未遵从旧俗，而是选择出家为尼。对于李洪愿出家为尼的原因，学术界的看法并不一致。以往学者确实多认为李洪愿出家的目的在于逃避"接续婚"，但根据王德朋先生的新近研究，李洪愿丧夫时已经42岁，出家为尼时业已52岁，寡居的时间长达10年之久。按常理推测，无论是丧偶年纪，还是寡居时间，抑或宗室中人此后对待李洪愿的态度，均表明李洪愿应该未曾面临过"接续婚"的压力与困境。因此，王德朋先生提出，李洪愿出家的原因应该有三点，一是渤海人的佛教信仰对她具有重要影响，二是金熙宗朝的权力斗争令她认识到生死虚幻、人生无常，三是完颜宗辅的去世给她带来沉重打击。总之，李洪愿出家与抗拒"接续婚"无关，而是民族信仰、社会现实、个人际遇等多种因素共同作用的

第一章 城头变幻大王旗

历史结果。

我们这里暂且不讨论李洪愿出家的原因究竟为何，但从这样的选择就可以看出，她确实是一位极有主见和追求的女性，这在古代尤为可贵。也正是由于从小与这样的母亲生活在一起，完颜雍虽幼年丧父，但并未缺少至亲的关爱和引导，这可能也是他日后极为重视亲情、珍视亲人的原因，甚至可以说金世宗此后的成就都与母亲李洪愿早年的悉心教导息息相关。

在完颜雍成人后，金朝与南宋的战争仍在进行。身为宗室成员的完颜雍也开始随军历练，在自己的四叔、鼎鼎有名的"四太子"金兀术（完颜宗弼）帐下听令。长大后的完颜雍不仅魁梧健硕，性格也是沉稳老练，最关键的是完颜雍完美地继承了家族优秀的战斗基因，极为精通骑射。他的骑射水平高到什么程度呢？据说每次年少的完颜雍出门打猎，很多见识过上一辈女真战士勇武能力的老年人竟然都会跟去，就为欣赏完颜雍极具观赏性的骑射"表演"。久而久之，这些女真耆老甚至送给完颜雍在女真人中"骑射第一"的高度赞誉。完颜雍不仅个人战斗技巧高超，还非常善于谋略，因此很快就得到了四叔完颜宗弼的赏识，不久后便在战场上独当一面。几年的军旅生涯，不仅使完颜雍在个人能力方面得到了锻炼，而且由于为人宽厚沉稳，也让他收获了许多将士的爱戴。

在"绍兴和议"达成后,完颜雍从前线回归朝堂,得到了堂兄,也就是当时的皇帝——金熙宗完颜亶的重用。金熙宗之所以重用完颜雍,一方面是因为完颜雍之父完颜宗辅在自己即位过程中发挥了积极作用,因此金熙宗对这位堂弟颇有好感;另一方面,在完颜宗干去世后,金熙宗也亟须得到像完颜雍这样的同辈宗室的拥戴,以继续深化自己的政治改革。皇统年间(1141—1149),完颜雍先以宗室子的身份被授予光禄大夫,又受封葛王,在职位方面则担任兵部尚书,可谓朝廷重臣,一时风头无两。

当然,完颜雍能够在金熙宗屠戮宗室的腥风血雨中自保,也离不开他个人的主观逢迎。据说,在完颜宗辅率军攻宋时,曾经得到过一条宋朝皇帝使用过的白玉带,完颜宗辅非常喜欢这条玉带,将之视为传家之宝。在完颜宗辅去世后,玉带被完颜雍继承下来。本来完颜雍想继续收藏这条玉带,并世世代代传承下去,但他的妻子乌林答氏对他说:"这条玉带本是帝王之物,不是我们这样的身份应该拥有的,还是把它献给天子吧。"完颜雍听闻妻子的话后,一开始还有些不舍,乌林答氏就继续劝他:"如果人都不在了,留着宝物传给谁啊?"一语点醒梦中人,完颜雍觉得妻子的话很有道理,便立刻进宫将玉带献给了金熙宗和皇后裴满氏，由此博得了他们的欢心。可以想象，和其他桀骜不驯，甚至心存不满、口出怨言的宗室相比，谦逊有礼、唯命是从的完颜雍自然不会引起金熙宗的猜疑，也就理所应当地没有出现在金熙宗的清洗名单内。

但是，由于金熙宗晚年"心理扭曲"后的嗜杀行为确实在朝堂上造成了大恐慌，因此心系国家走向、害怕帝位落入旁支的完颜雍不得不做出一个艰难的抉择。虽然众多史籍文献都没有明确记载完颜雍参与完颜亮弑杀金熙宗的阴谋，但隐约间也可以在其中发现完颜雍的身影。根据董四礼先生的研究，完颜雍大概率参与了完颜亮组织的弑君政变，至少也是完颜亮夺权的支持者。最有力的证据便是完颜雍在海陵王等人弑君成功后不久就出现在皇宫之内，并且还在完颜亮的指示下召唤他们的亲叔父完颜宗敏入宫，最终导致忠心辅佐金熙宗的完颜宗敏惨死宫内。当然，完颜雍没有未卜先知的能力，无法预判完颜亮竟是一位对待宗室更加残暴的君主。有理由相信，如果再给完颜雍一次机会，他可能会在这个历史的十字路口选择不同的道路。

完颜亮即位后很快便暴露本性。虽然完颜雍拥护完颜亮取代金熙宗，甚至为了让完颜亮顺利即位还"出卖"了叔父完颜宗敏，但完颜亮仍然不放心这位堂弟。毕竟，完颜雍也是金太祖的

世章之治：盛世下的危机

亲孙，不仅具备继承帝位的法理性，而且能力出众，又口碑极佳。俗话说，"眼不见心不烦"，虽然一时半刻无法找到合适的理由彻底铲除完颜雍，但完颜亮丝毫不吝于动用权力将完颜雍调离政治中心。

初登大宝的完颜亮首先将完颜雍从兵部尚书的职位调离，改任会宁牧，之后又让完颜雍判大宗正事。在这些过渡性环节后，完颜亮将完颜雍"踢"出上京，任命他为中京留守，不久又将其改任燕京留守。然而不久后，完颜亮再命完颜雍到济南任府尹。这种折腾还远没有结束，贞元元年（1153），完颜雍又被一纸调令转移到西京做留守，贞元三年（1155），再改任东京留守。此后，完颜雍一直留居辽阳，虽远离政治中心，但这也让他有了大量时间陪伴已经在辽阳清安寺出家的母亲。在爵位方面，虽然完颜雍一度晋封赵王，但根据在正隆二年（1157）新定的制度，完颜雍又被降封为郑国公，后又先后改封卫国公、曹国公。

总而言之，自从卸任大宗正后，完颜雍就一直在地方为官，且所任的职位品秩一直都是三品，十几年来未得升迁。更让完颜雍胆战心惊的是，无论自己被调到何处，身边总会有海陵王的亲信出现。毫无疑问，这些人的主要任务就是监视。一旦被抓住丝毫错处，其下场可想而知。在这让人忧虑、让人恐惧的十多年中，完颜雍不仅失去了政治活跃度，还失去了自己的一生所爱——妻子乌林答氏。或许在一定程度上，乌林答氏之死很可能也是完颜雍下定决心与完颜亮彻底决裂的导火索。

前面我们曾提到过，乌林答氏早年向完颜雍献策取悦金熙宗，为完颜雍在金熙宗朝保全性命发挥了关键作用。万万没想到的是，相较于金熙宗，海陵王对待宗室的手段有过之而无不及，完颜雍在海陵王的猜疑阴影下更是朝不保夕。乌林答氏见到丈夫每日愁眉不展，再次出谋划策，她对完颜雍说："多向皇帝贡献奇珍异宝吧，这样应该可以博得皇帝欢心，使他放松对你的戒备。"完颜雍完全赞同妻子的建议，多番找机会向海陵王献宝。此举确实一度降低了海陵王对完颜雍的警惕，不过，以奇珍异宝保全性命终究不是长久之计，尤其完颜亮身为一国之君、坐拥一国之富，更不是些许宝物便能讨好的。

终于，在完颜雍担任济南尹期间，海陵王向完颜雍发起了一轮新的试探。海陵王下诏给完颜雍，召乌林答氏入宫。历来，人们多认为海陵王召见乌林答氏是为了将其收入后宫，霸占乌林答氏，因此以这件事作为海陵王荒淫无耻的又一有力证据。但是，有关海陵王纵欲无度，甚至违背伦理淫乱宗亲的事迹究竟是真是假，其实尚有待考察。我们或许可以从另一个角度解读这件事

世章之治：盛世下的危机

情。乌林答部是女真的一个大部，在金朝建国前就与完颜家族世代联姻，建国后同样拥有不可小觑的政治力量。因此，海陵王之所以将乌林答氏召入中都，一方面是想利用乌林答氏钳制完颜雍的行动，一方面应该也有借此控制乌林答氏所在家族的目的。

面对两难境地，乌林答氏的处理方式再次彰显出她的远见卓识。她清楚地了解，如果自己一开始就抗旨不去中都，那么海陵王一定会趁机降罪自己的丈夫，然后再网罗罪名，自己一家全都在劫难逃；但自己一旦抵达中都，便等于自投罗网，不仅自身的自由和安全难以保证，丈夫日后的一切行动也从此有了羁绊。三思之后，乌林答氏还是决定奉旨北上，但最终的目的地不是中都，而是死亡。在行至良乡县时，乌林答氏趁着守卫不备，跳湖自杀。由于乌林答氏是在距离中都近在咫尺的地方自杀，海陵王也无可奈何，不仅没有理由怪罪完颜雍，甚至还不得不派人前往济南安抚完颜雍。

对于已经坑害无数宗室戚属的海陵王来说，乌林答氏的死亡在他眼中并不算什么大事，但完颜雍对海陵王的态度从此发生一百八十度转变。完颜雍忘不了在5岁时就与自己订婚的乌林答氏，忘不了18岁成婚后两人十几年来的相濡以沫、举案齐眉，忘不了乌林答氏在自己危难关头屡次的出谋划策、排忧解难，更忘不了乌林答氏在自己最困顿的时候陪伴自己、开导自己。即使在完颜雍成为皇帝后，仍始终无法忘却乌林答氏的恩情，因此不仅在即位之初就追封乌林答氏为昭德皇后，还多次公开表示无人能够取代乌林答氏在自己心中的地位，以致金世宗在位近30年都没有再立新的皇后。也许，在乌林答氏自杀前，完颜雍对海陵王更多的是畏惧，人生目标也仅是自保；那么，在乌林答氏被海陵王逼死后，完颜雍对海陵王更多的是仇恨，满腔的仇恨。

海陵王并没有因为完颜雍的一再退让而选择放过他。在完颜雍改任东京留守后，海陵王立刻就任命高存福为副留守。高存福的女儿是海陵王的嫔妃，高存福也是海陵王的亲信，海陵王派他到辽阳的主要任务就是刺探完颜雍的一举一动。高存福尽心竭力为海陵王服务，也确实没有辜负海陵王的期待。在契丹诸部起义后，完颜雍利用为民兵打造兵器的剩余材料在府中打造了数十副铠甲，高存福竟然很快就得到消息，不仅当面诘问完颜雍用意何在，还秘密派人向已经在南征途中的海陵王告发。在海陵王传回处理方案前，高存福还自作主张，与推官李彦隆谋划安排一场"鸿门宴"想要借此杀掉完颜雍，幸亏知军李蒲速越探知到高存福的诡计，向完颜雍告密。完颜雍察觉到自己已经别无选择，才决定先下手为强。当然，这是后话，我们暂且不提。

世宗之治：盛世下的危机

简而言之，身处辽阳府的完颜雍虽可以与母亲相伴，但仍时时忧虑、恐惧，他只能耐心等待，等待一个逆转局面的机会。

这个机会很快就来了。海陵王完颜亮是一位雄心勃勃、志在完成南北一统的皇帝。在经过多年筹备后，海陵王认为时机已到，悍然发动对南宋的战争。正隆六年（1161）九月，海陵王下令金军全面进攻南宋，他兵分四路，自己亲率30万总管兵向寿春进发，随行的有：太保、枢密使完颜昂为左领军大都督，尚书右丞李通为左领军副都督，尚书左丞纥石烈良弼为右领军大都督，判大宗正乌延蒲卢浑为右领军副都督，御史大夫徒单贞为左监军，同判大宗正事徒单永年为右监军，左宣徽使许霖为左都监，河南尹蒲察斡论为右都监。另外三路分别以工部尚书苏保衡为浙东道水军都统制，益都尹郑家为浙东道水军副都统制，由海道直接奔袭临安；以太原尹刘萼为汉南道行营兵马都统制，济南尹仆散乌者为汉南道行营兵马副都统制，由蔡州出兵进攻荆襄；以河中尹徒单合喜为西蜀道行营兵马都统制，平阳尹张中彦为西蜀道行营兵马副都统制，由凤翔出兵进攻散关。

海陵王南征不仅再次扰动了金宋之间已经平静20年的边境，也使得金朝国内呈现一派山雨欲来风满楼的紧张气氛。从历史趋势上看，金朝此时在客观条件上并不具备统一天下的实力，国内从上至下始终反战声音不断，所以海陵王的一意孤行从一开始就遭到了强烈的抵制。在海陵王正式南征之前，已经有契丹人因强行征兵奋起反抗，中原各地亦是盗贼蜂起。在南征正式开始后，又有大批被征召的女真将士迁延观望，不愿南下。

远在东京辽阳府的完颜雍注视着南方：海陵南下、中原空虚、国民扰动，一切都变化得太快了。十余年来一直身处险境的完颜雍知道，机会可能已经到来，而且机不可失、时不再来，如何选择就在自己的一念之间。

公元1161年的秋冬之交，不仅季节在更替，王朝的命运也陡然生变。

二、辽阳府之变

辽阳城中的东京留守府府邸内，完颜雍在焦急地等待一个人，一个可以让他下定决心的人。这个人就是李石。

李石是贞懿皇后李洪愿的弟弟，也就是完颜雍的亲母舅。李石性格沉稳，自幼敦厚寡言，但爱好诗史，被赞誉器识过人。金太宗天会二年（1124），李石受封世袭谋克，后又为行军猛安，在姐夫完颜宗辅的军中听令，直接领导人则是完颜宗弼。之后，

世章之治：盛世下的危机

李石又先后担任礼宾副使、洛苑副使、汴京都巡检使、大名少尹、汴京马军副都指挥使、景州刺史。海陵王篡权夺位后，曾在众人中认出李石，并意味深长地说："这个人就是葛王完颜雍的舅舅吧？"李石清楚海陵王对宗室的忌惮，因此对海陵王的这句话颇感不安，便在任职期满后称病回到家乡辽阳府。巧合的是，不久后完颜雍也被调任到辽阳担任东京留守，舅甥二人因此得以重逢。在李洪愿去世后，李石更成了完颜雍的主心骨。

就在完颜雍焦虑踱步之际，李石赶到了。完颜雍对李石说："舅父，逆亮已经彻底疯了，不仅不顾百姓死活，执意南征宋国，听说他在临行前还杀害了嫡母皇太后，我的堂侄檀奴、阿里白也被他狠心杀掉，现在他又派了谋良虎这些鹰犬来谋害我这样的宗室，我该怎么办？"没等李石回答，完颜雍又咬牙切齿地接着说："还有那个高存福，这些年都在严密监视着我，日前还和推官李彦隆诈称击球诓骗我过府，他们真是恨不得立刻置我于死地。"

李石并没有回答完颜雍的问题，反而开始与完颜雍回忆往事："国公，今年夏天时我曾听你府里人说，有一夜你刚就寝，他们便见到你的卧室被红色的光芒笼罩，隐约间还可以看到一条龙盘踞在寝室之上！"完颜雍愕然地看了看李石，默不作声。李石接着说:"记得刚入秋的时候,夜间还曾有一颗流星落入府中,这可是很多人亲眼所见的奇观。"完颜雍微叹了一口气,欲言又止。李石见状,继续低沉着语气说:"今年确实是多事之秋,前不久东梁河水暴涨,河面已经与城池齐平,甚至冲毁了城墙流入城内,多亏了国公亲自登城向上天祷告,水势才退啊,辽阳城中的百姓对您可都是感恩戴德,将您视作再生父母。"完颜雍点了点头,似乎对自己这几年治理东京的成效也很满意。李石继续说道:"前不久朝廷下旨征召契丹诸部壮丁南征,导致诸部皆叛。咸平府的谋克括里也反叛朝廷,甚至一度攻陷韩州,占据咸平府,大有进犯辽阳的态势。婆速路虽派遣了400人来讨,但杯水车薪,若没有国公招募的数百辽阳子弟为援,且大胆使用疑兵之计,让贼军误以为我们有10万大军,恐怕也不会这么快撤退。国公真是用兵如神啊,据我所知很多将士私下里都在议论,想要拥戴……"

完颜雍这次没有等李石把话说完,微微摆了摆手,沉吟道:"舅父的意思我自然明白,所谓天时地利人和,现在也称得上齐备,无奈我手下兵少将寡,万一他挥师北上……"李石突然笑了,宽慰道:"国公差矣。得道多助,失道寡助。逆亮天怒人怨,国人百姓都期盼明君良久,现在正是大有可为之时。"听罢此言,完颜雍目视前方，完全下定了决心。事实上，完颜雍内心清楚地知道，无论能否征服南宋，海陵王都不会放过自己，但大事临头，自己难免患得患失，因此需要李石的这番话来帮助自己打消疑虑。已经下定决心的完颜雍转头看向李石，点了点头，表示自己不会再犹豫。

完颜雍首先要解决的是海陵王派来监视自己的高存福。此时契丹叛军尚在辽阳府周边活动，完颜雍决意以防备契丹为名召开军事会议。完颜雍派人通知辽阳的各级官员到自己母亲曾经出家的清安寺集会——清安寺的僧侣都与完颜雍亲近，便于完颜雍行事。先前曾与高存福合谋暗害完颜雍的推官李彦隆没有怀疑，最先赶到，老奸巨猾的高存福却心生疑窦，在完颜雍屡次召唤下才来到清安寺。仇人相见，分外眼红。完颜雍立刻当众宣布高存福、李彦隆暗害自己的罪状，令早已埋伏好的兵士逮捕高存福、李彦隆以及其他海陵王的亲信，并向在场的官员表示海陵王残暴无道，自己要举兵反抗。

李石的判断是准确的。完颜雍身边很快应者云集，麾下的精兵猛将越来越多。首先来投奔的是南征万户完颜福寿、高忠建与卢万家奴等人率领的2万余南征人马。不久后，婆速路兵马都总管完颜谋衍也率5000名精兵来投。完颜福寿和完颜谋衍都是当

第一章　城头变幻大王旗

时不可多得的猛将：完颜福寿是曷速馆人，他的父亲合住在太祖时期就受封猛安。在海陵王下达南征指令后，完颜福寿统领娄室、台答蔼两个猛安抵达山东泰安。但在得到甲胄军资后，完颜雍在辽阳起兵的消息就传了过来，完颜福寿立刻便引导麾下将校向北投奔完颜雍。正好高忠建、卢万家奴也都各自率领万余人北归，三方人马便兵合一处、将打一家，同奔东京而来。完颜谋衍则是开国元勋完颜娄室的次子，少年时就以勇力过人、善用长矛突战闻名国内。完颜谋衍此前还曾与完颜雍合力讨伐过括里统领的契丹叛军，当时便对完颜雍的为人与能力心生钦佩之情。在得知完颜雍在辽阳举事后，完颜谋衍立刻率领讨伐括里的军士前来归顺。

完颜雍在听说完颜福寿、高忠建与卢万家奴等人率领数万大军北上后，并不确定他们的真实意图，赶忙派遣徒单思忠和府吏张谋鲁瓦等人前去探查完颜福寿等人意欲何为。双方在辽口相遇。徒单思忠等人疾驰进入军营，见到完颜福寿等人后，迫不及待地开口问道："诸位将军为何北上来到这里？"完颜福寿赶忙自白，他手指南方说："完颜亮是无道之人，根本不配做我们大金国的皇帝，国公是太祖武元皇帝的亲孙，我们这些人想要拥戴他为新君，因此从山东北返，希望能与国公共谋大事。"完颜福

世章之治：盛世下的危机

寿语罢，便跪在地上，口称"万岁"不止。高忠建、卢万家奴也顺势带领部下跪地叩首，众人山呼万岁之声响彻军营。徒单思忠等人闻言大喜，赶忙扶起众将，完颜福寿还写了陈情书信，请徒单思忠等人带回交给完颜雍。

在完颜福寿、高忠建与卢万家奴率军渡过辽水，即将抵达辽阳府之际，完颜谋衍的兵马也赶到了。数万大军便一同浩浩荡荡地开至辽阳城下。完颜雍得到消息后，命令大开城门，亲自率领李石、徒单思忠等人出城迎接。见到完颜雍前来迎接，众将赶忙下马上前行礼，完颜谋衍率先以臣子之礼叩拜完颜雍。一番寒暄抚慰后，完颜雍命令众将指挥本部人马有序入城，众将进城后一起杀掉了已经被控制起来的高存福和他的党羽，以示自己与完颜亮彻底划清界限。

所谓"名不正言不顺"，有兵有将后，完颜雍称帝的时机已经成熟。第二天一早，完颜谋衍、完颜福寿、高忠建等将领就与李石领衔的辽阳府官民一同来到完颜雍府邸，开始"劝进"。在例行公事的三辞三让后，完颜雍带领众人来到太祖庙，宣布即皇帝位，这就是金世宗。随后，完颜雍又带着众人回到宣政殿，发布了第一道谕旨：以完颜谋衍为右副元帅，高忠建为元帅左监军，完颜福寿为元帅右监军，卢万家奴为显德军节度使。在此期间还发生了一个小插曲。起初，右副元帅完颜谋衍建议让完颜福寿之军在左，为元帅左监军，高忠建之军在右，为元帅右监军。但高忠建不服，质问完颜谋衍道："为何让我军在右？"完颜谋衍也不客气，当众表示："我是皇帝任命的主帅，如何安排都要听我的，你怎敢质疑？"此时，完颜福寿高风亮节，说道："我们一起兴兵，所图的是大事，所谓的左军、右军又有什么好争的呢？"因此主动提出让高忠建做元帅左监军。金世宗闻听此言，不由夸赞完颜福寿有贤者之风。在这个小插曲过后，金世宗大赏三军将士，尤其重赏了完颜福寿，赐给他银币和御马。

称帝后的第二天，金世宗再次召开御前会议，先是宣布大赦天下，接着又宣布改元"大定"，"大定之治"以及"世章之治"均由此揭开序幕。不过，当天的重头戏并非改元，而是金世宗向天下臣民昭告海陵王完颜亮所犯下的数十件罪不容诛的罪行，其中，以下几条内容是最主要的：

一、违逆杀母。完颜亮悖逆孝道人伦，只因嫡母太后徒单氏抱怨迁都、谏阻南征，便派遣手下鹰犬大怀忠、斡论、虎特末与习失等人入宫殴打徒单氏，最终将徒单氏缢杀。在徒单氏死后，完颜亮还下令焚烧尸体，将骨灰扔入水中。

二、残害宗室。死在完颜亮手下的宗室不计其数，金太宗的子孙甚至被屠戮殆尽。完颜宗翰、完颜宗弼等人虽已早死，但他们的子孙亦惨遭完颜亮构陷杀害。最后，完颜亮甚至连自己的亲兄弟、亲侄子也不放过。

三、滥杀无辜。完颜亮不仅肆意杀害宗室亲族，还多次残害谏阻南征的大臣，所作所为与商纣王无异，使得朝臣噤若寒蝉。在南征前夕，海陵王又无故杀害已无威胁的辽朝皇室后裔与赵宋皇室后裔。

四、荒淫无度。完颜亮即位后肆意扩充后宫，奸淫女性、秽乱宫廷。更有甚者，完颜亮强纳被杀宗室的妻女入宫，但凡稍有姿色之人，无论辈分、无论长幼，均无幸免。

五、横征暴敛。完颜亮为迁都燕京，先是大肆毁坏上京的宫室，后又不惜民力物力修筑燕京城，运一根木材就花费 2000 万钱；完颜亮还欲迁都汴京，因此强征民夫，牵引一辆货车就需500 人。为准备南征，完颜亮不断增派赋税，打造战舰又损毁民舍不计其数。

……

以上只是金世宗列举的海陵王数十条罪状的一小部分。事实上，这份"罪状"不无夸张成分，但确实也符合当时人们对海陵王的观感——淫暴自强。世人也许并不确定完颜雍能否成为有道明君，但大都可以肯定，换一个人取代完颜亮做金朝皇帝对自己来说总不会是坏事。

在发起这番舆论攻势后，金世宗大设宴席款待将士，之后又根据职位高低分发赏银，并宣布免除3年徭役。此时，不仅金世宗麾下将士群情激奋，周边各地也是望风而降，完颜亮在会宁府、胡里改路、速频路等地征发的征宋军队刚刚集结，尚未南下，便纷纷归附到完颜雍帐下。诸路大军会合后，众将再次会集到临时的尚书省内，商讨下一步计划。这时，有人提议在这些新来投奔的军士中选拔人才，以补充宫廷承应人和阙员的朝廷职位。承应人是在宫内专门为皇帝提供日常服务的人员，绝对属于美差。在深思熟虑后，金世宗拒绝了这个可以暂时收买人心的建议，他说："许多宫廷承应人和朝廷官吏都跟随逆亮南下了，所以职位才会暂时空出来。等这些南下的人回来，发现自己的职位已经被新人占据，我又该如何处置他们呢？所以除了一些不可或缺的重要职位外，我们暂时不起用新人补阙。"金世宗这番考虑非常周全，为后续大批追随海陵王南下的官吏全心全意北归奠定了基础。

此时，在完颜雍面前还有一个更棘手的问题。我们之前曾提到过，在海陵王南征前，由于强行征调契丹诸部丁壮，导致契丹人大起义。起义得到了西北路众多部族的支持,很快蔓延至金朝整个北部边境。为了镇压契丹叛军,海陵王在南征宋朝的同时,先是以枢密使仆散忽土、北京留守萧赜、西京留守萧怀忠率军征讨撒八领导的契丹军。在以上将领均无功而返后,海陵王将他们全部诛杀。此后,海陵王又任命白彦敬为北面行营都统,纥石烈志宁为北面行营副都统,让他们率领北京、临潢、泰州的三路大军继续剿灭契丹军起义,并且赋予他们便宜行事之权。然而,白彦敬、纥石烈志宁统领人马刚到北京大定府,就听闻有大批南征的军士北逃到东京拥戴完颜雍称帝。白彦敬和纥石烈志宁都很忠于海陵王,因此他们行使便宜之权,决定先消灭大定政权。具体的计划是联合会宁尹完颜蒲速赉与利涉军节度使独吉义,三方人马分三路一起向辽阳发起进攻。

但是利涉军节度使独吉义对眼前的局势有不同的看法。独吉义认识到,正是因为海陵王不得人心,所以南征将士才纷纷逃归投奔完颜雍,可见完颜雍才是值得天下人拥戴的明主。因此,在白彦敬派人来联合自己后,独吉义决定以此为"见面礼"献给完颜雍。等到完颜雍称帝后,独吉义立刻率领本部人马前来归顺,并且把白彦敬之前的谋划一五一十地向金世宗汇报。完颜雍闻罢大喜,夸奖独吉义丝毫没有欺瞒之举,任命他为参知政事。

第一章 城头变幻大王旗

事实上，金世宗早已洞悉白彦敬和纥石烈志宁对自己的侧翼是一个巨大的军事威胁，已经制定先礼后兵的应对之策。金世宗首先派遣石抹移迭、移剌葛补等9人前去招降白彦敬和纥石烈志宁，没想到白彦敬铁了心为海陵王效命，见到石抹移迭等人后，就呵斥他们跪下，遭到石抹移迭等人的断然拒绝。白彦敬大怒，立刻下令把这9个使者全部杀掉。见到和平解决无望，已经兵强马壮的金世宗也不再客气，派完颜谋衍率领大军攻打北京大定府，白彦敬则派出一员偏将率军在建州（今辽宁省朝阳市龙城区内）阻挡完颜谋衍。此时，白彦敬之前想要结援的独吉义已经归顺金世宗，会宁尹完颜蒲速赉则称病不配合白彦敬的军事行动。没有后顾之忧的金世宗见到白彦敬孤立无援，就在两军对峙之际秘密派遣头脑灵活之人乘着夜色潜入大定府内，在市集上到处张贴榜文，以高官厚禄悬赏白彦敬和纥石烈志宁的首级。见到榜文后，白彦敬和纥石烈志宁麾下的将士都不愿意再与金世宗作战，白彦敬和纥石烈志宁见状大为惊恐，生怕一不留神就被手下人暗算。经过再三考虑，他们也顾不得继续为海陵王尽忠，决定率众归降金世宗。几经波折后，完颜雍再次依靠自己的才智和手腕收服了一众精兵悍将。

在接见白彦敬和纥石烈志宁的时候，金世宗斥责二人道："完颜亮如此暴虐，没有人还对他心存希望，因此朕作为太祖皇帝的孙子才顺应天命称帝。你们杀掉我派去的使者，最终又不能做到为完颜亮死节，只是因为害怕被手下人暗害，才来投降。我现在要诛杀你们，你们可有什么话要说？"白彦敬满脸通红，心中既羞愧、又悔恨，只得低着头不作回答。纥石烈志宁却大大方方地表示："正隆皇帝对我们二人有厚恩，所以我们一开始没打算向陛下投降，确实是罪该万死。"其实金世宗只是想用言语敲打一下白彦敬和纥石烈志宁，于是便说道："你们的初心并没有过错，称得上是忠心做事，自此以后也不要心存疑虑，为朕效命同样要谨记忠孝节气，不得怠慢。"本以为难逃一死的二人连忙叩首，口称"万岁"。

对于金世宗来说，相较于白彦敬，他更在意纥石烈志宁的表态。一是因为纥石烈志宁所在的家族自从其五代祖太尉韩赤开始，就与完颜宗室世代联姻，是一股影响力不小的政治力量，对于金世宗稳定政局意义重大；二是因为纥石烈志宁自小就以性格沉稳、谋略过人闻名，还是完颜宗弼最喜爱的女婿，早年一度与金世宗同在完颜宗弼帐下共事，所以能收为己用自是最好。金世宗确实没有看错，日后纥石烈志宁为国家南征北战，屡建功勋，堪称金世宗在位前期的股肱之臣。

就在完颜雍忙于解除侧后方威胁的同时，海陵王完颜亮已经带领数十万大军气势汹汹地杀过淮水，直抵长江岸边。在前有大江拦路、后有兄弟"背刺"的局面下，一向杀伐果断的海陵王又将作何抉择？历史告诉我们的答案是，遭逢变故的海陵王并未放弃一鼓作气杀进临安的计划，他还在憧憬着天下一统后的快感。殊不知，末日已经来临。

三、海陵王之死

正隆六年（1161）十一月庚午日，已经进抵长江北岸的海陵王接见了随驾出征的左司郎中完颜兀不喝与员外郎王全。"乌禄这个逆贼，朕真应该早点除掉他！"完颜亮在听到兀不喝、王全汇报完颜雍在辽阳府自立为帝的消息后怒不可遏，一时竟失态到顿足捶胸，"什么？他竟然改元'大定'……"完颜亮突然又像泄了气的皮球一般瘫坐在行营内，似乎在自言自语，他拍着自己的大腿，叹着气说："朕本来想在灭掉赵宋后就改元'大定'，难道这都是天意吗？"完颜亮无力地站起来，身边的侍从赶忙上前搀扶。完颜亮推开众人，把已经拟好的《改元诏书》扔给了兀不喝和王全，以示自己并非虚言。

不过，海陵王不愧是有大志、有手段的君主。在短暂地发泄情绪后，马上又冷静下来，沉思了好一阵，然后淡然说道："你们才知道完颜雍造反的事啊。其实朕早就料到了，而且早已经派人前去处理。不过，这终究是一件大事，所以你们不要向外界泄露一丝一毫的消息。"然而，完颜亮不知道的是，他派去杀害完颜雍的护卫谋良虎、特离补在到达辽水之际便碰到了完颜雍的使者撒八及其手下，目前已经被撒八活捉至军中明正典刑。

在打发走前来汇报的完颜兀不喝和王全后，完颜亮赶紧召见自己的亲信大臣商议对策。其实，完颜亮虽然表面看起来已经恢复正常，但内心还是有些恐惧的，他知道自己这些年执政有些心急，导致人心不稳、四处生变，现在又远在江淮之间，处于进退两难的境地，而完颜雍这十余年来韬光养晦，又贤名在外，自己若处置不当，很可能就会陷入万劫不复的境地。

依照海陵王最初的想法，他将兵分两路，一路由大将统领继续征宋，一路则由自己亲自率领北上剿灭完颜雍。"现在逆贼完颜雍祸乱东京、僭号称帝，朕欲分兵两路，不知众卿可有良策？"完颜亮向麾下将帅征求意见。随海陵王南下的将帅内心大都不支持继续攻宋，因此纷纷表示征讨完颜雍更为紧要，都提议主力军队应该北上，只留一支偏师渡江，达到牵制、骚扰宋军的效果即可，待平定完颜雍后大军再南下不迟。海陵王闻言频频点头，决定分兵。

不过，在御前会议已经定策、其他将佐均已离开之后，海陵王的宠臣李通却留下来单独上奏道："陛下亲自带领数十万大军深入宋境，现在却要无功而返，如果真的在前线分兵，就怕宋军探知到消息后乘势追杀，因此分散兵力并非万全之策。另外，如果留下大军渡江继续攻宋，而陛下北还，也要防备留下的将士军心涣散、心怀异志。目前来看，尚未南下的滞留在辽阳附近的各路兵马似乎都有反叛之心。所以，臣建议不如立刻命令大军强行渡江，在渡江之后就把船只焚毁，彻底断绝兵士北归的希望。等到陛下灭掉宋朝，成就'大一统'之功，到时候再挥师北上，平定天下就在弹指之间。"海陵王闻罢此言，恍然大悟，赶忙派人追回前去下达分兵指令的众将，改为令大军强行渡江。没想到的是，此次以多对少的渡江之战竟然以金军被宋军打得大败告终，这就是历史上著名的"采石之战"。

战败的海陵王准备再转移到其他地方强渡长江，因此移驾到扬州。途中路过乌江县时，海陵王特意来到项羽祠观瞻，不由得感叹道："像霸王这样的大英雄却没有得到天下，真是太可惜了。"海陵王绝对没有料到，自己的落幕比昔日的西楚霸王还要惨淡。

世章之治：盛世下的危机

在到达扬州后，海陵王开始一轮新的部署：一是派符宝耶律没答带领神果军扼守淮河渡口，命他一旦发现有人从江北军中返回到淮河边，必须严格检查，如果来人没有都督府公文，就以逃兵对待，予以诛杀。二是打造许多装饰有金龙的箭支，在上面题"御箭"二字，然后把书写有"宋国派人焚毁大金国南京宫室、在边境地带私买战马、招揽引诱大金国军民，因此现在大金国兴师问罪，旨在解救百姓、讨伐有罪之人，日后大军所到之处，必定秋毫无犯"字样的帛书系在箭上，令人乘坐战船将箭射到长江南岸。海陵王奢望能够以此瓦解宋朝军民的抵抗之心。然而事与愿违，宋军的意志不仅没有丝毫动摇，还趁机俘获了数名不善水战的金兵。主持淮西防务的建康都统制王权心生妙计，放归了俘获的3名金朝兵士，并让他们随身携带写有海陵王罪状的书信。李通得报有被俘的金兵带回王权的书信后，便把书信交给了海陵王，完颜亮匆匆看后，满脸不悦，下令将书信全部焚毁。

在不战而屈人之兵的计划流产、又被宋将羞辱后，海陵王越发怒火中烧，要求众军必须在三天内全部渡江，违令者斩。此时，海陵王的一名亲军打算联络一些好友逃亡，没想到东窗事发，本就心焦的海陵王得知消息后，残忍地下令将这些兵士锉杀。此事过后，军中人人自危，广泛流传"进也是死，逃也是死"的言论。在这种情况下,海陵王不思缓解军士的逆反情绪,反而下令施行"连坐"之法:普通军士逃亡就诛杀军士的直接管理者蒲里衍,蒲里衍逃亡就诛杀蒲里衍的直接领导谋克,谋克逃亡就诛杀谋克的直接领导猛安,猛安逃亡就诛杀猛安的直接领导总管。此令一下,军士更是异常畏惧,军中布满恐怖气氛,一场兵变已经不可避免。

见到在扬州也无法顺利渡江,海陵王又令大军转移到瓜洲渡。这时南宋的援军正源源不断地来到长江南岸,完颜亮心情更加焦虑,再次下达军令,要求全军必须在次日渡过长江。完颜亮还召集统军将领,对他们说:"我明天要清点军士人数,谁的军中少人就杀掉谁。"这些统军官心里合计:"逃亡的兵卒已经超过一半了,我们又有什么办法。"

已经走投无路的南征将领群情激奋,一些人开始筹划活命之策。海陵王任命的浙西道兵马都统制完颜元宜身边聚拢了一大批不想再为海陵王卖命的将士,他们趁着大军准备渡江的时机,在营帐中密商对策。"南宋已经做了充分的准备,如果我们听从皇帝的命令强行渡江,恐怕都会葬身鱼腹,连全尸都留不下。"一个将军愤恨地说道。有人小心翼翼地试探道:"要是皇帝死了,然后再和南宋议和罢兵,我们不就都能活命了吗?"众人互相观望，逐渐地都点了点头。不过，也有人忧虑地表示："皇帝身边带的亲军太多了，而且战斗力又强，平时皇帝也不派他们作战，只用来宿卫，我们想要成事很难，一旦消息稍有泄露，恐怕会死无葬身之地。"又有人说："我有一计，可以把他身边的亲军调开……"随后众将找到亲军的几名将领，对他们说："听说淮东一带的百姓都带着金银财宝跑到泰州了，可惜我们军令在身，没有时间去泰州夺取美女和财宝，你们没有渡江作战的任务，为何不向皇帝请令攻打泰州呢？"亲军将领们听到这里，大喜过望，纷纷向海陵王请令，海陵王欣然同意，将一半亲军派往泰州。

在海陵王的随驾亲军减半后，众将又齐聚在完颜元宜帐内。有人说道："现在条件基本成熟，听说曹国公已经在辽阳称帝，我们绝对不能再犹豫，大家共同做成这件大事，然后带领人马北渡淮河去投奔新天子。"随后众人歃血为盟，商定详细计划。作为弑杀海陵王的谋主，完颜元宜最后定策：在第二天一早亲军换班轮值的时候正式举事。为了笼络更多的军士参与弑杀海陵王的行动，完颜元宜又让众将回去后哄骗兵士说："皇帝命令不许带马过江。"听到这个消息后，本就士气不高的兵士对第二天的渡江战斗完全失去信心，众将趁机向兵士说明弑君计划，已经走投无路的兵士全都表示愿意参与行动。

第一章　城头变幻大王旗

第二日一早，江北的金军大营一派肃杀之气，沿江布满大小战船无数，一些尚不知情的金军已经登船，更多的金军则整装待发。就在多数人都在为即将到来的这场凶多吉少的渡江战斗做准备之际，完颜元宜带领万余名全副武装的将士来到海陵王的御帐附近，他们大声呼喊着冲到海陵王的寝帐门前。此时仍有少许亲军把守帐门，见到众人后，亲军不解地问道："你们是什么人，到这里想要干什么？"众人哄骗道："我们想到帐前向皇帝汇报一件大事。"亲军见状，不敢阻拦，便放众人进门。进入帐门后，完颜元宜立刻就命令军士箭上弦、刀出鞘，向海陵王的寝帐发起围攻。

此时完颜亮身边只有为数不多的亲信兵卫，这些兵卫见到帐外密密麻麻的人，知道自己无力保护海陵王，便都披上铠甲、匆忙上马，各自带着奴婢逃出营帐向北奔走。完颜亮大惊失色，最初他以为是宋军前来袭营，但在看到射进寝帐的箭矢后，不由得大吃一惊地说道："竟然是我的兵。"尚未逃走的兵卫对海陵王说："事情紧急，陛下快些出帐躲避兵变吧。"完颜亮已经绝望，黯然说道："我现在又能逃到哪里去呢？"说罢便下意识地想拿下挂在营帐中的御弓，但就在海陵王准备张弓搭箭之际，被乱箭射中。海陵王闷吭一声，翻身倒地。见到海陵王中箭，围攻的众将士冲进帐内，一名将军上前斩断海陵王的双手双脚，见到海陵王的身躯仍在抽搐，便用手里的弓将海陵王缢杀。

其实此次弑君兵变持续的时间很短，许多外围将士尚未清楚发生了什么。身为亲军统帅之一的大磐得知消息后，赶忙带领麾下兵马前来营救海陵王。完颜元宜让自己的儿子王祥出去见大磐，王祥对大磐说："将军现在救驾已经来不及了。"大磐见事已至此，只能作罢，参与到善后事宜中。见到兵变军士哄抢御帐中的精美服饰，大磐只得脱下衣服把海陵王的尸体包裹起来，然后拖到帐外焚烧。与此同时，完颜元宜命令将士铲除海陵王的亲信大臣，尚书右丞相李通、浙西路副统制郭安国、监军徒单永年、近侍局使梁珫、副使大庆山等人均被乱军所杀。完颜元宜考虑到海陵王的太子完颜光英正在汴京坐镇，担心完颜光英知道海陵王被弑后在汴京称帝，因此还派人日夜兼程赶往汴京杀掉完颜光英。在一切安排妥当后，完颜元宜开始带领大军有序北返。

至此，海陵王完颜亮发动的南征草草收场，海陵王不仅没能达成一统天下的心愿，还落寞地死在长江岸边。金世宗的时代则彻底到来——如何稳定局势，如何结束战争，又如何拨乱反正，天下人都在注视着辽阳府，等待金世宗的指令。

四、定鼎中都城

在正式称帝后,金世宗并未第一时间向群臣传达下一步指令,而是准备充分听取臣下意见后再作决定。一些从上京旧地赶来的将佐出于提高自身地位的私心,开始集体劝说金世宗北上会宁府,再以上京为根据地对抗海陵王。然而这一建议遭到李石、独吉义等人的强烈反对。

早在独吉义归附之初,金世宗便与其就局势发展有过一番推心置腹的讨论。金世宗对独吉义说:"现在逆亮率领诸道大军攻打宋国,要是他放弃征宋、挥师北上,我们该怎么应对?"独吉义思索片刻,回答道:"逆亮这个人是无道之人,不仅杀害嫡母,还倚仗武力虐待臣民,上天一定会惩罚他。陛下是太祖之孙,即皇帝位称得上是天命所归。"起初金世宗以为独吉义只是在奉承自己,便又问道:"爱卿何以断定朕此时称帝正当其时啊?"没想到独吉义早有思量:"陛下如果早一点即位,那时逆亮还没有渡过淮河,很可能真的会挥师北上;但陛下若再晚一点即位,移剌窝斡带领的契丹叛军很可能已经势不可当。陛下称帝之时,逆亮正好刚刚渡过淮河,他绝不会轻易放弃这次南征,而移剌窝斡也还没形成气候,所以时机真的是恰到好处。另外,随逆亮南征的数十万将士虽身在淮南,但他们的家属都在北边,因此臣斗胆建议陛下早点前往中都主持大局。"金世宗对独吉义所言深表赞同,已经有了南下中都的初步打算。

但在众多上京将佐的劝说下,金世宗在北上还是南下之间仿佛又有些犹疑。在闻听金世宗犹豫不决后,李石赶忙觐见金世宗,上奏道:"逆亮目前远在江淮之间,我大金国境内也已经是盗贼蜂起,天下人都在观望陛下的下一步动作,此时应该尽早赶赴中都,占据这腹心之地号令天下。这才是成就万世之业的战略,恳求陛下不要被北赴上京的建议蛊惑。"李石的建议得到另一位稍晚赶到的渤海大族张玄素的支持,加之此前金世宗已经认同独吉义南下中都的建议,因此正式决定择日南下,继续以中都为政治中心统治国家。

李石此次进言意义非凡,等到金世宗去世后,承继帝位的金章宗曾经问群臣:"世宗皇帝在东京起事时,身边都有哪些大臣啊?"有人回答道:"当时只有李石一个人。"并详细讲述了李石为金世宗定策以及劝谏金世宗尽快赶往中都的功绩。由此观之,李石在金世宗称帝过程中发挥的作用在当时是被广泛认可的。

在决定南下中都之后,金世宗开启一轮新的安排。首先,金

第一章　城头变幻大王旗

世宗下旨任命正率3万军队驻扎在归化的中都留守、西北面行营都统完颜毂英为左副元帅。同时遣使招揽正在陕西与南宋作战的陕西统军使徒单合喜，并向全国传达改元大定的诏书，宣布大赦西南招讨司、西北招讨司与河东、河北、山东诸路州镇，又调发各地猛安军向中都集结。为获取宗室中的长辈支持，金世宗又任命正居住在会宁府的完颜晏为左丞相。完颜晏是金景祖乌古乃的孙子、金太祖阿骨打的堂弟，是为数不多的尚在世的太祖同辈，在女真宗室中的分量举足轻重，而且之前完颜晏之子恧里乃已经率军从淮南北上归附金世宗，所以金世宗确定完颜晏不会拒绝自己的任命。果然，在见到金世宗派来的使者后，已经赋闲在家多年的完颜晏立刻带领数位宗室赶往金世宗驻所，欣然接受左丞相的任命。金世宗大喜过望，又封完颜晏为广平郡王，让他在担任左丞相的同时兼任都元帅。金世宗为表心意，还与来投的宗室宴饮数日作为犒劳。

此后又有一些女真贵族前来归顺金世宗。比如性格忠正刚毅又善于骑射的温迪罕移室懑，当时温迪罕移室懑正在对抗契丹叛军，因战功刚刚升任临潢尹。金世宗亲自书写诏书给温迪罕移室懑："南征的诸路将士以及爱卿的侄子安远大将军斡鲁古、斜普两兄弟，全都带着甲仗来推戴朕做皇帝，朕这才勉为其难称帝。

世章之治：盛世下的危机

爱卿是有大功的耆旧之臣，现在边境不得安宁，临潢一带又至关重要，请爱卿暂时仍担任临潢尹。"宗室完颜神土懑也顺应时势归顺金世宗。甚至海陵王的亲侄子完颜元奴与完颜耶补儿也为逃避海陵王的杀害而冒死北上投奔金世宗。金世宗又下旨让完颜和尚快马赶到汴京，招谕尚在汴京的太傅、尚书令张浩北上，同时任命李石为参知政事，神土懑为元帅右都监。

在人事任命之余，金世宗还采取了一系列临时举措。一方面，由于仓促举事，朝廷面临不小的财政问题，因此金世宗拿出自己府内的金银器物充作军饷，辽阳府内的官吏民众也多拿出财产充作官用；为解燃眉之急，金世宗还接受尚书省的建议，施行"纳粟授官"的政策。由于战马不足，金世宗又下旨征调民间百姓家的马为军用，宣布事情结束后会归还马匹，若马匹死亡则会按价赔偿。另一方面，金世宗仍对不战而屈人之兵抱有一丝希望，派移剌扎八去招降作乱的契丹诸部。

就在金世宗紧锣密鼓地进行各项安排之时，中都城内也发生了巨大变故。海陵王在南征前任命自己的亲信殿前左卫将军蒲察沙离只为同知中都留守事，令其佩金牌掌管中都的城门符钥。此时中都城内尚有一些失势的宗室寓居，其一便是太祖之孙、完颜宗强之子完颜阿琐，由于海陵王忌惮宗室，所以完颜阿琐在海陵

第一章 城头变幻大王旗

王一朝始终未担任实职，只有金吾卫上将军的官阶；其二则是斡者之孙、神土懑之子完颜璋，完颜璋在海陵王时期虽一度充牌印祗候，但不久就因罪免职，世袭的谋克之职也被海陵王剥夺，此后便一直居住在中都。在听说金世宗称帝后，蒲察沙离只极度紧张，下令严守城门，生怕金世宗的人突袭中都。但他没有想到，身在中都的完颜阿琐和完颜璋会成为自己的噩梦。

起初完颜璋还尝试劝说蒲察沙离只归顺金世宗，但被蒲察沙离只断然拒绝。见到劝说无效且自己的想法已经暴露后，完颜璋便与完颜阿琐取得联系，二人最终决定先发动兵变铲除蒲察沙离只，再以中都归附金世宗。确定方案后，完颜璋、完颜阿琐联合了中都的守城军官乌林答石家奴、乌林答愿、徒单三胜、蒲察蒲查等人。在某日清晨，众人带兵杀入中都留守府，毫无准备的蒲察沙离只与判官漫撚撒离喝均被杀掉。事成后，众人一同推举完颜阿琐暂行中都留守的职责，完颜璋则自称同知留守事。在暂时稳定住中都的局面后，二人立刻派遣谋克乌林答石家奴带着蒲察沙离只的金牌，与乌林答愿、蒲察蒲查、中都转运使左渊之子左贻庆、大兴少尹李天吉之子李磐一同带着表章前往辽阳，贺金世宗即位，并通报中都之变。

本就计划赶往中都主持天下事的金世宗见到乌林答石家奴等

世章之治：盛世下的危机

人后欣喜异常，当即授予乌林答愿、蒲察蒲查武义将军之职，让他们充任自己的护卫；又赐左贻庆进士及第，授从仕郎；李磐为阁门祗候。在听说完颜璋自称同知留守事后，金世宗毫不犹豫地正式任命完颜璋为同知中都事。

见中都城已经控制在自己人手中，金世宗宣布将在几日后正式带领群臣与大军前往中都。在出发前，为不惊扰中都百姓，金世宗下诏给中都都转运使左渊："不要增加宫殿布置，不要役使、惊扰百姓，只要做到严守宫门，防备意外即可。"由于契丹诸部拒绝归降，金世宗又派遣元帅左都监吾札忽、右都监神土懑、广宁尹仆散浑坦率军征讨契丹诸部。在群臣建议下，金世宗还正式追尊自己的父亲为简肃皇帝，庙号睿宗，嫡母蒲察氏为钦慈皇后，亲母李氏为贞懿皇后。群臣又为金世宗上尊号"仁明圣孝皇帝"。金世宗还为金熙宗恢复帝号，对外宣布金熙宗为武灵皇帝，庙号闵宗。金世宗又加封自己的儿子实鲁剌为许王，胡土瓦为楚王。在出发的前一天，金世宗带领家属与群臣拜谒太祖庙和母亲贞懿皇后的园陵。完全处理好以上事宜后，金世宗正式踏上前往中都的旅程。随行的有金世宗的儿子完颜永升、完颜永迪以及满朝文臣武将和数万精兵。

金世宗一行极为顺利。在抵达小辽口后，金世宗派遣刚任命

第一章 城头变幻大王旗

的中都留守完颜宗宪先行赶往中都主持大事。完颜宗宪是撒改之子、粘罕之弟,在海陵王时期同样被排挤出京。金世宗即位之初便派使者招揽完颜宗宪,其实完颜宗宪在听说金世宗即位后已经弃官来归,最终与金世宗的使者在中都相遇,双方一同北上,在小辽口见到金世宗。金世宗随即任命威望极高的完颜宗宪为中都留守,前去中都做迎接准备。在抵达梁鱼务时,枢密副使、北面行营都统白彦敬与南京留守、北面行营副统纥石烈志宁也统兵前来归顺,另有安武军节度使完颜爽前来见驾。等抵达榛子岭后,有探子前来禀报海陵王已经被完颜元宜等人弑杀,金世宗闻报后对独吉义说道:"果然如爱卿所料。"

十二月隆冬来临,与中都城已近在咫尺。在抵达三河县时,金世宗任命的左副元帅完颜彀英前来朝见。完颜彀英起初对于是否归顺金世宗犹豫不决,毕竟身为宗室重臣完颜银术可之子,此时已经年近花甲之年的完颜彀英发自内心地不想参与到皇室内斗中,加之他如今正奉海陵王之命担任西北面都统征讨契丹叛军,故对是否应该改旗易帜归附金世宗心存疑虑。不过,金世宗派去招揽完颜彀英的正是完颜彀英的侄子阿鲁瓦,阿鲁瓦对完颜彀英晓以大义,且完颜彀英麾下士卒均有意归顺金世宗,完颜彀英这才接受金世宗的诏命,为表诚意又来迎接金世宗。见到完颜彀英

世章之治：盛世下的危机

来归，金世宗悬着的心方才落下，因为完颜毂英在军中威望极高，一旦听闻完颜毂英为金世宗效命，全国各地的军事长官基本都会望风而降。事实确实如此，此后完颜毂英以左副元帅的名义向诸路兵马征集泥马槽2万件，诸路兵马接到命令后，都认为金世宗兵强马壮，金世宗顺势向诸路兵马宣布赦令，所到之处全都尊奉金世宗号令。

在见到完颜毂英的第二天，金世宗一行抵达通州。当日，延安尹唐括德温来朝见。次日，金世宗一行终于到达中都城下，如众星捧月一般，金世宗踌躇满志地被群臣拥入城中。入城后金世宗首先率领群臣拜谒太祖庙，再次向天下宣告完颜亮的罪状以及自己的即位诏书，随后金世宗在贞元殿接受群臣的朝贺。由于金世宗此前已经做了非常完备的安排，所以中都城内一切正常，并无意外发生。

然而，进入中都城只是金世宗夺取政权、统治金朝的开始，实际上，此时金朝称得上是内忧外患、民不聊生。对外，海陵王虽然兵败身死，但金朝与南宋的战事并未停息，尤其在金世宗大定二年（1162），宋高宗禅位于宋孝宗赵昚，南宋展开"隆兴北伐"，金宋间的战争规模继续扩大；对内，移剌窝斡等人统领的契丹诸部叛乱如火如荼，中原各地亦是盗贼蜂起；另外，由于海陵王大兴土木后又兴兵革，金朝的国家财政也面临崩溃，而且还有部分宗室对金世宗做皇帝持观望态度，甚至还有一些人怀有觊觎之心。

金世宗首先要做的，就是迅速稳定局势。

五、初步稳局势

金世宗清晰地认识到自己面临的境地，虽然此时海陵王已经死去，自己不再需要顾虑海陵王挥师北上后的战事，但如何以最短的时间稳定内部局面，再全力平定契丹、对抗南宋无疑是当务之急。

金世宗还认识到，仅凭自己一个人无法制定出完备的维稳策略，因此鼓励臣民上书言事。正巧有同知河间尹高昌福上书陈述己见，金世宗便以其为典型人物，号召内外大小职官效仿高昌福，勇于提出意见。由于金朝与南宋尚处于战争状态，因此金世宗派遣元帅左监军高忠建等人为报谕宋国使，向南宋通报自己取代海陵王成为大金国皇帝的消息，旨在缓和与南宋之间的紧张敌对关系；同时，金世宗又诏左副元帅完颜毂英南下，规措淮河一线以及陕西等路的军事部署。

世章之治：盛世下的危机

转眼时间已到大定二年（1162）。由于时局变化得太快，这一年的正旦异常冷清，只有高丽派来卫尉少卿丁应起为金世宗贺正旦。金世宗也无暇照看这些礼节性外交事务，他仍在思索如何迅速稳定国内局面。金世宗始终认为选擢人才是治国的根本，他对宰相们说："选擢贤才、摒弃不贤是宰相的职责。有的人嫉妒才能比自己高的人，害怕他们分享自己的权力，因此往往不肯将贤才推荐到合适的位置，朕认为这种做法非常不妥，卿等千万不要有这种想法。"宰相们闻言后纷纷推举心目中的能臣，经过讨论，金世宗任命已经致仕的前任翰林学士承旨瞿永固为尚书左丞，济南尹仆散忠义为尚书右丞。

在选拔人才帮助自己治国理政之余，金世宗还着手整顿吏治。最先被金世宗处罚的是两位宗室——都统斜哥与副统完颜布辉。完颜布辉此前与南征万户完颜福寿一同投奔金世宗，金世宗即位后任命完颜布辉为同知曷苏馆节度使事，后又以刑部侍郎斜哥为都统，完颜布辉为副统，然而二人在进入中都城后不仅擅自任命官吏，还私用宫中财物。事情暴露后，金世宗将斜哥除名，完颜布辉削两阶，二人均解职。

金世宗随后迎来即位后的第一次统治危机，即兵部尚书完颜可喜等人的谋反未遂事件。完颜可喜也是金太祖之孙，父亲是完

第一章 城头变幻大王旗

颜宗强。完颜可喜从小材武过人，但性格狠毒乖张，惯于浑水摸鱼，见到金熙宗、海陵王与金世宗均以太祖孙的身份成为金朝皇帝后，完颜可喜心中也有做皇帝的非分之想。在海陵王时期，完颜可喜就被完颜亮怀疑，正隆末年，海陵王还曾派人去杀完颜可喜，完颜可喜无奈之下只得投靠金世宗。在前往辽阳的途中，完颜可喜与其兄归化州刺史完颜阿邻在中都相见，当时中都已经被完颜阿琐和完颜璋控制，而完颜阿琐就是完颜阿邻与完颜可喜的亲弟弟。完颜可喜见到时局对自己有利，便对完颜阿邻说："咱们的弟弟阿琐向来愚笨，恐怕无法掌控中都的局面，我准备留在中都帮助他。"因此完颜可喜没有继续前往辽阳朝见金世宗，而是滞留在中都观望局势发展。直到听说金世宗已经从辽阳出发，完颜可喜才再次离开中都，最终在麻吉铺迎接到金世宗。对于完颜可喜这位堂弟，金世宗开始也是很信任的，授予他兵部尚书的职位，并让他佩戴金牌，带领部分人马去控制汴京。但在到达中都后，南京已经归附的消息便传来，因此完颜可喜的南下任务也被取消。

由于金世宗忙于处理各类事务，因此一度忽视对扈从军的犒劳，一些军士心生不满，甚至口出怨言。在投靠金世宗的大臣中，也有部分人心怀异志。其一便是昭武大将军斡论。斡论本奉海陵王旨意在归化监视完颜禀英,在金世宗赦文到达后还曾计划谋杀金世宗派来的使者独吉和尚,只因独吉和尚心思缜密、严防死守,斡论的计划才没有成功。斡论最后虽也在中都近郊以臣礼拜见了金世宗,并得到金世宗的抚慰,但斡论内心仍时时惶恐,害怕金世宗日后找理由铲除自己。

其二是河南统军司令史斡里朵。斡里朵为人狡险,且善于搬弄是非,此前便曾与斡论一同谋划暗杀金世宗使者,因此斡里朵在投靠金世宗后也常常担心被清算。

其三是同知延安尹李惟忠。李惟忠就是在十余年前与海陵王一起弑杀金熙宗的李老僧,后来又在海陵王授意下构陷过完颜宗弼之子完颜亨,导致完颜亨冤死狱中。金世宗非常讨厌李惟忠,李惟忠也知道自己被金世宗疏远排斥,因此也有谋反之意。

其四则是此前在中都立有大功的完颜璋。完颜璋在控制中都城后自任同知中都留守,后来虽得到金世宗的正式任命,但完颜璋仍然害怕金世宗因此事降罪于己,故也心怀异志。

其五就是刚刚被金世宗处罚的完颜布辉。

这些人逐渐围拢到完颜可喜身边,一个意图弑君篡位的谋逆集团就此初步形成。

完颜可喜、斡论、李惟忠、斡里朵、完颜璋、完颜布辉等人计划借助扈从军士对金世宗的不满发动叛乱。斡论自信地对众人说道:"我与押军猛安沃窟剌很熟,他一定不会拒绝我的请求。"李惟忠也向众人表示:"我在正隆年间曾经做过神翼军总管,当时获赐的两块银牌还在我的手中,我们可以凭借这两块银牌矫诏动用内藏库财宝赏赐军士。另外,万户高松与我是旧交,他一定也会听从我的劝说参与起事。"众人听罢,纷纷欣喜地表示:"如果能够得到高松这支军队的帮助,我们的大事可成。"

此次会议后,斡论秘密前往沃窟剌的驻地,沃窟剌在斡论的劝说下决定参与谋反。李惟忠则前去游说高松,他试探性地问高松:"将军是对皇帝有大功的旧臣,至今却没有得到封赏,莫非其中有什么隐情吗?"高松回答道:"我本来只是一个县令,每当想起皇帝对我的恩情,我都觉得世世代代无以为报,怎能有不满呢?"听到高松的这番回答,李惟忠不敢再向其阐明谋逆之事。事实上,高松所言并非虚言,金世宗对他确实不薄,高松出身平民,在金初屡立战功后却仅累官至咸平总管府判官,直到金世宗即位后,高松才担任管押东京路渤海万户。

在大定二年(1162)正月,金世宗率领宗室、群臣拜谒山陵,随行的完颜可喜在途中称病回到中都。第二日夜间,完颜可喜将斡论、李惟忠、斡里朵、完颜璋、完颜布辉、完颜阿琐等人召集到自己的家中，沃窟剌得到消息后也率领部下前来会合。但众人在密谈时产生了分歧，完颜璋难掩失望之情，当众表示："如今我们得不到高松的支持，大事肯定无法成功。"此言得到完颜可喜、完颜阿琐与完颜布辉的赞同，他们互相对视后，决意反水。为表示自己与谋逆无关，完颜可喜等人在会议上擒获刚刚还是盟友的斡论、李惟忠、斡里朵与沃窟剌，向金世宗自首。

金世宗听到消息后大吃一惊，下令彻查此事。在调查的最初阶段，完颜可喜并不承认自己是谋逆的始作俑者，直到负责调查的官员将斡论带来与完颜可喜当面对质，完颜可喜才不得不承认自己才是这次谋反未遂事件的主谋。金世宗看到最终的调查结果后，不由得长叹一声，发自肺腑地为自己这些堂兄弟感到伤感，他对身边人感慨道："朕还在世的兄弟已经不多了，太祖的孙子只剩下寥寥数人，我怎能不为他们的愚蠢举动而伤心呢。"念及亲情，金世宗下诏只问罪完颜可喜一个人，完颜可喜的兄弟子孙皆不连坐。最终，金世宗诛杀完颜可喜、斡论、李惟忠、斡里朵与沃窟剌等人，跟随沃窟剌的军士被金世宗赦免。完颜璋与完颜布辉虽也参与了此事，但并非主谋且迷途知返，因此金世宗并未深究，只是将他们逐出中都，完颜璋被外放为彰化军节度使，布辉被外放为浚州防御使。在确定处理方案后，金世宗将兵部尚书完颜可喜等人谋反之事昭告天下。为安抚扈从军士,金世宗又下令赏赐扈从军:每名万户赐银百两,每名猛安赐银50两,每名谋克赐绢10匹,每名甲士赐绢5匹、钱6贯,阿里喜以下也各有数额不等的赏赐。

在处理完颜可喜等人的前后,金世宗还做了很多其他稳定局势的工作。首先,在太和殿大宴百官,对宗戚命妇均有赏赐。其次,宣布废除海陵王制定的"迎赛神佛禁令",放松对民间宗教信仰的控制。另外,还带领宗室、群臣到大房山献享山陵。金世宗又派殿前左副点检蒲察阿孛罕等人前往河南赏赐之前随海陵王南征的将士,随后下令放还河北、山东、陕西等路征南步军回家。

由于天灾不断,且海陵王横征暴敛,山东一带的民众生活十分艰苦,许多人为求活命只能沦为盗贼。为此,金世宗专门派前工部尚书苏保衡、太子少保高思廉到山东赈济灾民,赏赐贫苦百姓粮食与布匹,并将无妻之人的姓名记录上报;后又令前户部尚书梁銶、户部郎中耶律道往山东安抚百姓,负责招谕盗贼以及因躲避盗贼或躲避徭役而在外逃亡之人,金世宗宣布赦免这些人的罪行,鼓励他们回家从事农业生产。等到三月,金世宗又下令免除南京一带的丁夫贷役钱,后又赦免河南、陕西、山东等地被冤

世章之治：盛世下的危机

捕入狱的良民。

如何处理海陵王旧臣也是金世宗能否稳定局势的关键。金世宗清算引起众怒的海陵王佞臣，同时封赏被海陵王贬斥的官员。在大定二年（1162）二月，金世宗先将凭借谄媚逢迎获海陵王宠信的补阙马钦除名，又罢免被海陵王重用的佞臣萧玉、敬嗣晖、许霖等人，诛杀助纣为虐的泽州刺史特末哥及其妻高福娘；三月，金世宗追削已经被乱军杀掉的李通的官职。而之前因言盗贼事忤逆海陵王被赐杖刑并除名的前翰林待制大颖重新得到起用，被金世宗任命为秘书丞。在二月，在南京的太傅、尚书令张浩来到中都朝见金世宗，金世宗抚慰这位海陵王时期的股肱重臣，加封张浩为太师，继续担任尚书令。率众弑杀海陵王的完颜元宜也得到金世宗封赏，先是被任命为御史大夫，后又升任为平章政事。金世宗还封赠之前被白彦敬、纥石烈志宁枉杀的辽阳主簿石抹移迭、东京曲院都监移剌葛补为镇国上将军，令二人的家人各领取五品俸禄，且将二人的儿子收到宫中为承应人。金世宗又下令收殓被海陵王残害的宗室大臣的骸骨，恢复这些人的职位；有家产被没收的如数奉还家产，有家属没入宫籍的则放归为良。多番举措之下，无论朝廷，还是民间、军旅，人心都逐渐趋向稳定。

第一章 城头变幻大王旗

为完全肃清海陵王的影响，金世宗还在四月将完颜亮降封为海陵郡王，谥号为"炀"，宣告海陵王是与隋炀帝杨广一样的暴君。随后金世宗让人将海陵王遗骸安葬在大房山鹿门谷的诸王陵墓中。五月，金世宗又正式向天下宣告立自己的嫡长子允迪为皇太子。至此，基本坐稳皇位并确立继承人的金世宗再无后顾之忧，他的时代正式到来。接下来，金世宗将目光投向北方与南境，北定契丹、南遏宋军成为新的主题。

第二章

北定契丹南安宋

在坐稳皇位后,金世宗还有两个非常棘手的问题有待迅速解决。一是被海陵王逼反的契丹部民并未因金廷内部的皇位更迭而改变对抗金朝的态度,反抗反而愈演愈烈,兵锋甚至一度威胁到中都城,已经成为新生的大定政权的心腹之患。

二是南边的宋朝也蠢蠢欲动。在海陵王战败后,宋高宗禅位给太子赵眘。赵眘即位后一改宋高宗时期与金朝媾和的策略,不仅为岳飞平反,还大批起用主战派,呈现出要一鼓作气恢复河山的气势。起初,金宋双方还只是在边境上发生一些小摩擦,然而

第二章　北定契丹南安宋

不久后宋朝就开启了轰轰烈烈的"隆兴北伐"。

在谨慎思考了南北两方面的局势后，金世宗做出了即位以来的又一个关键决策，即决定首先集中优势军事力量，迅速平定由移剌窝斡领导的契丹诸部叛乱，在完全解除后顾之忧后再调动金军主力南下抵御南宋的北伐。从效果上来看，金世宗的策略称得上完美，金军不仅如金世宗预料的那样很快平灭了契丹叛乱，同时还抵御住了南宋的一轮进攻，在主力南下后顺势转守为攻，迫使宋朝罢兵。经过艰苦谈判，金宋再定和议，由此开启了40余年的和平局面。

一、北定契丹

已经坐稳皇帝宝座的金世宗需要尽快平定契丹诸部的叛乱，一是因为契丹叛军的活动范围距离中都与上京都很近，稍有差池就可能动摇自己的统治根基；二是此时南宋也在蠢蠢欲动，若不迅速结束北部的战事，金朝很可能要面临两线作战的局面；三是金朝的财政状况本就不容乐观，持续的战事更导致军费开支庞大，所以必须以最快的速度结束战争。金世宗忧心忡忡地望着眼前的地图，不禁埋怨已经死去的海陵王："要不是你一意孤行，

世章之治：盛世下的危机

朕又怎么需要收拾这么大一个烂摊子？"

追根溯源，事情要回到正隆五年（1160），当时海陵王为征服南宋，命令牌印令史燥合和杨葛到西北路征召当地的契丹壮丁南下参战。但契丹人并不愿跟随海陵王南下，他们向燥合和杨葛表示："西北路周边都是不服王化的游牧部族，我们契丹人世世代代与这些部族为敌作战，积怨已深。如果男人们都跟随皇帝南征，这些游牧部族一定会趁机劫掠我们，留下来的老弱妇孺无一幸免。希望使者能够回朝向皇帝说明我们的情况，收回成命吧。"了解海陵王性格的燥合和杨葛根本不敢将实情告知海陵王，杨葛甚至因担忧西北路以后出事会牵连自己而忧虑至死。同样身处忧虑中的燥合无奈之下再次和牌印令史耶律娜、尚书省令史没答涅合来到西北路，硬着头皮督促契丹男丁尽快南下。

见到海陵王罔顾契丹人的死活，接二连三地派使者前来征兵，契丹诸部民众群情激奋。身为西北路招讨司翻译的撒八便与孛特补集结不满的部众杀掉了西北路招讨使完颜沃侧和使者燥合，并将另两位使者耶律娜和没答涅合关押起来，他们凭借招讨司积存的3000副铠甲正式起兵反抗海陵王。在起事伊始，撒八等人还讨论过拥立辽朝天祚帝的后代为皇帝，但没有成功。最终，众人推立原招讨司都监老和尚为招讨使，但契丹军的实际领

第二章 北定契丹南安宋

导权在撒八手中。

撒八的起兵很快得到北境的契丹诸部以及其他部族的响应。先是山后和山前的数个群牧声援撒八，拒绝参加叛乱的迪斡群牧使徒单赛里和耶鲁瓦群牧使鹤寿等人全部遇害。不久后，五院司部的老和尚那也杀掉了节度使术甲兀者，应和撒八起兵。又有辟沙河千户十哥与之前的招讨使完颜麻泼杀掉乌古迪列招讨使乌林答蒲卢虎，带领部下投奔撒八。虽然室鲁部节度使阿厮列追击并打败了十哥与完颜麻泼，但十哥与数骑逃脱，成功与撒八会合。

另有咸平府谋克括里在听到撒八起兵的消息后，带领麾下人马从山后逃归咸平，咸平少尹完颜余里野得知消息后收押括里的家属作为人质。但括里不为所动，大肆招诱奴隶，只用几日时间就聚集了2000人马，兵势大振的括里很快攻陷韩州和柳河县，直扑咸平而来。见到胁迫无效，余里野只得发兵迎击括里，却被打得大败。括里趁机占据咸平，之后缮完器甲，拿出府库财物募兵。此后，括里虽先后被宿直将军孛术鲁吴括剌、猛安乌延查剌以及当时尚为东京留守的金世宗打败，但损失并不大。为了保存实力，括里最后也带领人马投奔到撒八军中。

得知契丹诸部造反的消息后，已将主力南调的海陵王不得不抽出部分兵力攻打契丹叛军。海陵王派枢密使仆散忽土、西京留守萧怀忠带领1万名士兵，与已经先行出发的右卫将军萧秃剌共同讨伐契丹。然而萧秃剌与契丹军相持数日，接连打了几仗均未能建功，加之粮饷不继，萧秃剌只得退归临潢。虽然萧秃剌一时未能破敌，但撒八揣测海陵王的大军可能很快就到，担心自己无力支撑，便谋划带领人马投奔西辽，率领部众沿着龙驹河向西进军。

等到仆散忽土、萧怀忠与萧秃剌会合，三人一同率军追击撒八，但赶到龙驹河时并未见到契丹军一兵一卒。三人以为撒八军已经走远，便引军而还。急于平定契丹诸部的海陵王闻讯大怒，以逗留不前、消极作战的罪名杀掉了仆散忽土、萧怀忠和萧秃剌。北京留守萧赜亦因不能管理好部下而被诛杀。在把前线将领全部处决后，海陵王任命白彦恭为北面兵马都统、纥石烈志宁为北面兵马副统，完颜毂英为西北面兵马都统、西北路招讨使唐括孛姑的为西北面兵马副统，继续征讨撒八。

就在海陵王临阵换将的同时，撒八集团内部因路线问题发生内乱。撒八向西投靠西辽的计划遭到原来居住在山前的诸部契丹人反对，他们不愿离开世世代代生活的水草丰美之地。在激烈的争吵中，撒八被自己的属下六院节度使移剌窝斡与兵官陈家杀

第二章　北定契丹南安宋

掉；老和尚、孛特补也被移剌窝斡关押。成功夺取权力的移剌窝斡自任都元帅，成为契丹叛军的第二代最高领导者，移剌窝斡任命陈家为都监，二人率领契丹军掉转方向，再次往东而来。

由于此时金世宗已经在辽阳称帝，因此白彦恭与纥石烈志宁的注意力多在东面，移剌窝斡一众基本未遇到任何阻拦便进抵临潢府东南的新罗寨附近。已经准备前往中都的金世宗闻听窝斡近在临潢府，便产生招降之意，派移剌扎八、前押军谋克播斡、前牌印麻骇以及利涉军节度判官马脑一起去劝降窝斡。金世宗怎么也没想到，一贯知人善任的自己这次却是所托非人。

在见到移剌窝斡后，移剌扎八等人立刻传达了金世宗招抚的旨意。移剌窝斡的初心就是回归故土，因此对继续作战也缺乏动力，便有意归顺金世宗。双方可谓一拍即合，很快就达成协议。但移剌窝斡仍有一些担忧，他怕金世宗秋后算账，便想进一步得到移剌扎八的安全保证，他询问移剌扎八道："如果我带领族人归顺大定皇帝，能确保我们平安无事吗？"按照常理来说，肩负重任的移剌扎八此刻应该拍着胸脯向移剌窝斡做出承诺，想必急需稳定局面的金世宗也不会出尔反尔，但扎八出乎意料地回答道："我只负责奉皇帝旨意来招降你们，其他的事我都不清楚，也不敢胡说。"听罢此言，移剌窝斡脸色大变，归顺金世宗的决心明显发生了动摇。

移剌扎八为何会如此回答呢？因为他本身就是一个野心家，在见到契丹军兵强马壮、车帐满野后，他就有意参与其中分一杯羹。看到移剌窝斡面露为难之色，移剌扎八顺势说道："我最初以为你们不会有什么作为，未承想你们的兵势竟然如此强盛，你们是想成为被人驱赶的群羊，还是想再等待时机？如果元帅真的有更大的志向，我愿意留下来辅佐你。"此时，前孛特本部族节度使逐斡也对窝斡说道："我听说谷神丞相在世的时候曾预言日后西北部族会发生变故。今天的一切正好符合他的预言，我们不应该投降啊。"谷神丞相就是完颜希尹。听到移剌扎八以及逐斡的话后，窝斡决定与金朝周旋到底。

决意继续对抗金朝的移剌窝斡将移剌扎八留在军中，麻骇、播斡等人则被放还，窝斡让他们告诉金世宗自己无意归降。随后，移剌窝斡整顿人马攻打临潢府。作为辽朝故都，临潢府对于契丹人的意义不言自明，因此移剌窝斡将首攻之地定在临潢。临潢府总管移室懑出城迎击移剌窝斡，无奈手下兵少将寡，最终战败被俘。移剌窝斡一军顺势将临潢府团团围住。

麾下军士已达5万人的移剌窝斡信心大增，在手下的劝说下，他于大定元年（1161）十二月正式称帝，改元"天正"。就在移

第二章 北定契丹南安宋

刺窝斡称帝、急攻临潢府之际，身在北京大定府的北面都统白彦敬与副统纥石烈志宁归顺了金世宗。解除后顾之忧的金世宗也终于可以腾出手来对付移剌窝斡。金世宗派元帅左都监吾扎忽与同知北京留守事完颜骨只率军救援临潢府，命令二人昼夜兼程、不得延误。因临潢府城坚粮足，且契丹军以骑兵为主，缺乏攻城器具，因此移剌窝斡在吾扎忽一军抵达前已经放弃攻城，转而进攻泰州。

未将移剌窝斡放在眼里的吾扎忽并未在临潢稍作休整，立刻率领大军向泰州进发。不久后，两军相遇。吾扎忽刚要下令列阵迎敌，军中的押军猛安契丹人忽剌叔突然带领所部掉转枪头，响应移剌窝斡。突遭大变的吾扎忽被打了个措手不及，军中阵脚大乱，被移剌窝斡杀得大败。泰州节度使乌里雅率领千余骑兵出城救援吾扎忽，但因寡不敌众，被移剌窝斡打败，乌里雅竭力拼杀，带着几个人逃脱。此战之后，移剌窝斡声势大振，泰州则风声鹤唳，再也不敢出城迎战。无奈移剌窝斡军还是不善于攻城，虽能依靠兵力优势四面围攻，却被押军猛安乌古孙阿里补带领军士一一击退。移剌窝斡担心金世宗的援军到来，以久战不利为由率军撤退。

时间来到大定二年（1162），金世宗开始将注意力集中到如

世章之治：盛世下的危机

何迅速平定契丹诸部方面。正旦节一过，金世宗就命令右副元帅完颜谋衍率领诸路人马北征移刺窝斡。一贯热衷于不战而屈人之兵的金世宗还于二月下诏："凡是契丹军中之人，如果能够自行归顺朝廷，就不再追究。无论之前是奴婢还是良人，一并放还归乡；如果曾经是朝廷官员，或者能够带领一些人共同归顺朝廷，朝廷还会依据功劳和之前的品阶赐予其官职；一同归顺的其他人如果愿意为朝廷效力，也会量才录用；就算是驱奴和宫籍监人，如果能够幡然醒悟，将获赐良民身份，并免除3年的差役；如果有人能够杀掉贼军的将领，不仅可以得到以上待遇，还会根据功劳予以封赏。要是有人能够活捉移刺窝斡，如果之前他是猛安，就加封三品官阶，授予节度使的职位；之前是谋克，就加封四品官阶，授予防御使的职位；之前只是庶人，就加封五品官阶，授予刺史的职位。"

在下达此项诏书后，金世宗意犹未尽，又让尚书省颁布诏书补充道："如果有节度使、防御使捕获了移刺窝斡，就授予他们世袭猛安，有刺史捕获移刺窝斡，就授予他们世袭谋克，驱奴、宫籍监人若能立此大功的话，封赏标准与庶人一致。"担心政策落实不到位的金世宗又向尚书省强调道："一定要激励将士积极杀敌，一旦捕杀移刺窝斡，朕一定不吝封赏，甚至可以给他加封特进,授予总管的职位。"

就在金世宗希望通过利诱的方式瓦解移刺窝斡集团的同时,移刺窝斡在军事上有了新的动作。从泰州撤兵后,移刺窝斡分出一部分人马与括里进攻韩州。完颜谋衍带领的人马已经北上,括里闻讯后不敢应战,便转军至懿州、宜州一带伺机行动。完颜谋衍亲自率军驻扎在懿州的庆云县,又屯兵于川州的武平县。为了保障军需安全,金世宗允许完颜谋衍从富户中签调驻屯军、在百姓中签调步军,以护送兵器粮草。为顺利完成调兵与运粮的任务,金世宗还派平章政事完颜元宜到泰州主持政务。

当大战一触即发之际,金世宗的利诱分化之策起到了作用。移刺窝斡军中的前安远大将军斡里袅、猛安七斤、庶人阿里葛、磨哥等人趁着夜色逃离契丹军。金世宗以最快的速度兑现了诺言,加封斡里袅、七斤为昭武大将军,阿里葛为武义将军,磨哥为忠勇校尉。

移刺窝斡在得知完颜谋衍大军驻扎在庆云县后,决定向济州进军切断完颜谋衍的粮道。完颜谋衍此时等到了右监军完颜福寿、左都监吾扎忽所部前来会合,三路大军合计精兵1.3万人。完颜谋衍认为与移刺窝斡作战的时机已到,命令曷懒路总管徒单克宁、广宁尹仆散浑坦、同知广宁尹完颜岩雅、肇州防御使唐括乌也作为左翼军,临海节度使纥石烈志宁、曷速馆节度使神土懑、同知北京留守完颜骨只、淄州刺史尼厖古钞兀作为右翼军,自己坐镇中军。三路大军一起进发,在抵达术虎崖之际,探马汇报说移剌窝斡军就在不远处,完颜谋衍闻讯后果断命令大军舍弃辎重,只带着够几日使用的粮草轻装进军。

此时,又有纥碗群牧的牧民契丹人纥者带着他的弟弟孛迭、掇剌偷偷跑出契丹军投奔完颜谋衍。熟悉契丹军内情的纥者向完颜谋衍建议道:"贼军的战马都很肥健,朝廷的战马却都很疲弱,我们现在距离贼军大概有80里,等遇到贼军,我们的战马就更疲惫了。据我所知,贼军的辎重粮草离我们并不远,我们可以先去攻击辎重,贼军得知消息后一定会回师救援,那时他们的战马肯定更加疲惫,我军的战马却得到了休息。古人说'攻其所必救,以逸而待劳',应该就是这个道理。"完颜谋衍思索片刻,采纳了纥者的建议,不再向移剌窝斡主力进军,而是乘着夜色偷袭契丹军的辎重。虽然因遇到大风无法分辨方向,直到天亮才行军30里,但好在距离契丹军的辎重已经很近了,谋衍令大军稍事休息,等待移剌窝斡的援军到来。

正在前往济州的移剌窝斡听到完颜谋衍进攻自己的辎重,急忙掉转马头前往救援。等到移剌窝斡赶到时,完颜谋衍大军已经

第二章 北定契丹南安宋

休息完毕，双方相遇于长泺。寒风瑟瑟，双方主帅都知道，大战不可避免；战旗飘飘，双方将士也都知道，生死只在一瞬。久经战阵的完颜谋衍观察片刻，命令在左翼军的侧面设一支伏兵，没想到移剌窝斡也非浪得虚名，他指挥400余名骑兵向左翼军与伏兵之间的薄弱地带发起冲击，好在坐镇左翼的徒单克宁带领人马开弓射箭，击退了移剌窝斡的进攻。当天，完颜谋衍一军与移剌窝斡一军多次互相发起试探性进攻，双方互有胜负，最终相距5里各自安营扎寨。

战斗的转折点还是发生在左翼。就在双方都有些筋疲力尽的时候，左翼万户完颜襄突然带领一部人马向契丹军发起进攻。此次进攻取得了意想不到的效果，契丹军的阵型竟被这突如其来的攻势冲乱。完颜襄见状直插移剌窝斡的后军，亲自带领20名具备高超骑射技巧的骑兵不断射杀契丹军，契丹军渐渐抵挡不住，完颜襄乘势指挥人马攻击契丹军的侧翼，契丹军的退却之势已经不可逆转。身在高处的完颜谋衍见到完颜襄的攻击起到了奇效，便令诸路大军一齐发起进攻。正好此时又起大风，狂风卷起沙石随着金军一同冲向契丹军。契丹军的阵型彻底被打乱。金军乘势追杀，一直追了10余里，斩获无数。

在长泺大败的移剌窝斡带领残兵败将向西逃窜，金军紧紧跟在后面，双方在雾凇河一带再次首尾相接。抢先一步的契丹军已经渡过雾凇河，但金军紧追不舍，也在做渡河的准备。移剌窝斡见到金军即将渡河，下令毁坏渡口。金军将领纥石烈志宁见已经无法从渡口渡河，便一方面在岸边大张旗鼓作为疑兵，让移剌窝斡以为金军主力仍在河对岸；另一方面命令夹谷清臣与徒单海罗悄悄从雾凇河的下游渡河，下游的两岸虽陡峭峻险，但河滩较浅，多是泥泞之地，夹谷清臣就让军士把柳枝捆在一起铺在泥地上，最终顺利地渡过了雾凇河。

纥石烈志宁见到夹谷清臣、徒单海罗已经顺利渡河，便撤去疑兵，指挥人马从下游渡河。移剌窝斡大惊失色，只得率领军士继续奔逃。由于接连作战，军士、战马都很疲惫，纥石烈志宁在追击到一处平地后让军士稍事休息，补充食物。但移剌窝斡不是等闲之辈，见到追兵埋锅造饭，立刻向纥石烈志宁发起反击。纥石烈志宁这次确实大意了，他没想到已经成为惊弓之鸟的契丹军还有胆量反攻，急忙整军布阵。契丹军从南冈疾驰而下，多次对金军发起冲击。纥石烈志宁指挥人马奋力战斗，在战斗中，纥石烈志宁的左臂被流矢射中，但久经战阵的纥石烈志宁镇定自若，契丹军未能突破金军的防线。

就在双方相持不下之际，金军的后续部队陆续赶到。左翼骑

第二章 北定契丹南安宋

兵率先冲锋,与契丹军混战在一处。此战称得上一波三折,起初,契丹军是顺风作战,便放起大火,趁着烟雾杀伤金军。金军虽人数众多,但风烟扑面而来,因此处于劣势,一些军士甚至痴傻一般地站在原地等待契丹军的屠杀。不过,就在金军即将败退的时候,突然天降大雨,不再被风烟干扰的金军顺势反击,反而将契丹军杀得大败。

左翼军主帅徒单克宁继续带领人马追击契丹军,将契丹军赶到了一处溪涧。契丹军没法在彻底摆脱追击的情况下从容渡过溪涧,来不及赶到对岸的契丹军多被金军斩杀。等到残存的契丹军渡过溪涧后,金军也跟着渡过了溪涧。双方连番恶战,都已经极其疲惫,均下马歇息。移剌窝斡故技重施,在金军尚在休息之时,突然反攻,由于渡过溪涧的金军还不是很多,徒单克宁没有组织人马与契丹军对冲,而是命令军士下马,借助掩体以弓箭反击契丹军的冲锋。一时之间,契丹军无法取胜。

见到无法速胜,移剌窝斡不再纠缠,带领人马向南转移。徒单克宁见移剌窝斡放弃了进攻,也不再追击,回师向北。没想到这竟又是移剌窝斡的计策,就在徒单克宁放松警惕之际,契丹军突然又掉转方向向金军发起进攻。被打了一个措手不及的金军只得退却到溪涧的北侧。正在此时,金军主力终于赶来,移剌窝斡只得放弃进攻，带领契丹军撤退。

坐镇中都的金世宗时刻关注着战事。完颜谋衍在长泺得胜的战报很快就送到了金世宗的御案前。金世宗大喜过望，封献策有功的矾者为武义将军，孛迭为昭信校尉，挦剌为忠翊校尉，同时授予矾者同知建州事的官职。但随后的战报却有喜有忧。虽然几次大战下来，金军频有斩获，也逐渐掌握了战场上的主动权，但契丹军来去如风，彻底剿灭尚需时日。金世宗决定加大利诱之策。四月，金世宗向元帅府下诏："凡是契丹军中之人，如果能够在两军交战之前投降，我军不得将其杀伤，而要倍加安抚。如果是在契丹贼军战败后投降，除了奴婢按照以往的规定处理外，其余投降的人及其家属都放还回家，并由官府给予他们物质补偿。"

在移剌窝斡战败后，完颜谋衍驻扎在白泺，没有第一时间组织追击，导致移剌窝斡得以从容收拢散兵进攻懿州。虽然因为懿州城池坚固，移剌窝斡并未占到便宜，但移剌窝斡带领契丹军到处劫掠，川州一带已经残破。此后，移剌窝斡又准备向山西进军，驻守北京大定府的金军也没有在半路实施拦截。金世宗得知这些战报后大为恼火，在军事部署和将帅任命上做出调整。

第二章 北定契丹南安宋

金世宗下达命令：从骁骑亲军中选拔2000精锐，与曷懒路留屯京师的军队3000人编在一处，对外号称2万精兵；以会宁、济州军共6000人编在一处，对外也号称2万精兵。在将领方面，金世宗任命元帅左都监高忠建作为两路人马的统帅，又任命沃州刺史乌古论蒲查为曷懒路押军万户，邳州刺史乌林答刺撒为济州押军万户，右骁骑副都指挥使乌延查刺为骁骑万户，祁州刺史完颜宗宁为会宁路押军万户，右宣徽使完颜亨为北京路都统，吏部郎中完颜达吉为副统。众人一起带领人马与元帅府会合，伺机向移刺窝斡发起总攻。

由于担心将领们再次贻误战机，金世宗还派尚厩局副使蒲察通到懿州戒敕前线将帅。在蒲察通临行前，金世宗叮嘱一定要向完颜谋衍等人转达自己的话："朕委派你们去讨伐契丹贼军，却听说你们不急于与贼军作战，而是把兵马驻扎在缓冲地带，如今已经过了好几个月，虽然你们也曾有过追击敌人的行动，却不从有水草的地方进军，导致战马都很羸弱，每次追敌都不足百里。之后虽然取得了一些胜利，却放纵军士劫掠地方，导致几日后才追到雾淞河，然后又没有乘胜追击，再次轻易地放过移刺窝斡。贼军因此进入到内地，北京、懿州都遭到严重破坏。朕本想重重地责罚你们，但考虑到你们也是刚刚担负如此军事重任，便想再给你们一次建立功业的机会。你们一定要尽心竭力，不要再像之前那样懈怠。"

金世宗又对蒲察通说："爱卿如果得知贼军就在附近，务必要监督将帅们奋力讨伐。对于以命相搏的人，爱卿要牢牢记住他们的姓名，朕日后予以封赏。要确保消极怠工以及冒功领赏之类的事情不再发生。爱卿还要好好约束军中的士卒，不能让他们肆意劫掠。"

蒲察通带着这些使命火速赶到前线，当众宣布金世宗的多道旨意：以纥石烈志宁为元帅右监军，原右监军完颜福寿召还京师，咸平路总管完颜兀带恢复旧职；因完颜谋衍之子完颜斜哥在军中多有骄横暴行，押回属地；奖赏拒绝移剌窝斡劝降、逮捕移剌窝斡使者，升作战勇猛的节度使移里蕫窟域为宣武将军，并赐银500两、衣服2套。

与军中的紧张气氛一般无二，中都城中的工作也在如火如荼地进行。金世宗在派蒲察通前往前线后，又担心前线军资不足，便命令将中都城中的1.5万副弓与150万支箭全部运到懿州。得知金世宗有意更换主帅的尚书右丞仆散忠义主动站出来为金世宗解忧，表示自己愿意代替完颜谋衍主持平灭移剌窝斡的军事行动。金世宗盛赞仆散忠义的自荐举动，在六月份正式任命仆散忠

第二章 北定契丹南安宋

义为平章政事兼右副元帅,同时任命完颜宗叙为兵部尚书,大名尹完颜宗尹为河南路统军使,河南路统军都监蒲察世杰为西北路副统,一起跟随仆散忠义北上。金世宗力求毕其功于一役,因此不仅拿出内府金银10万两作为饷银,还昭告诸军将士:"大军长期驻守在边境,消耗大量财物却还没有成功,百姓也因此得不到休养生息。如今朕解除原右副元帅完颜谋衍的职位,任命平章政事仆散忠义兼右副元帅,期待众将士齐心协力,尽快平定契丹叛乱。待功成之日,封赏必不会少。"

移剌窝斡一众游荡于花道一带,实力得到一定程度的恢复。此地距离中都很近,若不是有燕山山脉阻隔,移剌窝斡的骑兵可能转眼间就能抵达中都城下。为防患于未然,金世宗下令在居庸关、古北口等关隘严查过往行人,防止契丹奸细混入中都。同时,金世宗命令万户温迪罕阿鲁带带领4000名军士驻扎在中都之北的山口,在蓟州、石门关等地也各派500人驻守。一向谨慎的金世宗仍不放心,又任命西南路招讨使完颜思敬为都统、西北路招讨使唐括孛古底为副统,让二人带领5000名军士与燕子城的旧戍军会合,在军事要冲或者狗泺屯驻,命令他们远远地放出斥候打探敌情,如果发现贼军就速战速决。考虑到契丹军一旦战败会再次逃到山后,金世宗还特意叮嘱完颜思敬:"爱卿要提前

世章之治：盛世下的危机

准备3000匹强壮的战马，好好喂养，将来追击贼军时一定用得上。"

在金世宗加强中都守备之时，元帅仆散忠义也来到了前线，战局即将发生变化。移剌窝斡麾下的契丹与奚军尚有8万人，战力不可小觑。仆散忠义毫不畏惧，他一改完颜谋衍的防御政策，命令万户乌延查剌、乌古论蒲查为左翼军，由完颜宗亨统一指挥；完颜宗宁、乌林答剌撒为右翼，由完颜宗叙统一指挥；自己则坐镇中军。三路大军一起发动，向移剌窝斡发起进攻。

双方在花道附近的一条河流边相遇，隔着河各自列阵。

移剌窝斡率先沉不住气，指挥4万人进攻金军的左翼军，早就按捺不住的乌延查剌带领600名骑兵迎战，将来犯的数万契丹军打败。移剌窝斡整顿败兵后又亲自带领4万人杀向金左翼军。完颜宗亨与蒲察世杰带领7个谋克迎战，但因指挥失误，阵型被契丹军冲乱。蒲察世杰只得跑到乌延查剌的军阵中，契丹军随后围住了乌延查剌一军。勇猛的乌延查剌奋勇作战，契丹军一时之间无法取胜。就在双方打得难解难分之际，完颜宗叙率领右翼军赶到，双方混战在一起。契丹军逐渐支持不住，见状不妙的移剌窝斡指挥人马撤出战场。

移剌窝斡已经意识到金军是有备而来，自己想要彻底击破

第二章 北定契丹南安宋

金军已不可能,因此决定向西撤退。仆散忠义与纥石烈志宁汲取了完颜谋衍的教训,没有片刻逗留,当机立断地带领人马追击。在袅岭西的陷泉一带,金军终于堵截住了移剌窝斡。契丹军见前有堵截,便派3万人转向东进,金军的左翼军已经占据了南侧的高地,以高地为依托,不断骚扰契丹军,步军和右翼军随后也参与到战斗中,右翼军列成偃月阵,步军居中,骑兵在两端,很快将数万契丹军分割包围,契丹军首尾不得相顾,只能各自为战。

双方将士呐喊着、厮杀着,互不退让。金军越来越多,纥石烈志宁、夹谷清臣、乌林答剌撒、铎剌等人率领的人马纷纷加入战阵。经过连日作战,疲惫不堪的契丹军最终战败了,失去组织的契丹军士逃散奔命,一些人想要渡河而走,却发现泥泞难行。金军乘势冲杀契丹逃兵,滞留在河滩上的契丹军互相践踏,死伤无数。此战过后,契丹军伤亡惨重,只有少数人侥幸保命,藏匿于林莽间。

仆散忠义力求毕其功于一役,命令纥石烈志宁继续率军追击移剌窝斡残部,移剌窝斡的弟弟——六院司大王移剌裊被生擒,移剌窝斡只带着几个人骑快马逃得性命。尼厖古钞兀与夹谷清臣又追了40余里,未能追到移剌窝斡,但一路之上又斩杀了千余名契丹残军，缴获的车帐更是数不胜数。移剌窝斡的母亲徐辇带着人马向落括冈的西边逃走，纥石烈志宁带人持续追击，缴获了契丹军的所有辎重，俘获了5万余人，杂畜更是不可胜计。见到大势已去，节度使六带领自己的部族向金军请降。至此，彻底平定契丹叛乱只是时间问题。

仆散忠义的捷报送到了金世宗面前。金世宗并未被胜利冲昏头脑，他下诏给前线令仆散忠义继续坚决执行诱降的策略，争取以最小的代价消灭移剌窝斡残余势力。远遁的移剌窝斡也没有坐以待毙，他收揽残兵败将，很快又凑集了1万余人。移剌窝斡带着这些人马进入山后的奚部，开始吸收与契丹同源的奚人为己所用，实力得到了一定程度的恢复。见到事态还有转机，移剌窝斡又不断派人在速鲁古淀、古北口、兴化之间骚扰金军。驻守古北口的温迪罕阿鲁带与移剌窝斡作战，没想到竟被打败。由于大批精兵良将都已被派出，中都城无人可用，金世宗只得再次起用完颜谋衍。金世宗命令完颜谋衍与蒲察乌里雅、蒲察蒲卢浑带领3000人马与温迪罕阿鲁带的5000人会合，一起攻打移剌窝斡。金世宗又下诏，让完颜思敬带领人马深入到奚部中，与大军一起讨伐移剌窝斡。

由于移剌窝斡的处境越来越艰难，他的下属们纷纷考虑自

第二章 北定契丹南安宋

己的出路。比如移剌窝斡的亲信猛安蒲速越秘密派人到仆散忠义军中投诚，仆散忠义让蒲速越想办法捕获移剌窝斡，并许给蒲速越高官厚禄。其他的契丹军士与奚人也在威逼利诱下，不断向金军投降。八月，由于在栲栳山被高忠建打败，奚抹白谋克徐列意识到无法抵抗金军，便在移剌道的劝说下向金朝投降。不久后，契丹军前期的主要领导人老和尚也带领本部人马向金朝投降。其余尚未归顺金朝的契丹军则多染上疾病，斗志全无。走投无路的移剌窝斡自知无力回天，便想经羊城、过西京，投奔西夏。

移剌窝斡的末日很快就到了。

移剌窝斡一行人跋涉而行，金军在后面紧追不舍，移剌窝斡身边之人越来越少。移剌窝斡意识到自己已经没有到达西夏的可能，便转向沙陀之地。时间线回到移剌窝斡战败之时，当时纥石烈志宁曾活捉过一名契丹将领稍合住，纥石烈志宁秉承金世宗的旨意，释放了稍合住，让他回到移剌窝斡身边伺机而动。稍合住见到移剌窝斡后，没有述说自己被俘的事情，缺兵少将的移剌窝斡也没有深究，便将稍合住留在身边。此次陪同移剌窝斡前往沙陀的随从中就有稍合住。

时间来到九月，身在沙陀的移剌窝斡身边只剩下几个人，稍合住仍在其中。在某天深夜，移剌窝斡与其他人都沉沉地睡去，稍合住便和自己的同伙神独斡将沉睡的移剌窝斡捆绑起来，扭送到距离自己最近的右都监完颜思敬军中，同时被活捉的还有移剌窝斡的母亲徐辇以及他的妻子、儿子、子媳、弟弟与侄子，移剌窝斡伪造的金银牌印也全都被缴获。

移剌窝斡的余党基本都没能幸免：前胡里改节度使什温及其家属被唐括孛古底捕获；契丹军枢密使逐斡等30余人被西北路招讨使李家奴捕获，李家奴还与猛安泥本婆果在天成县追捕到伪监军那也，同时捕获了伪都元帅丑哥，缴获了金牌1枚、银牌5枚；纥石烈志宁与夹谷清臣、完颜宗宁、速哥率军追杀到燕子城，将藏匿在那里的移剌窝斡党羽全部捉获；仆散忠义又派人赶往抹拔里达，把此地的契丹军残部剿灭。至此，移剌窝斡之乱算是彻底平定。

经过近一年的艰苦战斗，金世宗终于在即位后完成了一件大事——平定契丹。一贯宠辱不惊的金世宗不由得想要庆贺一番。大定二年（1162）九月甲辰日，皇太子完颜允恭率百官向金世宗上表，贺喜平定契丹。第二天，金世宗昭告天下：移剌窝斡已平，天下大定。几日后，完颜思敬将移剌窝斡为首的俘虏全部押解到中都，金世宗下令将移剌窝斡枭首示众，并磔其手足分发到诸京府以儆效尤。移剌窝斡的母亲徐辇和移剌窝斡的妻子、儿子也全都被处死。金世宗没有食言，凡是投降的契丹人，全部被放还回家，贫穷者还由官府赐予银钱。

但此次契丹叛乱造成的祸患并没有就此终结。移剌窝斡领导的契丹军虽然被剿灭，但之前在辽阳城外曾与金世宗作战的括里以及背叛金世宗、激化契丹与金朝矛盾的移剌扎八仍然在逃。金世宗对二人可谓深恶痛绝，命令左宣徽使完颜宗亨一定要将二人带回京城处死。移剌扎八无奈之下诈降，完颜宗亨信以为真。狡猾的移剌扎八深知完颜宗亨立功心切，便哄骗完颜宗亨道："括里逃跑了，我愿意戴罪立功，把他追回来献给将军。"完颜宗亨竟然相信了移剌扎八的鬼话，放移剌扎八而去。括里、移剌扎八会合后一路南逃，直接投奔到南宋，然后在宋朝搬弄是非，本就不平静的金宋边境即将重启战端。

北境虽定，南境又风起云涌。

二、南遏宋兵

宋高宗绍兴三十二年（1162）六月丙子日，临安府的宫城内，文武百官早已分两班站立，共同等待着一件大事发生。就在

世章之治：盛世下的危机

这一天，已经在位36年的赵构禅位给太子赵昚，南宋步入了新的时代。

赵构选择禅位并非一时兴起，而是深思熟虑后的决定。担惊受怕了一辈子的赵构本以为能够在"绍兴和议"后安稳度日，未承想自己的小心谨慎换来的却是海陵王的悍然毁约。虽然宋军挫败了海陵王的进攻，金朝也换了皇帝，但经过此役，年逾半百的赵构已经想清楚了，与其还在皇位上提心吊胆，还不如尽快让位给太子，这样自己也就可以心安理得地在德寿宫中颐养天年。至于未来宋金之间的关系走向何方，宋朝又是否能够国祚绵长，都不是赵构此时想要思考的问题。

太子赵昚并非赵构的亲生子，而是宋太祖赵匡胤的七世孙，秦王赵德芳的后代，从辈分上来说算是宋高宗的远房堂侄。由于宋高宗唯一的儿子赵敷幼年早逝，连年朝不保夕的生活又使得宋高宗失去了生育能力，因此在绍兴二年（1132）五月，宋高宗在宫中收养了几位宋太祖的后代，准备在这些人里面选出继承人。经过长期的教育引导以及多方面、全方位的考察，赵构最终认可赵昚。在绍兴三十年（1160）二月，赵构宣布收赵昚为皇子，并封赵昚为王。就在赵昚正式成为皇子的次年，完颜亮的大军气势汹汹地南下了。南宋最终取得胜利，松了一口气的宋高宗随即在

第二章　北定契丹南安宋

绍兴三十二年（1162）五月册封赵昚为皇太子，六月便迫不及待地举行禅位仪式。南宋至此结束了宋高宗的统治，迎来了宋孝宗的时代。

虽然宋孝宗赵昚是宋高宗亲自选定的接班人，但两人在对待金朝的态度上大相径庭。早在宋孝宗还没有正式获得皇子身份之前，他就与秦桧一党龃龉不断，是立场坚定的主战派。随着完颜雍自立、完颜亮被弑，包括赵昚在内的许多宋人都认为金朝将陷入到内乱之中，宋朝的反攻时机已经到来，就连宋高宗也认为可以借此良机扬眉吐气一回。因此，南宋朝野上下积极整军，不断出击，不仅收复了被完颜亮侵占的疆土，还不时进入金朝境内攻城略地。

刚刚登上帝位的金世宗正忙于稳定国内局势与平息契丹叛军，无意也无力与南宋发生大规模冲突。因此，在南宋展开气势如虹的收复失地的军事行动之时，金世宗选择了退让。金世宗将姿态放得很低，率先向南宋表达了和谈的意愿，命令跟随海陵王南下的金军向南宋一方提出罢兵诉求，同时要求进入宋境的金军全部撤回淮河以北。但已经在战场上占据优势的南宋朝廷并没有理会金世宗的示好，反而将这视为金朝不堪一击的证据，变本加厉地反攻到金朝境内。就在海陵王被弑的第二天，宋军攻破陕

世章之治：盛世下的危机

州，金朝的陕州防御使折可直投降宋朝，同知防御使事李柔立战死。此后，宋将赵撙夜袭蔡州，均州统领昝朝攻陷邓州，牛宏攻入汝州，杜隐等人进入河南府，淮东统制刘锐、陈敏率军占据泗州。

面对咄咄紧逼的宋军，金世宗仍然选择以和为贵。在第一次求和没有得到答复后，金世宗正式向南宋派出使臣，表明自己的和谈诚意。大定元年（1161）十二月，金世宗任命左监军高忠建与礼部侍郎张景仁分别作为报谕宋国正、副使，以"告登位"的名义出使南宋。事实上，"告登位"并非高忠建等人出使的主要任务，向南宋阐明金世宗的和平诉求才是关键。当然，作为一名优秀的政治家，金世宗还没有天真到认为南宋一定会同意和谈，因此在派遣高忠建等人南下的同时，又命令左副元帅完颜毅英南下筹划南边以及陕西的边防事务。

这个时候宋高宗尚未退位，对于金朝的主动示好，宋高宗的内心是欢迎的。不过，宋高宗笃定金朝没有力量两线作战，自己一方又捷报频传，因此确信完全可以通过谈判改变"绍兴和议"中的一些条款，比如不再向金朝称臣。为了做好铺垫，宋朝在金使即将进入宋境的时候修改了接待金使的规章制度，以试探金使的态度。总而言之，改变己方的弱势地位，争取与金朝平起平坐是宋高宗的主要诉求之一。

从当时金宋两方的态势来看,海陵王的南征虽然失败,但金军的损失并不大,而且金世宗很快就得到了女真贵族的支持。除了契丹起义尚未平息以外,金朝国内并未发生其他大的动乱。另外,虽然南宋一方已经转守为攻,将战火燃烧到金朝境内,但退无可退的金军此时从"侵略者"变成了"保家卫国者",不断寻找战机反攻。而且由于宋朝也没有派遣太多兵力攻入金朝境内,因此双方实际上是互有胜负,战况呈现拉锯状态,宋军在金朝境内始终未能站稳脚跟,取得的优势也很可能在一朝一夕间就丧失殆尽。

简而言之,金宋两方的实力并没有因为海陵王的南征失败而发生此消彼长的大逆转,金朝也就完全没有理由在归还海陵王侵占的南宋土地的基础上继续让步。南宋想要恢复两国平等地位的企图在金世宗君臣看来纯粹是无稽之谈。

高忠建等人的交聘活动就在这样一个双方想法完全不一致的局面下展开,结果显而易见。双方在交聘礼节方面产生了巨大分歧,高忠建坚持延续"绍兴和议"以来的惯例,要宋朝君臣对金朝执臣子之礼,南宋一方则坚持改变之前的不平等条约,要求双方以平等的身份开展交聘活动。虽然高忠建态度坚决,无奈南宋

世章之治：盛世下的危机

群臣纷纷上阵——引经据典、唇枪舌剑，高忠建等人寡不敌众，南宋在这次交聘对垒中获得了些许胜利。

回到中都后，自知有辱国体的高忠建如实地向金世宗汇报了情况。金世宗没有责怪高忠建，因为金世宗清晰地认识到，战场上得不到的东西，在谈判桌上也休想得到。无奈的是，此时金朝的兵力主要用于平息契丹叛乱，因此对于南宋的不断挑衅，金世宗只能继续采取息事宁人、以逸待劳的策略。宋高宗也无意与金朝彻底撕破脸皮，宋军虽偶有越境之举，但声势并不大。总体来看，双方在川陕、两淮一线均是互有胜负。在这一期间，宋高宗还曾以"贺登位"为名派洪迈等人出使金朝，但同样由于礼节问题，洪迈的出使过程也十分不顺利，最终双方不欢而散，所谓的和谈也陷入僵局。

随着宋高宗禅位给宋孝宗，金宋之间的相持态势发生转变。正如之前提到的一样，宋孝宗在即位以前就是坚定的主战派。在即位后，大权在握的宋孝宗开始一系列"拨乱反正"的政策：一方面宣布秦桧的罪状，罢黜朝堂上的秦桧余党，为岳飞父子彻底平反；一方面大批起用主战派，主战派代表张浚得到重用，宋孝宗还擢升在采石矶之战中立下不朽功勋的虞允文。就在宋孝宗整军备战，准备一鼓作气收复中原失地之时，却接连收到宋军战事

第二章 北定契丹南安宋

不利的消息。

进入到大定二年（1162）三月后，由于金军在战斗中多次重挫契丹叛军，也有了些许余力应对宋军。金世宗首先在川陕一线发起反击。当时负责陕西军务的是名将徒单合喜。徒单合喜年少成名，青年时曾跟随金源郡王完颜娄室转战河南、陕西，对关陕一带的情况极为了解。在海陵王南征期间，徒单合喜被完颜亮任命为西蜀道兵马都统。金世宗即位后继续任用徒单合喜，命徒单合喜主持关陕一带的军务，并下诏叮嘱道："爱卿麾下的人马不多，切记不要孤军深入宋境，最好带领人马屯驻边境，严防宋人侵扰即可。陕右是军事要地，朕相信爱卿一定能够镇守住此地。"

得到金世宗指示的徒单合喜确实没有主动挑衅宋军，但宋军在主帅吴璘的率领下不断出关展开军事行动，先后攻下河州、积石军、来羌城、镇戎军，在虢州东、瓦亭寨、新店等地也多次杀败金军，取得不俗战果。徒单合喜意识到被动防御绝非良策，便向金世宗上表陈述反攻的策略。金世宗在看到徒单合喜的奏章后，也觉得不能坐以待毙，便任命徒单合喜为元帅左都监，同时授予徒单合喜便宜行事的权力，全权主持针对吴璘所部的军事部署。

吴璘麾下有十数万大军，分别驻扎在散关、和尚原、神叉

世章之治：盛世下的危机

口、玉女潭、大虫岭、石壁寨、宝鸡县等地，两相比较之下，徒单合喜能够调动的兵力明显不足。徒单合喜没有贸然行动，而是向金世宗请求援兵。此时金军主力多在北境，可以调配给徒单合喜的兵马并不是很多，但为了确保陕西无虞，金世宗还是将河南的1万人马调拨到徒单合喜麾下。

由于宋军人数众多，金人只能据点固守，等待战机。徒单合喜让丹州刺史赤盏胡速鲁改率4000人守卫德顺州，德顺州辖境大约是今宁夏回族自治区隆德县全部、西吉县大部及甘肃省静宁县、庄浪县大部，位置极其关键。吴璘探知到德顺州守军只有数千人后，便集中20万兵力将德顺州团团围住。此时金朝的统军都监石抹迭勒刚刚率领1万金兵在河州杀败宋军，回师途中正好路过德顺州。见到宋军准备攻打德顺州，石抹迭勒便直接驻扎在附近的平凉，同时派人向徒单合喜汇报情况。正要找机会与宋军会战的徒单合喜派万户完颜习尼列、大良顺和宁州刺史颜盏门都各自集合本部人马，合计2万人，由顺义军节度使乌延蒲离黑统一指挥，去与石抹迭勒会合。

作为南宋一方硕果仅存的沙场宿将，吴璘绝非浪得虚名。得知数万金军来援德顺州后，吴璘很快做出应对。吴璘令偏将率5000人迎击来援的金军，金军前锋特里失乌也与奚王和尚击败了

第二章 北定契丹南安宋

这支宋军,一直追杀到德顺城南的一条小溪边。没想到这是吴璘的诱敌之计,见到金军进入伏击圈,吴璘亲领大军从侧翼杀出,但特里失乌也等人战力超群,面对数倍于己的宋军毫不畏惧,双方展开混战。随后石抹迭勒与乌延蒲离黑也率军加入战阵,双方一直杀到天黑分辨不出敌我才分别撤离战场。

吴璘见到金军战力不凡,再坚持下去很可能就要吃亏,因此有意撤军。但吴璘又担心金军从后方追杀,冥思苦想后,他心生一计。吴璘派人向乌延蒲离黑谎报消息:"大宋皇帝已经派人到中都,两国即将讲和,我们就此各自撤兵吧。"乌延蒲离黑信以为真,坐视吴璘全军撤退,自己也带领人马回师大本营。至此,历时40余日的德顺州之围解除。

然而,吴璘没有就此善罢甘休。经过短暂的休整后,吴璘再次率领10余万大军进攻陕西各州县,徒单合喜层层设防,阻击吴璘的强攻。金世宗担心徒单合喜兵少将寡,再次为徒单合喜增兵7000人,对外则号称2万。这部分人马由庆阳尹乌延蒲辖奴、延安尹高景山统领。金世宗又命令彰化军节度使完颜璋、通远军节度使乌延吾里补、宁州刺史移剌高山奴、京兆少尹完颜泥河、恩州刺史完颜谋良虎各率本部兵马到徒单合喜军中待命。

吴璘此次的攻击重点是华州,华州的金军守将是押军万户裴满授剌。裴满授剌原本计划坚壁清野，固守待援。但猛安移剌沙里剌向他献策道："围城的宋兵虽然人多，但其中一大半都是临时找来的百姓，并不善于作战，我们不如主动出击，打宋人一个措手不及。"裴满授剌听从了移剌沙里剌的建议，亲率骑兵千人出城，主动向宋军发起攻击。这次进攻出乎宋军的意料，宋军的先锋部队被杀退。裴满授剌见到宋军如此不堪一击，便没有回城，而是直冲宋军主力。此战再次获胜，斩杀宋军不下5000人。不久后，吴璘的部将姚良辅在原州又被完颜璋打败。见到金军早有防范，出师不利的吴璘只得命令自宝鸡以西到大虫岭的宋军全部撤退到大散关以南。

屡战屡胜的金军误以为吴璘已经没有胆量出关再战，便将赤盏胡速鲁改、乌延蒲里黑率领的驻扎在德顺州的大军撤离。没想到吴璘得知消息后立刻率领人马出关，不仅攻陷了德顺州，还乘胜拿下巩州、临洮府。徒单合喜闻讯又惊又怒，决定集中全力与吴璘一决胜负。徒单合喜命令完颜璋为都统、习尼列为副都统，带领2万人与吴璘作战。双方接连展开激战，虽然金军战斗力强悍，但吴璘兵多将广，坚守不退，为了稳固防线，吴璘甚至还分兵一半驻守秦州。金军一时之间无法取胜。

见到完颜璋、习尼列无法战胜吴璘，徒单合喜亲自率领人马来到前线,驻扎于水洛城。在观察地形后,徒单合喜决定抢占险要之地,自六盘山至石山头由东向西分兵驻守。徒单合喜的战术起到效果,宋军在德顺州和秦州之间的粮饷通道由此被金军切断,吴璘担心全军覆没,只得再次撤兵。

徒单合喜这次不准备再让吴璘全身而退。在宋军撤退的过程中,完颜璋和习尼列拦截住宋朝经略使荆皋所部,斩杀了数千名宋军,习尼列还俘获了宋军将校12人。留守德顺州的宋将弃城而走,被赤盏胡速鲁改拦截,此部宋军损失过半,被俘的将校也多达10余人。宋秦州守将得知军情紧急后,没有出兵接应,反而匆忙撤退。与此同时,东线的高景山平定商、虢两州,北线的完颜泥河攻取环州。至大定三年(1163)四月,经过一年的艰苦战斗,被南宋攻占的临洮、巩、秦、河、陇、兰、会、原、洮、积石、镇戎、德顺、商、虢、环、华等16个州府全部被金朝收复,川陕战场以金军的全胜而结束。

再来看两淮战场。淮河沿线是金宋双方对垒、交锋的主战场,如果宋军全线突破淮河,金朝在黄河以南将无险可守。因此,淮南一直是南宋经营的重要区域,自海陵王撕毁和约以来,宋朝就不断招揽引诱淮北的金人来归,并给予这些归正人非常优厚的待遇。在海陵王被弑、金军全线北撤后,宋军又以最快速度

世章之治：盛世下的危机

在淮南地区修筑了大量堡寨与屯田设施。宋人的目的很明确，就是要在沿淮地区与金朝打一场持久战。随着不断有小股宋军渡过淮河进入金朝腹地，金世宗忍无可忍，命令金军抓住战机狠狠反击宋军。

为统一号令，在大定二年（1162）二月，金世宗任命都元帅完颜奔睹在山东开府，全权主持对宋作战的军事部署。然而不久后完颜奔睹生病去世，好在此时金朝也已经彻底平定了契丹，大批优秀将领可以抽身南下。大定二年（1162）九月，金世宗任命元帅右都监完颜思敬为右副元帅，负责经略沿淮军务；十月，金世宗又诏左副元帅纥石烈志宁南下主持军务；十一月，金世宗再次令右丞相仆散忠义披挂上阵，主持伐宋事宜。

在金朝的坚决反制下，宋军先胜后败，在两淮也没有占到便宜。双方先是在汝州展开激战，虽然金军先后两次强攻汝州都被宋朝守将王宣击退，但金军最终还是在河南统军使完颜宗尹的带领下攻破汝州，王宣弃城逃走。在蔡州，虽然金军一开始也接连被宋将赵撙击退，但在金军攻下汝州后，赵撙只能放弃已经成为孤城的蔡州。在淮宁府，金军的反攻也取得了不错的战果，南宋守臣陈亨祖、戴规战死沙场。

面对金人的一系列反扑行动，宋孝宗一度也有了和谈的想

第二章 北定契丹南安宋

法，但移剌窝斡余党括里、移剌扎八的归顺仿佛给南宋君臣又打了一针强心剂。由于括里和移剌扎八了解金军的布置和战法，因此在他们的帮助下，宋军接连打了几个胜仗，先后攻下泗州、寿州、唐州、海州等多个城池。括里与移剌扎八还向宋人献计道："金兵所倚仗的就是骑马射箭。等到入夏后，暴雨不断，金人弓上的胶都会开裂，马匹也跑不起来，战斗力会下降很多。"在此情形下，虽然纥石烈志宁和仆散忠义先后向宋朝递交书信，表示只要南宋退军，双方恢复海陵王南征之前的疆界，金朝就不会继续进军，但以宋孝宗为首的南宋君臣已经被眼前的胜利迷惑，不仅没有撤军，反而开始筹备更大规模的北伐。

大战已经不可避免。隆兴元年（1163）正月，宋孝宗任命主战的张浚为枢密使，统领江淮东西路军马，负责指挥即将开始的北伐。时间转眼来到夏季，宋孝宗再次召见张浚，君臣就北伐的路线与细节进行了最终的商定。几日后，"隆兴北伐"拉开序幕。张浚坐镇扬州，调兵8万，号称20万，分两路大举渡过淮河。一路以邵宏渊为主帅，从盱眙向虹县进军；一路以李显忠为主帅，从定远向灵璧进军。选择在夏天北伐的宋军很快取得了战果。宋军先后攻下灵璧县与虹县，李显忠还招降了金朝的河南路都统奚挞不也。不久后，知泗州蒲察徒穆和同知泗州大周仁也投降宋军。

见到形势一片大好,李显忠继续北进,眼前就是重镇宿州。此时纥石烈志宁驻扎在睢阳,仆散忠义则坐镇南京开封府,负责守卫宿州的是归德尹术甲撒速、宿州防御使乌林答刺撒、万户温迪罕速可与裴满娄室。守城的金军严防死守,耐心等待救援。宋军只能将城池团团围住,展开攻坚战。由于天气不利于金军开弓放箭,术甲撒速只得开城与宋军野战。宋军人多势众,又气势如虹,将出城的金兵杀败,不仅斩杀了数千名金兵,还顺势攻进宿州城内,占据了这一要地。

听闻宿州失守后,纥石烈志宁立刻率军由睢阳向宿州进发。李显忠以为胜券在握,并没有做足准备,而是每日与降将括里、移剌扎八饮酒畅谈。在得知纥石烈志宁只带了1万人马前来后,李显忠更加放松,对外宣称:"在人数上我们是以十对一,此战必然获胜。"虽然早已领教过纥石烈志宁本领的括里等人劝告李显忠不要轻敌,但李显忠认为括里是危言耸听。

五月下旬,纥石烈志宁的大军距离宿州已是近在咫尺。纥石烈志宁令一支偏师张旗而行,驻扎在宿州的西侧作为疑兵,又派3个猛安驻扎在宿州的南侧,自己则率领大军驻扎在宿州的东南方向,以阻断宋军的退路。李显忠见到城西布满旌旗,猜测金军

第二章 北定契丹南安宋

主力在此，认定金人在东南方向的兵力不足，便命令数万名步骑兵背城列阵，让一名宋将率3000人马杀出东门。金将蒲查将这支宋军杀败，右翼万户夹谷清臣乘机摧毁宿州城前的防御设施，与背城列阵的宋军短兵相接。宋军被打得措手不及，争先恐后地逃进城中。

李显忠恼羞成怒，表示要将战败的将领全部斩首，统制常吉非常害怕，偷偷逃出城投到金营，将城防布置一五一十地汇报给纥石烈志宁。第二天，已经知己知彼的纥石烈志宁继续在城下挑战，李显忠也带领全部人马出城迎战。双方的骑兵首先展开厮杀，金军在夹谷清臣的率领下以一当十，宋军再次大败。逃亡的宋朝将士自相践踏，死伤无数，逃兵堵塞了城门，金军则在护城河外面轮番射杀还没有进城的宋兵。这次战斗宋军损失惨重，丧失骑兵1.5万人，步卒3万有余。

连战连败的宋军还发生了严重的内讧。另一路宋军的主将邵宏渊本就对李显忠不满，已经屡次三番不服从李显忠的调动。在李显忠又一次战败的情况下，邵宏渊不仅不出兵援救，还到处散布消极言论，说宿州是朝不保夕，建议将士们弃城逃走。当天夜里，建康中军统制周宏、邵宏渊的儿子邵世雄以及殿前司统制官左士渊逃出宿州。金军趁机攻城，李显忠奋勇作战，

世章之治：盛世下的危机

虽然斩杀数千金兵，但见到己方人心已散，而金人的增援人马还在源源不断地赶到城下，李显忠也丧失了斗志，令残余人马撤离宿州。

纥石烈志宁不准备就这样放过李显忠与邵宏渊。在进入宿州的同时，纥石烈志宁就已经命令夹谷清臣与张师忠带领全部骑兵追击宋军。次日，金军在符离拦截住逃跑的宋军。符离之战基本是一边倒的屠杀。金军向溃逃的宋军发起一轮又一轮的冲锋，被斩首的宋军就有4000余人，相互踩踏而亡的宋军更是不可胜计，宋军携带的兵器、铠甲、物资、粮草丧失殆尽。好在金军不知道宋军的底细，没有穷追不舍，剩余的宋兵才逃过一劫。

满打满算，从宋军正式宣布北伐到符离惨败，还不到20天。

金世宗时刻关注着战场的局势。在得知宿州失守后，金世宗不由得捏了一把汗，但很快金世宗就收到了纥石烈志宁收复宿州、大败宋军的好消息。金世宗长舒了一口气，他知道南宋已经没有心气和能力再组织大规模的北伐，宋朝中的主和派很快就会占据上风。不过金世宗也清楚，自己虽然挫败了南宋的北伐，但也没有足够的力量灭亡南宋，因此双方最终还是要回到谈判桌上。

另一边宋孝宗在得知战败的消息后显然有些慌张，他没想到

第二章　北定契丹南安宋

精心筹备的北伐竟这样草草收场，而且还败得如此惨烈。宋孝宗开始在战和之间摇摆不定，虽然宋孝宗第一时间命令张浚都督两淮防线，设法抵挡金军南下，但不久后就重新起用了主和的汤思退为宰相。或许宋孝宗是做了两手准备，因为战和的主动权已经不在他的手中。

见到宋朝没有派人来求和，金世宗也决定采取双管齐下的策略，即一方面主动向宋朝求和，一方面督促仆散忠义和纥石烈志宁整军备战。在金世宗的授意下，仆散忠义向南宋发去书信，表示金朝愿意和谈。宋孝宗见状也不再坚持开战，他采纳汤思退的建议，派淮西安抚使干办公事卢仲贤前往金军大营议和。

但金宋双方的分歧很大，卢仲贤带回的金人提出的议和条件包括：宋帝与金帝改为叔侄关系，宋朝归还海、泗、唐、邓四州，宋朝归还降宋的金人，宋朝需全数奉上因海陵王南侵停止贡给金朝的岁币。南宋君臣对此展开了热烈的讨论，最终得出结论——金朝提出的条件过于苛刻，要继续谈判。

直到隆兴二年（1164）正月，南宋使者往返数次，和议条款仍无定论。宋孝宗逐渐失去耐心，又开始倾向主战派，他以擅许四州的罪名将卢仲贤除名，改派胡昉出使金营，明确表示宋朝拒绝归还四州。同时，宋孝宗命令张浚巡视两淮，全力备战，准备在淮南与金军决一雌雄。但此时议和在朝廷中已经成为主流,摇摆不定的宋孝宗转而又支持主和派。当年六月,宋孝宗将拒绝放弃唐、邓两州的湖北京西制置使虞允文降职为平江知府;七月,宋军从海、泗两州撤退。

然而,金世宗此刻已经等得不耐烦了,决定以武力逼迫宋孝宗就范。就在宋孝宗命令宋军放弃四州的同时,金世宗向前线增加骑兵3000人、步兵4000人。八月,金世宗向征南元帅府下达指令:"如今已是秋季,适合我军作战,大军应该有所行动了。"得到金世宗指令的仆散忠义在十月亲领大军进抵淮河一线,纥石烈志宁率领一支偏师渡过淮河。金将徒单克宁作为主将,一路攻无不克。到十一月,已经攻陷盱眙与濠、庐、和、滁、楚等州,宋朝构筑的两淮防线彻底崩溃。

主和派领袖汤思退连忙建议宋孝宗放弃两淮,让宋军主力退守长江防线,同时尽快派人向金朝请和。宋孝宗也认识到不能再让战争进行下去,决意求和。次年正月,宋孝宗派魏杞为通问使向金朝请和。经过多轮艰苦的谈判,金宋双方最终达成和议,和约的主要条款包括:

在两国地位方面,双方由君臣之国改为叔侄之国,宋孝宗可以在写给金朝的国书中自称皇帝,但要认金世宗为叔父。换言

第二章 北定契丹南安宋

之,宋孝宗自称为"侄宋皇帝昚",对金世宗的称呼则是"叔大金皇帝"。

在岁币方面,将以往的"岁贡"改称"岁币",而且还降低了数额,以后南宋每年只需向金朝纳银、绢各20万两、匹。

在疆界方面,海州、泗州、唐州、邓州仍然归属金朝,此外南宋要割让商州和秦州给金朝。金朝则归还占领的盱眙、濠州、庐州、和州、滁州等地。

另外,双方交换俘虏,但不包括叛逃者。

总体来看,与"绍兴和议"相比,金世宗在金朝连战连捷的情况下作出了一定让步。一是南宋皇帝不再向金朝称臣,二是"岁贡"改为了"岁币",数量也有所减少。但这并不是金世宗软弱无能,而是金世宗思虑长远的表现。自从海陵王南征以来,金朝已经连续四年处于大规模的战争状态中,不仅边境百姓深受其害,全国的农业生产也大受影响。而且金朝国内有太多事情等待处理,金世宗需要尽快营造一个和平的外部环境,以便自己抽出精力治国理政。金世宗这才在两国名分以及岁币数额方面做出让步,以表诚意、促成和议。

在达成"隆兴和议"后,已经完成任务的仆散忠义向金世宗汇报:"现有军士17.33万余人,臣建议留下11.62万人作为屯戍军。"金世宗清楚，仆散忠义是怕南宋反复无常。但经过思考，金世宗拒绝了仆散忠义的建议，下诏："如今我们已经与宋朝重归于好，不必留下太多的屯戍军，只留下6万人即可，其余人马一并放还。"

金世宗一贯不吝于奖赏有功之人，这次也不例外。他命令近侍局使裴满子宁佩带金牌，护卫丑底、符宝祗候驼满回海佩带银牌，代表自己向诸路人马宣布：将当年宋朝送来的岁币全部发放给前线将士。其中，曾随军杀入宋境的正军，每人奖赏银2两、绢2匹；没能进入宋境的正军，每人奖赏银2两、绢1匹；随军的阿里喜每人奖赏绢1匹；军中的谋克所获奖赏是正军的2倍；猛安所获奖赏则是谋克的2倍。作为大功臣，仆散忠义、纥石烈志宁分别被金世宗赠予玉束带1条，其余将领也各有封赏。

至此，金世宗即位仅仅3年多，就基本将海陵王留下的烂摊子收拾完毕。当然，金世宗并非算无遗策，正隆末的契丹大起义给他留下了非常大的阴影，使得金世宗对契丹部民极度不信任，这也为日后蒙金战争爆发后部分契丹人的倒戈埋下了伏笔。不过瑕不掩瑜，面对两线作战的局面，金世宗适时采取"先北后南"的方针，先将近在咫尺的契丹平灭，再以战促和遏制住南宋的北伐。而且无论是在平息契丹叛军之时，还是在应对南宋北伐

第二章　北定契丹南安宋

之际，金世宗都以战略眼光看待全局，基本没有在决策上出现失误。

随着"隆兴议和"的达成，金宋之间开启了40余年的和平局面，这40余年也是金朝难得的文治时代——"世章之治"由此正式拉开序幕。

第三章

金源大定始全盛

金世宗在位将近 30 年,在他统治时期,金朝的国力逐渐恢复并持续发展。生活于 100 年后的大儒刘因甚至对金世宗统治时代作出"金源大定始全盛,时以汉文当世宗"的评价,可见金世宗治理下的金朝确有可称道之处。那么,作为"世章之治"的前半段,金世宗时期的"大定之治"究竟有何特点呢?

在凭借军事与交聘手段解除外部威胁后,金世宗将治国重点转移到"文治"方面。纵观金世宗一朝,与民休息、鼓励生产、提倡节俭,又整顿吏治、振兴文教,各种崇文举措层出不穷,金

第三章 金源大定始全盛

朝也进入到一个社会安定、文化昌盛、百姓安居乐业的承平阶段。也正是在金世宗的治理之下，金朝的文学发展也进入繁荣阶段，诞生出被称为"国朝文派"的文士群体。

金世宗最为后人赞赏的一点是重视人才，赏罚分明且善于选贤任能是金世宗的重要标签。为更好地选擢人才，金世宗还创建了女真进士科，以策论的形式在女真人中选拔治世能臣，这不仅打破了女真贵族对女真人仕途的垄断，更为金朝中后期的民族交往交流交融奠定了基础。

在金世宗时期，东面的高丽与西面的西夏均发生过混乱局面，金朝与南宋以及周边部族的关系也曾出现过波折。面对纷繁复杂的周边态势，金世宗没有目光短浅地作出决策，而是本着友好睦邻的原则，尽量在不损害国家利益的前提下平息事端，他也由此得到邻国的称赞。

基于以上成就，金世宗不只收获了刘因的赞美，类似的评价在金元时期称得上屡见不鲜；到了清代，朝野上下对金世宗的评价同样很高；即使现代学者对金世宗也总体持认可态度。

世章之治：盛世下的危机

一、轻徭薄赋，与民休息

曾长期担任地方长官的金世宗深知百姓生活不易，尤其自正隆末期开始就兵祸不断，民间的劳动力多被征召入军，农业生产大受影响。不仅百姓的赋税十分沉重，朝廷的财政也是连年紧张。因此，金世宗治国的重点就是发展农业、与民休息。

在建国前，女真人就从事农业生产，建国以后更是深刻认识到农业的重要性。早在太祖、太宗时期，金廷就督促百姓开拓荒地，劝课农桑堪称金朝立国以来的基本国策。然而经过海陵王后期的挥霍，金朝的农业发展遭遇困境。有鉴于此，金世宗恢复重农政策，从各个方面作出努力以提高金朝的农业生产水平。

金世宗致力于保护农田，比如在大定三年（1163）八月，金世宗准备遵照女真旧俗在重阳节出城打猎。临出发前，金世宗特意叮嘱殿前都点检唐括德温道："这次出猎有扈从军2000名，能做到不惊扰百姓生产吗？你要严格约束他们的行为。"大定六年（1166）五月前往银山之前，金世宗又一次嘱咐随从不要破坏沿途农田，如有损坏需等价赔偿。大定八年（1168）七月，金世宗在秋猎途中路过三叉口，见到当地庄稼长势良好，赶忙提醒负责

第三章 金源大定始全盛

安排沿途事宜的殿前都点检司官员道:"一定要严禁扈从人员践踏庄稼,一旦发生此类事件,朕就治罪于你。"大定十年(1170)闰五月,金世宗再次在出行途中约束扈从人员不可纵马践踏庄稼,若有违旨意,不仅要按价赔偿,还要处以杖刑。

金世宗还督促农人按时劳作,以免耽搁农时。比如在大定九年(1169)四月,金世宗派遣翰林修撰蒲察兀虎、监察御史完颜鹘沙等人分别到河北西路、大名府路、河南路与山东路,督促这些地方的猛安谋克民户按照时令务农。大定十四年(1174)三月,针对猛安谋克民户时常懈怠农业生产的情况,金世宗严肃地作出如下指示:从今以后只允许猛安谋克民户在节日和祭天日饮酒。自二月初一到八月底,禁止饮酒宴会,同时禁止猛安谋克民户到其他地方参加宴会,免得耽误农时。即使是在农闲之时,也不可以随心所欲地饮酒,有违此令,依法治罪。

虽然金世宗三令五申,但女真猛安谋克民户仍有耽误农时之举,甚至完全不务生产。在大定二十一年(1181)正月,金世宗听说山东、大名等路的猛安谋克民户普遍追求安逸奢侈的生活,不从事农耕,使得大片土地荒芜,便立即派人去探查实情。金世宗命令当地猛安谋克民户必须从事生产,只有在劳动力不足的情况下才允许他们招揽百姓为佃户。金世宗又借机再次对猛安谋克

世章之治：盛世下的危机

民户强调禁止在农忙之时饮酒。

关心农业生产的金世宗经常亲自到中都附近视察农情。比如在大定三年（1163）六月，金世宗在中都近郊视察百姓的劳作和庄稼的生长情况。次年六月辛未，金世宗再次到近郊视察。在大定七年（1167）闰七月，金世宗先后三次出城视察庄稼。此类行为日后已经成为金世宗的常规操作，在大定九年（1169）七月、十一年（1171）六月、十二年（1172）五月、十七年（1177）八月和二十三年（1183）八月，都有金世宗在中都附近视察农业生产的记载。

以上事例说明金世宗自始至终都将农业生产视为国家长治久安的根本，也正是在他的高度重视下，金朝的农业发展取得了很好的效果，不仅耕地面积扩大、国家收入提高，人口数量也随之增长。在金世宗即位之初，金朝总共只有300余万户，等到大定二十七年（1187）时，金朝的户数已经达到接近680万，人口则接近4500万人。

在重视农业生产的同时，金世宗还适时减轻黎民百姓的赋役。大定五年（1165），金世宗表示自此以后要对遭受旱灾、蝗灾和水灾的百姓施行免除租赋的政策。这并非一句空话，纵观金世宗一朝，这项政策得到了很好的执行。由于黄河经常泛滥，金朝水灾不断。在大定九年（1169）二月，中都等路遭遇水灾，金世宗免除受灾地方的田租。曹、单二州受灾最为严重，金世宗还免除了两地百姓一年的赋税与徭役。在大定十二年（1172）正月，金世宗念及去年受灾的百姓正处于恢复期，又一次性免除中都、西京、南京、河北、河东、山东、陕西等路一年的租税。

在大定二十七年（1187）六月，金世宗又下诏免除中都、河北等路遭受水灾军民的租税；十一月，金世宗再次免除遭受水灾的农夫一年的差税。在大定二十八年（1188）九月，南京、大名府等路出现水灾，金世宗在减免赋税的同时，还给予因灾不能恢复生产的百姓一定的补贴，同时根据受灾耕地面积赠予百姓耕牛。

对于遭受旱灾、蝗灾的百姓，金世宗同样采取宽厚政策。在大定十四年（1174）二月，金世宗免除遭受旱灾的百姓的租税。同样的政策在大定十六年至十九年（1176—1179）间都有施行。其中，大定十七年（1177）免除租税的地域极广，包括河北、山东、陕西、河东、西京、辽东等10路。

在金世宗的带动下，大臣们也将减免灾民赋税当作治国理政的重点。比如在大定二十六年（1186）四月，宰相上奏道："去年诸路遭遇水旱灾害，经过计算，建议免除21万余顷受灾土地的租税，合计49万余石。"金世宗赞同宰相的提议，并补充道："国家收取租税是遵行古代的制度，但遇到灾祸就要减免。"在金世宗君臣的共同努力下，减免受灾百姓赋税的政策一直得以延续。

除却减免赋税外，金世宗还提倡降低百姓的杂役负担。比如在大定四年（1164）正月，金世宗免除各路府州在正月初一和万春节的供奉。大定八年（1168）九月，金世宗又叮嘱尚书右丞石琚和参知政事孟浩道："听说蔚州为了给朕采地蕈，每次都要役使成百上千的百姓。朕个人所需能有多少，竟然给民间造成这么大困扰。从此以后凡是因朕征发的差役，都要提前汇报，并且记录在册。"当年十月，金世宗又以浪费民力为由，废止复州每年供奉鹿筋的差役。

大定九年（1169）五月，尚书省向金世宗上奏道："越王永中、随王永功兴修府邸，需要征发民役。"金世宗听后十分不悦，立即回应道："朕宫中的竹木都枯萎了，一度想要更换一批，唯恐劳民而作罢。越王与随王府中都有下人，还有众多的奴婢，何必再役使百姓。你们要以海陵王的横征暴敛为戒，不要随意征发民役。"金世宗身体力行，当年七月又停止了东北路采北珠的劳役。类似的事迹还有很多。比如在大定十一年（1171）六月，金

第三章　金源大定始全盛

世宗废止了同州供奉沙苑羊的差役，并向大臣重申："自今以后将并非急用的劳民差役全部废除。朕身处深宫之中，无法尽知各地的劳民之事，朝廷官员应及时向朕汇报有关情况。"在大定十三年（1173）七月，金世宗废除每年进贡雉尾的差役；大定二十年（1180）十月，金世宗废除在西北路招讨司各部族内征发马驼鹰鹘的差役。

由于金世宗懂得爱惜民力，因此遇到劳民之事，他都会深思熟虑。大定二十六年（1186）十二月，左谏议大夫黄久约向金世宗说明向宫中运送荔枝的弊端，金世宗虚心接受黄久约的建议，当众表示："朕不了解情况，自今以后不再如此。"金世宗以此为戒，事后还叮嘱宰相说："下面的人为了讨好朕就不考虑利害。朕之前想吃新鲜的荔枝，兵部就沿途设置中转站。要不是谏官黄久约告诉朕，朕还不知此事。宫中的事情没有小事，以后办事一定要谨慎。"大定二十七年（1187）五月，金世宗又停止由曷懒路向宫中进贡海葱以及由太府监每日向宫中贡献时令水果的供奉，金世宗解释道："朕能消耗多少海葱和水果啊？这些事情只会空耗民力。今后只需要每三日供奉一次上林苑的水果即可。"大定二十八年（1188）九月，有人向金世宗建议重修上京的御容殿，金世宗对身边的宰相表示："如果修筑宫殿追求华美，那么一定不会坚固。仁政殿还是辽代所造,完全没有华美的装饰,但坚固如初,其他宫殿虽是新修建,却需要时常修理,可见追求外表的工程在质量上都有问题。现在很多工程花费很多,但多数资金都被贪污,如此下去,只会劳民伤财。以后严禁无故开启新的工程,违者重惩。"

虽然金世宗一再提醒臣僚爱惜民力,但各地官吏在执政过程中还是会互相勾结,压榨百姓。金世宗对这种情况也有了解,还曾就此征求大臣的意见。比如在大定十年(1170)三月,金世宗对刚上任的参知政事完颜宗叙表示:"之前爱卿做河南统军使时,曾上奏修建黄河堤埽的利弊,所言与朕的想法吻合。朕每当想到地方官吏上下其手、压榨百姓,就心痛不已。爱卿现在已经身为参知政事,应该尽快想办法革除这些弊政,使百姓早日安居乐业。"

对于给百姓正常生产生活造成的无法避免的负面影响,金世宗则会尽力予以弥补。比如在大定四年(1164)正月,金世宗前往安州春水,在到达安州后突降暴雪,金世宗只得令扈从就近住宿在百姓家中,命令每住宿一日就要付给主人家100钱。在回京后,为补偿百姓,金世宗又免除之前曾驻跸的保塞县御城边吴二村百姓一年租税。大定十二年(1172)五月,金世宗对宰相表

第三章 金源大定始全盛

示:"每当朕在外出行,喂马的用具都是向当地百姓借用,但这些用具经常丢失,这是有关负责人不称职,以后要多加询问,凡是丢失物品的百姓,一定要予以赔偿。"

又如在大定二十一年(1181)二月,金世宗前往兴德宫祭祀去世的李元妃,发现沿途没有百姓奏乐,就对宰相说:"难道是元妃的缘故禁止百姓奏乐吗?百姓日出而作、日落而息,周而复始。禁止他们从事日常活动是阻断他们的生计,所以不要影响他们的正常生活。朕之前前往兴德宫,底下人安排朕从蓟门关经过,朕唯恐耽误当地百姓的正常生活,特地绕道而行。刚才看到街道上的店铺或被毁坏裁撤,或被帘幕遮挡,又何必如此呢?以后不要再这样做了。"再如在大定二十三年(1183)正月,在出京巡幸途中,金世宗为了降低对百姓生产的影响,决定免除沿途两旁30里内被役百姓当年的租税,并给予这些百姓一定的佣金。

赈济遭遇饥荒的百姓是金世宗善待黎民的又一重要表现。在大定三年(1163)四月,金世宗下诏赈济山西路的猛安谋克贫民,给每人提供60日的口粮。大定九年(1169)三月,由于大名路的猛安谋克民户缺少粮食,金世宗专门派使者打开粮仓,以低价将粮食售卖给当地民户;十二月,金世宗又下诏赈济临潢、泰州、山东东路、河北东路等地的猛安谋克民户。大定十二年

（1172）五月，金世宗再次赈济山东东路胡剌温猛安的饥民。大定十六年（1176）十一月，金世宗下诏由官府供养周济流民中的年老体弱者。

大定十八年（1178），西南、西北两路招讨司遭遇饥荒，金世宗令地方官赈济两地民户。次年四月，由于饥荒并未完全结束，金世宗再次赈济西南路招讨司管辖的民众。大定二十一年（1181）三月，在得知蓟、平、滦等州百姓粮食不足后，金世宗立刻令相关部门开仓卖粮，对于买不起粮食的贫穷百姓，金世宗允许他们向官府借贷。但这一政策在执行过程中出现问题，地方官员害怕贫民无力偿还，便只借贷给有户籍和资产的百姓。金世宗听说后再次派人前去探查情况，及时改正。

为了预防饥荒，金世宗还主张广积粮食。大定十七年（1177），金世宗下令赈济重灾区东京、婆速、曷速馆三路，然而尚书省表示以上三路储备的粮食不够。金世宗大怒，训斥尚书省臣道："朕一再叮嘱你们，遇到丰收年份一定要广储粮食以防天灾，你们却说天下的粮仓存满了粮食。如今想要赈济百姓，又说粮食不足。古代帝王都知道广存粮食是国家长治久安的基础，朕储粮难道是为了自己用吗？现在既然三路的粮食不够，就从邻近的州县调拨。你们要引以为戒，今后不要再出现这样的情况。"

第三章 金源大定始全盛

以上轻徭薄赋、与民休息的举措说明金世宗目光长远。自古以来，因为苛捐杂税、徭役繁重引发的动乱层出不穷，不少王朝因此衰落甚至灭亡。了解历史又了解民间疾苦的金世宗深知，只有给百姓留活路才能保证社会稳定，所以金世宗的个别举措虽然会减少国家收入，但长远来看均是明智之举。

虽然金世宗治下的百姓日渐富足，但为防微杜渐，金世宗仍大力提倡节俭，并且以身作则。在大定八年（1168）正月，金世宗对秘书监移剌子敬等人说："唐虞那个时代没有华丽的装饰，却让人们向往，到了汉代，只有汉文帝崇尚节俭。朕此前虽然也兴修宫殿，但花费都出自宫里，而且我决定以后不再兴建宫殿。像宴饮一类的事情，近期朕也只是在太子生日和过年的时候饮过酒，之前也只在上元节和中秋节饮酒，且朕每次都是浅尝辄止，未曾宿醉。回顾历史，梁武帝到同泰寺出家为奴，辽道宗把民户赐给僧侣，又加封僧侣为三公，他们都是糊涂人啊。"大定九年（1169）正月，在与宣徽使敬嗣晖、秘书监移剌子敬谈论前朝历史之际，金世宗再次表明自己奉行节俭，他对两人说道："听说辽代的时候宫内每天宰杀300只羊，难道真的需要这么多吗？朕虽为九五之尊，但每当用膳，都会想到国家还有很多贫民在忍饥挨饿。"

世章之治：盛世下的危机

金世宗的节俭确实主要体现在饮食方面。早在大定二年（1162）四月，金世宗就下令将御膳和宫中的食物减少一半。大定十四年（1174）十一月，金世宗又专门召见掌管御膳的尚食局使，叮嘱他道："宫内的饮食都是民脂民膏。你们平常准备的菜品太多，朕都记不过来，这是一种浪费。从今以后每天只做几道朕喜爱的菜就可以了。"大定二十年（1180）四月，金世宗再一次对宰相表示自己保持饮食节俭的习惯，说道："很多女真官员私下议论朕过于节省，朕认为他们说的不对。难道在饮食方面花费很多是值得鼓励的事情吗？何况朕的年纪已经大了，不想多杀伤生命。贵为天子，能够做到自我节制，肯定不是坏事。"

大定二十六年（1186）四月，金世宗又当众诉说节俭的重要性："朕日常的膳食十分节省，曾经有一个公主到我这儿来，都没有多余的御膳分给她，当时的值日官亲眼所见。其实朕如果想的话，即使每天享用50只羊也不是难事，然而这些都是民脂民膏，朕实在不忍。目前国家的监临官只知道为自己取利，却不想一想这些利是从哪里来的。朕年轻时在京外做官，深知民间的疾苦。之前的那些皇帝虽然能够享受富贵，但大多数人都不知道种地耕田的艰苦。他们最后失去天下，也是这个原因。"在当年十二月，金世宗又跟宰相言及自己饮食节约，说道："朕这些年

第三章　金源大定始全盛

来以节省简约为义务,每次用膳只有四五道菜,比刚即位时减少了十分之七八,却已经感到十分满足。"宰相听闻后纷纷表示:"天子的御膳是有规格的,不能和普通人相提并论。"金世宗对宰相的回答不以为然,训诫道:"天子也是人,难道就可以随意挥霍吗?"

在服饰方面,金世宗同样节俭。大定十三年(1173)十一月,吏部尚书梁肃建议禁止奴婢穿着丝绸衣服,金世宗回应道:"最近已经禁止奴婢穿着装饰有黄金的服装,目前取得不错的效果。不过教化这类事情一定要从达官显贵做起,朕宫中的服饰每每以节约为准则,装饰有黄金的衣服已经减半。朕听说民间的风气也比正隆时期淳朴节俭了很多。众位卿家也要坚持朴素的作风,这样百姓就有了效仿的榜样。"大定二十年(1180)四月,金世宗再一次对宰相讲述自己在服饰方面多有节省,说道:"朕有些衣服虽然已经很旧,但舍不得丢弃,就让手下人时常清洗,直到破碎了无法再穿才换新衣裳。之前朕住处的帐幕还常涂上金粉作为装饰,如今也不再这样做了。这些东西只要够用就好,何必追求奢华呢?"

金世宗对子孙也提出严格的要求。大定七年(1167)十月,金世宗本想在东宫凉楼前新建一个宫殿,大臣孟浩劝谏道:"虽

世章之治：盛世下的危机

然皇太子贵为储君，但也应该引导他养成节俭的品德。"金世宗恍然大悟，立刻收回成命。此后，金世宗时常教育子孙崇尚节俭。比如在大定十三年（1173）三月，太子詹事刘仲诲请求增加太子东宫的牧人和设施，金世宗断然拒绝刘仲诲的提议，告诫道："东宫的人员都有定额，设施也很完备，没有必要增加。太子本就生在富贵之中，容易养成奢侈的恶习，引导太子崇尚节俭才是你的职责。朕即位以后，所用的物品都是旧的，爱卿要把朕的苦心告诉太子。"

在大定十六年（1176）三月，金世宗与包括太子在内的众多儿子一起用膳，金世宗再次告诫他们："平时的吃穿用度都应该以节省为原则，如果有用不上的物品，可以周济旁人，千万不能浪费。"说到动情处，金世宗还拉起自己穿的衣服，对众人说道："这件衣服朕已经穿了三年，如今还是完好如初，你们应该将朕的话牢牢记在心间。"大定十九年（1179）七月，又有人向金世宗提议增加赵王之子石古乃的随从数量，金世宗同样拒绝，对身边的宰相说道："这些小辈年纪还小，如果生活条件过于优厚，以后就很难教导了。"

正是在金世宗一如既往的坚持下，金朝从上至下都弥漫着淳朴的风气。在没有挥霍民力、浪费财力的基础上，金世宗治下的百姓得到了难得的数十年休养生息，民间的罪犯案件也很少。比如在大定四年（1164）和七年（1167），分别只有17人和20人被判死罪。

二、求贤若渴，澄清吏治

金世宗了解，治理国家光靠自己一个人的努力是不够的，因此在位期间始终没有忽视选拔合适的人才辅佐自己。重视人才、善于用人可以说是金世宗"大定之治"的又一个特质。正因金世宗了解人才难得，所以才没有在即位之初将海陵王时期重用的大臣全部罢免，而是不计前嫌，继续任用一众具有才干的海陵王旧臣。随着统治越来越稳固，金世宗对人才的渴望也越来越强烈。

金世宗多次要求宰相推荐贤才。在大定五年（1165）十一月，金世宗诚恳地对宰相说道："朕登上皇位的时间还不长，不能完全分辨出朝臣是否贤能，全赖众卿尽职尽责地举荐。如今六品以下的官员中缺乏可用之人，这与朕求贤的意图相悖。"大定八年（1168）七月，金世宗又向平章政事完颜思敬等人表达求贤之意："朕渴望得到贤能之人辅佐，以至在梦中都念念不忘。从今以后，凡是朝臣外出公干必须访查地方，一是探寻廉洁有才能的官员，二是在民间寻访具有治国才能的隐士。等回到朝廷后，要第一时间将访查到的姓名告诉朕。"

执政越久，金世宗求贤的"执念"也越大，甚至多次苛责宰相不作为。在大定十七年（1177）八月，金世宗斥责宰相道："现在的基层官员中难道就没有人才吗？只不过是官位高的人不引荐他们，这是嫉贤妒能。"仅仅两个月后，金世宗再次强制要求宰相举荐人才："朕好久都没见你们荐举贤人了，这是什么原因啊？昔日狄仁杰出身下层官吏，却能鼎力扶助唐朝，使唐朝转危为安又延续数百年之久。狄仁杰虽然贤良，不也要靠娄师德的推荐才得到重用吗？"大定二十六年（1186）六月，已经步入晚年的金世宗又一次训诫宰执说："齐桓公是比较平庸的君王，只因得到一个管仲，便成就了霸业。朕不分白昼都在思考如何得到人才，生怕错过一个人才。朕做不到完全了解每一个人，众卿又不向朕举荐，难道要等到发现全才再推荐吗？这可太难了。如果有人在某一方面有长处，就不妨举荐上来，朕会量材取用。朕和众卿都老了，天下又这么大，难道真的就没有能人吗？希望众卿谨记，荐举人才是当务之急。"

在大定二十七年（1187）三月，金世宗再次要求大臣推荐人才："《论语》有言，即使是只有10户人家的地方，也一定存在

第三章 金源大定始全盛

忠实诚信的人。如今我朝如此广大，户口如此充沛，怎么会没有可用之人？唐代的颜真卿、段秀实都是有气节的忠义之臣，始终得不到重用就是因为大臣不向皇帝举荐。众卿应该公私分明，多多举荐真正的忠诚正直之人，朕一定会予以重用。"十月，金世宗又一次对宰相提及要尽快选出合适的接班人："众卿的年纪都大了，难道就找不到可以代替自己的人吗？一定要等朕亲自去寻访人才吗？"随后金世宗对尚书右丞相张汝霖说："像右丞相这样的人才，就是之前的宰相石琚推荐的。"见到金世宗求贤心切，平章政事完颜襄和张汝霖安慰道："臣等如果知道有人才，怎敢不告诉陛下？确实是没有合适的人。"金世宗叹着气说道："春秋之时，各国分裂，土地狭小，却每个国家都能找到贤才。还是众卿不举荐啊。朕尽心尽力治理国家，使国家基本安稳太平，日后又有谁能与朕的子孙共同治理国家呢？"听罢金世宗的话，宰臣都面露惭愧之色。

为了能够更好更快地选出可堪大任的人才，金世宗还提出不遵循资历授予贤能之人官职。在大定十一年（1171）八月，金世宗对宰相说："朕了解三品以上的官员，但对五品以下的人不太了解。而五品以下的官职缺员很多，众卿又不举荐合适的人选。朕虽然天天亲临朝政，但想筹划长治久安的大计、振兴对百姓有利的事业，没有良才辅佐怎么能行呢？众卿应多思考这些事情。"

此后，金世宗多次表示要不拘资历任用人才。大定十三年（1173）十一月，金世宗就此事与宰相进行讨论。金世宗说："地方上的正五品官职大多缺员，这是为什么呢？"太尉李石回答说："资历符合条件的人太少了。"金世宗回应说："如果真的有贤能之人，不需要拘泥于资历。"大定二十年（1180）十一月，因为各地郡守之职多有空缺，金世宗再次嘱咐宰相道："选擢郡守迫在眉睫，如果遇到资历不够但廉洁贤能的人，就要大胆任用，这样还可以勉励其他下级官员。"大定二十八年（1188）八月，金世宗又对宰相说道："遇到贤才，就要在他尚未衰老、精力充沛之时予以重用，如果拘泥于年限资历，贤才往往要到年老之时才能得到重用。像阿鲁罕这样的人，如果早一点重用他，朝廷一定会得到助力，可惜现在他已经年迈。以后发现可以任用的人才，你们一定要早点告诉朕。"

然而，金世宗的三令五申仍未能改变拘泥资历的旧制。在大定二十六年（1186）三月，尚书省向金世宗呈交了一份官职除授的名单。金世宗对这份名单十分不满，训斥道："众卿身居尚书省，却不曾举荐贤士，只会根据资历调整职位，这样怎么能得到人才？在古代，经常有布衣百姓成为宰相，听说现在宋朝也经常

第三章 金源大定始全盛

起用山东、河南这些地域疏远之人，而不拘泥于这个人的身份是否尊贵或是否与自己亲近。本朝的疆域这样广大，难道就没有人才吗？朕难以遍知天下人，众卿又不向朕举荐，自古以来哪有终身担任宰相的人？在三品以上的地方官之中一定有可用的人，他们只不过是没有机会得以晋升。"尚书左丞相张汝弼解释说："即使职位低下的官员中有贤才，也必须通过考试才可任命。"参知政事程辉也说："一些地方官虽然名声很好，可他们一旦进入朝廷做官，却不能胜任，因此很快又被淘汰了。"金世宗对尚书省的解释并不满意，在十一月又向宰相阐述自己的观点："现在五品以上的职位缺员很多，难道一定要等到资历级别都够再任命吗？一些人一辈子也到不了一品，何况成为宰相呢？自古以来宰相大多只能任职三五年，少有能担任二三十年宰相的人。众卿不举荐人才不符合朕的意愿。"

虽然金世宗苦口婆心，但在大定二十八年（1188）九月，尚书省继续根据资历任命官员。金世宗再也压抑不住怒火，怒斥尚书省大臣道："年限资历是为那些资质平常的人准备的，对于才能和品行都出色的人才，怎么可以也用这种方式呢？处理国家的大小事情都需要人才，你们做不到根据才能任用人才，所以治理国家经常出现问题。朕虽然也没有特别好的选拔人才的办法，但

世章之治：盛世下的危机

你们只知道根据资历用人的方法明显是错误的。莫非你们是害怕有才能的人被朕重用，从而取代你们的高官厚禄？如果不是这样，你们就是缺乏知人善任的智慧。"

相较于凭借资历升迁的年老之人，金世宗确实更青睐精力充沛且具备才能的壮年。在大定十五年（1175）闰九月，金世宗宣布：超过一定年纪的人不得再被任命为县令，如果实在没有合适的人选，也要在任命年老之人为县令的同时，再任命壮年之人做县令的副手。次年十二月，金世宗在前一年诏令的基础上进一步强调：通过诸科选上来的人，不再依照旧制在获得出身的 40 年后才能做县令，改为 32 年。只要在这期间没有贪赃受贿等前科，就有资格被任命为县令。

金世宗在选拔人才方面也有一些独到的认识。首先，金世宗知道用人不能随心所欲，而要有一定的标准。这个标准主要包括两点，即才能和德行。比如在大定七年（1167）十月，金世宗对宰相说："海陵王不辨别人才的好坏，只要能够满足他的欲望，大多会予以升迁。朕即位以来，以此为戒，只任用真正有才能的人。近来听说蠡州同知移剌延寿贪污受贿，向人询问他的出身，他竟然是正隆年间鹰房的人。像鹰房人、厨人这样的出身，可以治理百姓吗？从今天起，不得授予此类人治理百姓的职位。"大定二十年（1180）十二月，金世宗再次对宰相说道："完颜亮经常因他人的一句话合意便予以重用，也经常因他人一句话说错便斥责惩罚。其实，人们都有说对和说错的时候，即使是贤士也不可避免。自古以来，选用人才都是通过考试的办法，但如果只拿考试来考察，怎么能知道他们是否真的贤能？所以朕要先得到多方面的意见再决定是否用某人，从不把个人之见当成标准。"

相较于才干，金世宗更重视一个人是否具有德行。金世宗曾经表示："有才能的人固然难得，但德才兼备的人更是难以寻找啊！"为此，金世宗还提出"重儒轻吏"的观点。金世宗解释道："女真进士可以依照汉人进士的规则补尚书省令史。有学问的儒士操行高洁，从不做不合礼法的事情。以胥吏身份入仕之人，已经习惯贪赃枉法，他们就算做了官，也是习性难改。政道是兴还是废，通常都源于此。"基于对及第进士的认可，在大定十二年（1172）四月，金世宗还向宰相下诏："许多府的少尹之位空缺，可以在资历不够的进士中选一些能力强、名声好的人来担任。"在大定二十六年（1186）十一月，金世宗又对宰相阐明自己的这一观点："女真人中缺乏才干杰出的文士，一旦发现就要重视。近些年女真进士中出现徒单镒、夹古阿里补和尼厖古鉴，他们都是可用之材。出身刀笔吏的人，虽然才能也很出色，但在志向节气方面终究不如习学儒学的进士。"

由于重视德行，金世宗还对不同地域的人有不同的评价。比如金世宗认为中原人比燕云一带的人更加忠诚正直，说道："燕地自古就缺乏忠直的人，辽兵到来就顺从辽朝，宋人到来就顺从宋朝，本朝到来就顺从本朝，他们的风俗就是如此，这也是燕云地区屡经变迁而不曾残破的原因。中原的南人则相反，他们性格刚劲，因此直谏敢言的人很多，就算有人因此而被杀，还会有人直言不讳，这种风气值得推崇。"

重视人才的金世宗对大臣各自的特点如数家珍，经常作出鞭辟入里的评价。比如金世宗曾评价蒲察通是有才干但用心诡诈的人。为了历练蒲察通，金世宗特意将其外放，在蒲察通更加成熟后，金世宗才再次将他召入朝中为官。金世宗还评价海陵王的亲信敬嗣辉是有才干但缺乏纯朴诚实品质的人，因此虽继续任用敬嗣辉，却时常提点敬嗣辉不要肆意妄为。还有一些臣子得到过金世宗的评价：比如段圭被金世宗评价为清明廉正的人，巨构被金世宗评价为遇到事情只会委曲顺从的人，徐伟被金世宗评价为单纯而干练的人，郭邦杰被金世宗评价为正直但急躁的人，崇璧被金世宗评价为孱弱但谨慎忠厚的长者。可见金世宗对身边的大臣多有一定了解和定位，这也是金世宗善于用人的基础。

第三章　金源大定始全盛

对于不同的职位任用什么样的人，金世宗有清晰的认识。比如对于被称为"父母官"的县令，金世宗表示："县令与百姓最为亲近，应当选德才兼备的人担任。近来犯法的县令很多，朕之前去春水，见到石城、玉田两县的县令都年事已高，且不干实事，只知道领取俸禄。京都附近的县令尚且如此，远县的情景可想而知。"对于州郡长官应用何人，金世宗同样有所思考。尚书省曾建议任命同知永宁军节度使事完颜阿可为州刺史，金世宗却反对这项提议："阿可的年纪还小，办事不够练达，任命他做地方上的副贰官就可以了。"平章政事唐括安礼回禀说："阿可是皇亲宗室，臣等才拟任他担任地方长官。"金世宗回答道："郡守与千里地域休戚相关，怎么可以不选择真正合适的人才而因私情任用自己的亲戚呢？你们让他治理州郡，但他不是合适的人选，以后一方百姓怎么办？"

对于军事职位的人选，金世宗同样有独到见解。金世宗曾表示："平常用人应当选拔公平正直的人，但对于军中的职位，应当用有权谋的人，这样在战争时才不容易让对手猜到心思。"对于自己身边的近侍局职位，金世宗也深思熟虑，他向宰相表示："必须选择忠直练达的人担任近侍局官员。朕虽然不听信谗言，但如果佞人在身旁，恐怕渐渐也会受到影响而听从他们的话。"

世章之治：盛世下的危机

对于太子身边的东宫官员，金世宗则表示要选择正直的人，他还特意叮嘱过太子詹事："东宫的官员要选择正直的人，如果发现行为不检点和不称职的人，你要及时告诉我。"

在任命官员时，金世宗确实做到了量才任用。比如因为左警巡副使鹘沙通达敏捷、善于谋断，金世宗就提拔他为殿中侍御史兼右三部司正；再如近侍局直长尼厐古鉴为人纯正、聪慧，金世宗就提拔他为皇太孙侍丞。

毫不夸张地说，求取人才是金世宗一生的追求。然而，得到贤才并非易事，因此金世宗才会一而再、再而三地向宰相阐明自己的需求，甚至急切地不断督促大臣举荐人才。

与选贤任能相呼应，金世宗对在其位不谋其政的庸官极为反感，对贪赃枉法的贪官污吏更是深恶痛绝。整顿官场、澄清吏治成为金世宗时期的又一项重要举措。为杜绝官吏贪赃枉法行为，金世宗完善考课职官的制度，时常对各级官员开展大规模考核。早在大定二年（1162）八月，即位不久的金世宗便派左谏议大夫石琚与监察御史冯仲尹廉察河北东路；十二月，金世宗又派尚书刑部侍郎刘仲渊等人廉察东京、北京等路。

此后，派人到地方上考察官员是否称职成为惯例。比如在大定三年（1163）二月，金世宗诏太子少詹事杨伯雄等人廉问山西路；三月，又诏户部侍郎魏子平等九人分别到诸路的猛安谋克中廉问；九月，还让翰林待制刘仲诲等人廉问车驾经过的州县；大定七年（1167）九月，又诏修起居注王天祺察访自己经过的州县官员；十一月，针对部分县令不称职的现象，金世宗督促吏部细致考察每名县令的好坏，根据考察结果予以升迁或罢免；大定八年（1168）九月，又令监察御史到各地考察检举官员；大定九年（1169）三月，金世宗下诏让御史中丞移剌道访查山东、河南等地。

这些举措起到了一定效果。在大定十一年（1171）四月，大理卿李昌图巡视期间察访到真定尹徒单贞、咸平尹石抹阿没剌有收受贿赂等违法行为，金世宗对二人均处以杖40下的刑罚。大定十二年（1172）二月，尚书省汇报同知城阳军事山和尚等人是清廉强干的官员，金世宗得到报告后很欣慰，表示可以根据每个人的政绩予以升迁和奖赏。金世宗还会借着出京的机会考察地方官员。比如在大定十年（1170），金世宗出京围猎途中得知固安县令高昌裔办事不认真，而霸州司候成奉先工作认真负责，因此回京后立刻罢免高昌裔，调任成奉先为固安县令。

金世宗还多次以诏令或立法的形式制定明确的惩罚标准。比如在大定三年（1163）四月，金世宗下诏：对于贪污的官吏，即

世章之治：盛世下的危机

使大赦天下也不赦免。大定七年（1167）九月，金世宗再次重申，若无特别诏令，犯有贪污受贿罪的官吏遇到大赦不能得到赦免。大定十八年（1178）七月，金世宗根据现实情况调整政策，表示官员第一次贪污可能不是出于本意，可以适当原谅；但要是再犯，就属于知错不改。因此，无论贪污的数额是多少，凡是第二次犯贪污罪的官员均要罢免。

为了更好地管理各级官员，金世宗还赋予官员互相监督的权力。大定十二年（1172）二月，金世宗宣布同一部门中的下级官员有监督举报上级官员不法行为的责任，若是知情不报，则施行连坐。大定二十六年（1186）十月，金世宗又授意大臣制定相同级别职位的人互相检举揭发贪污受贿行为的政策。

不过，在利益的驱使下，仍有人罔顾金世宗的警告以身试法，贪污受贿的官员屡见不鲜，金世宗对这些人严惩不贷。一部分人被罢免官职，如右三部检法官韩赟在监督地方捕蝗的过程中收受贿赂，被开除官籍；金世宗的堂弟大名尹荆王完颜文的贪污行为暴露后，被处以夺王爵、降职为德州防御使的惩罚；大定二十一年（1181）五月，西北路招讨使完颜守能因贪污被杖责200下，同时被罢免职位；大定二十六年（1186）三月，尚书省奏报北京转运使贪污，也被罢免。

第三章　金源大定始全盛

一些罪行严重的官员甚至会被处死。在大定十年（1170）二月、十六年（1176）七月、十九年（1179）十月、二十二年（1182）十一月，先后有安化军节度使徒单子温与节度副使老君奴、夏津县令移剌山住、西南路招讨使哲典、玉田县令移剌查因贪污罪被处死。还有寿州剌史讹里也、同知查剌、军事判官孙绍先和榷场副使韩仲英等人因接受商人贿赂，将禁物放出国界，也全部被处死。

金世宗还多次告诫官员恪尽职守。在大定九年（1169）四月，金世宗对宰相说："朕看许多官员在刚当官的时候认真负责，但这只是为了获得好的名声以加官晋爵，等到他们获得高官厚爵后便墨守成规、屈从附和，不再进取。我们要严防这样的人。"大定十一年（1171）二月，金世宗又对宰相表示："现在朝廷中的官员私下都自称经过一次考察应当得到某个职位，经过两次考察又应当得到某个职位。因此都因循苟且、碌碌无为。从今以后授予外路官吏职位要考察他们的勤勉情况。如果有办事懈怠的人，不必等到任期满，可以立即罢免。要是做不到赏罚分明，官员怎么能够得到激励呢？"

大定十五年（1175）闰九月，金世宗再次对尚书左丞相纥石烈良弼说道："如今的官员只有在得到满意的职位后才努力工作,稍微不合心意就不认真办事,这哪是为国尽忠?"大定二十年(1180)十月,金世宗又对宰相说道:"人们身居下位的时候,都想要升迁,因此能够做到公正廉洁,但这些人的本质是好是坏根本看不出来。等身居高位,再看他们的所作所为才知道本心如何。比如西南路招讨使哲典在担任定州同知、都司的时候,从来没有过徇私枉法的行为,无论在哪里都获得清廉的名声。但等到他做了招讨使,就守不住自己的心了。人心比山川还险恶,实在太难把握。"

虽然金世宗一再要求官员尽职尽责,但仍有人放松懈怠。对于尸位素餐、玩忽职守的官员,金世宗毫不留情。比如在大定二十三年(1183)五月,县令大雏讹只等10个人因玩忽职守被罢免。大定二十六年(1186)七月,金世宗听说同知中都路都转运使事赵曦瑞在职期间对于有关钱谷的文件多不签字,以避免出错受到牵连。金世宗认为赵曦瑞只知考虑自己的安危,缺乏责任心,因此将他降职为积石州刺史。又因御史台官员屈服于曹国公主的势力,不上报公主家奴的罪行,金世宗扣除御史台官员一个月的俸禄。

目光长远的金世宗还认识到要提早培养潜在的地方官。比如对于身边的护卫与亲军,金世宗一再强调必须以正确的方式引导他们。在大定二十五年（1185）十月，金世宗对宰相说："护卫年纪大了后要出宫成为地方官，到那时要是还不能认字、不会写字，怎么来治理百姓呢？每个人的内心是好是坏难以窥知，但一个人是精力充沛还是老迈糊涂，完全可以从外表看出来。作为天子，就要把天下百姓都当作自己的孩子，虽然做不到关照到每一家每一户，但必须做到用人得当，如果不培养护卫治理百姓的能力，还让他们去做地方官，百姓将如何看待我呢？"大定二十六年（1186）八月，金世宗又对宰相说："朕的亲军多不识字，还要让他们出职做官。制度虽然如此，但他们要是贪污受贿，朕一定严肃处理。"太尉左丞相徒单克宁回应金世宗说："依照已有的法律处罚就可以了。"金世宗不认同徒单克宁的话，说道："朕不是不知道优待、体恤女真人。但关涉贪污，即使是朕的子侄也不能得到赦免。太尉所言是缺乏原则地宽恕女真人。"

金世宗对于官场上互相请托的现象也有纠察。大定三年（1163）十一月，金世宗下诏："对于到权要家中走关系、求官职的人，要削减官阶、降低职位。有行贿受贿行为的要根据具体情况处理。"大定十八年（1178）七月，在担任曹王府文学期间与府中的婢女有奸情的赵承元又被尚书省重新授予官职，金世宗斥责宰相道："前几天我曾问你们为何赵承元又被起用为官，你们说曹王曾派人称颂赵承元有才能、有智慧，因此授予他官职。虽然你们在授予何人官职和爵位方面可以提出建议，但是否授予取决于朕。曹王的话你们都这样听从，假如太子以后向你们求情，你们一定也会遵从。这件事还是听你们说出来我才知道，那我不知道的又有多少呢？众卿公然接受他人的请托，不是过错吗？"

总而言之，金世宗始终没有放松对国家官吏的管理以及对官场风气的整肃，虽然在当时的"人治"背景下，没办法完全杜绝官吏的违法犯罪行为，但金世宗采取的各种政策无疑对各种不法现象起到一定的遏制作用，金世宗时期也被称为有金一代难得的吏治清明时代。

三、重视教化，发展文化

元朝的史官评价金朝在武功方面和辽朝不相上下，典制成就则能与唐宋相提并论，原因就在于金朝崇尚文治。分阶段来看，金太宗与金熙宗时期金朝以借鉴唐宋制度为主，海陵王时期在改革官制、制定律令方面作出贡献，而金世宗以及金章宗时期金朝则称得上是文治最兴盛的时代。

金世宗自小接触中原文化，十分熟悉儒家典制，即位后，现

第三章 金源大定始全盛

实需求更促使他推崇儒学。在延续册封孔子嫡传后代为衍圣公这一传统制度的基础上，金世宗为彰显自己对孔子以及儒家的尊崇，还任命当时的衍圣公孔总为曲阜县令。在金世宗统治的时代，金朝的儒学教育也是如火如荼，包括女真人、渤海人、契丹人在内的各族官民都浸慕儒风，金代的民族交流交往交融也在这一时期发展到一个新的阶段。

具体来看，推崇儒家道德教化的金世宗持续对百官和民众开展"孝悌"教育和"仁德"教育。对于民间给百姓树立榜样的孝子，金世宗会予以嘉奖。比如洺州有一个人叫刘政，刘政年迈的母亲曾一度失明，刘政便舔舐母亲的眼睛，十几天后他的母亲恢复了视力。后来刘政的母亲又生了一场病，刘政衣不解带，不分昼夜地守候在母亲的身边侍奉。在母亲去世后，刘政自己背土为母亲建造坟墓，乡邻想帮助刘政，却都被刘政回绝。在刘政母亲下葬的当天，周围有许多鸟儿悲伤地鸣叫。刘政此后又为母亲守墓整整3年。洺州防御使将此事奏报给朝廷，金世宗得知后深受感动，认为这样的孝子应该在太子身边效力，因此授予刘政太子掌饮丞的职位。

还有几件事可以表明金世宗对孝道的重视。比如在大定二十一年（1181）正月，金世宗出京打猎路过永清县。永清县有

世章之治：盛世下的危机

一个契丹人叫移剌余里也，是虞王猛安的属民。移剌余里也娶了一妻一妾，妻子给他生了6个儿子，妾给他生了4个儿子。等到移剌余里也的妻子去世后，他的妻子生的6个亲儿子轮番在坟墓前守孝，他的妾生的4个儿子说道："去世的是我们的嫡母，难道我们就不为母亲守墓吗？"于是他们4人也三年如一日地轮番给嫡母守墓。听到这件事后，金世宗赐给移剌余里也家里500贯钱，并让永清县官先到集市上展示赏赐的钱财，再将钱赐给移剌余里也，金世宗表示此举的目的在于教化百姓奉行孝道。

另如在大定二十七年（1187）四月的一天，金世宗突然发现尚食局送来的御膳味道很差，似乎少放了几种调料，就把负责人尚食局直长召到身边询问原因。尚食局直长非常害怕，只能实话实说："臣听说家中的老母亲病情严重，心就乱了，如同丢掉了魂魄一样，因此疏忽大意，没能察觉到御膳出现问题，真是罪该万死。"但金世宗并未惩罚尚食局直长，反而夸奖他是孝子，让他即刻回家侍奉母亲，等到母亲病愈后再回宫做事。

不过，金世宗对孝道的尊奉也不是毫无原则。在大定十三年（1173）五月曾发生过一件棘手的事情。据尚书省的奏报，邓州的范三将他人殴打致死，按律应判死罪，但范三家中有年迈的母亲，若处死范三，将无人侍奉老母。面对孝道与国法的矛盾，金

第三章　金源大定始全盛

世宗说道："孝的一个重要要求就是与其他人和谐相处，不与他人争斗。这样才能尽孝道赡养父母。范三因为一点私仇就忘记自己的责任，他是真正有孝心的人吗？按照法律的规定处理吧，至于他的母亲，由官府赡养周济。"

金世宗还提倡兄友弟恭的"悌"文化。在大定十四年（1174）四月，金世宗在垂拱殿召见包括皇太子在内的几位儿子，对他们说道："对于人来说，没有比孝悌更重要的德行了。所以你们应该孝顺父母，友爱兄弟。你们要把朕的话牢记在心。"金世宗也经常褒扬奖赏民间兄弟和睦之人。在大定十六年（1176）十一月，尚书省奏报说河北东路胡剌温猛安所辖的谋克孛术鲁舍厮想将谋克职位让给自己哥哥的儿子蒲速列。金世宗认为这是有德行的举动，不仅答应了孛术鲁舍厮的请求，还予以孛术鲁舍厮嘉奖。

金世宗奉行儒家学说中的"亲亲之道"，善待、亲近自己的亲属族人。在大定十二年（1172）十一月，金世宗对宰相说："宗室中有一些人无法做官，但如果朕不给他们一点恩泽，就违背了亲亲之道，不利于弘扬正道。"左丞石琚赞同金世宗的观点，说道："尧帝、周家使全家族都能和睦融洽，这是《诗经》《尚书》记载的，是值得颂扬的帝王家事。"虽然贵为天子，金世宗对待

世章之治：盛世下的危机

长辈仍毕恭毕敬，比如在大定十六年（1176）正月，皇姑邀请金世宗到家中相聚，金世宗带着所有嫔妃同去，在皇姑家中欢聚宴饮。每当皇姑向金世宗敬酒，金世宗都站起来回敬。大定十七年（1177）正月，金世宗还对宰相说道："宗室中有很多年纪已经很大的人一直没有官阶，他们的父祖都是对国家有功之人，朕想封赠他们官阶，使他们拥有合适的名声和地位，不知可行吗？"宰相们都认为金世宗的想法符合"亲亲之道"，是效法古代圣贤的行为。

"仁慈"是金世宗尊奉提倡的又一重要的儒家思想。在大定十二年（1172）十月，完颜宗望的儿子德州防御使完颜文谋反事发，金世宗把皇太子和赵王永中召到殿上，连同宰相一起讨论如何处理此事。金世宗对宰相说道："完颜文的弟弟完颜京也曾有意谋反，朕免其一死，如今完颜文又谋反，按照国法完颜京应被连坐，你们有何建议？"宰相们都表示完颜京之前的罪行就应该被处死，如今若是不铲除完颜京，恐怕日后还会生变。金世宗却说道："天下总是归属有德之人，当初海陵王无道，朕才成为天下之主。只要朕继续修身养性、行善积德，还怕什么后患呢？"皇太子和永中都认可金世宗的观点。

为了消除完颜京的疑虑，金世宗还特意将完颜京召进中都，对他说道:"爱卿的兄长完颜文之前只被封为国公,而且也没有实职。朕即位后将他晋封王爵,让他治理一方百姓。他在大名府的时候犯了贪污罪,朕也仅仅是将他降职,没想到他竟然心怀怨恨,又要谋反。谋反罪要连坐亲兄弟,朕念及宋王的功勋,决定免除你连坐。爱卿要理解朕的苦心啊。"随后便释放了完颜京。

对于被海陵王无故杀戮的人,金世宗也怀有悲悯之情。比如在大定十六年(1176)九月,金世宗诏谕左丞相纥石烈良弼,说道:"海陵王经常无故杀戮臣下,朕十分同情怜悯被杀的人。像孛论出这些被冤杀之人的遗骸,官府应该找到他们的遗骨,让他们入土为安。"次年正月,金世宗再次向宰相下诏:"海陵王的时候,很多大臣被杀戮,他们的家属也被没入官籍成为奴婢,现在把这些人都释放出来。辽豫王耶律延禧和宋天水郡王赵佶的子孙也多被海陵王残害,将他们的遗骸分别安葬在广宁府和河南府的祖坟中。"倡导"仁慈"的金世宗也未放松对百官以及民众的教化。在大定二十四年(1184)七月,金世宗表示,与其用严刑酷法治理国家,不如用礼乐教化民众。金世宗还希望朝廷的官员能够重视德行,使国家早日恢复三代的风气。

熟悉中原文化的金世宗还认识到历史的重要性,提倡以史为鉴。金世宗曾在阅览《资治通鉴》后感慨道:"《资治通鉴》将历

世章之治：盛世下的危机

朝历代的兴废事迹都记载了下来，可以提供非常多的鉴戒，司马光如此用心，即使是古代优秀的史学家也无法与他比拟。"熟读史书的金世宗还将唐太宗视为镜鉴，他在大定二十六年（1186）十一月对侍从说道："唐太宗的太子李承乾经常违背法度，唐太宗却放纵不管，以致最后只能废黜太子。如果唐太宗能够早点约束李承乾的行为，最后不至于此。朕对于儒家经典的理解不够深入，但只要看史书，总会有心得体会。朕见到忠孝节义之士都是从小洁身自好，但大多数人自小就有为非作歹的倾向，要是统治者不加以惩治，国家怎能安定？记得孔子主持政务仅七日，就诛杀了少正卯，圣人尚且这样，何况其他人呢？"

金世宗在看过《汉书》后也有感悟。在大定二十八年（1188）十一月，金世宗对宰相说道："朕最近看了《汉书》，感觉光武皇帝的一些作为是其他人很难做到的。更始帝杀害了光武帝的兄长，光武帝却毫无报复之心，还像平常一样为更始帝尽忠，人们甚至看不到光武帝有悲伤的表情，这是光武帝有肚量的表现，更是他能够成就事业的基础，不是庸碌之辈能够相比的。"在场的右丞张汝霖说道："陛下所言不虚。湖阳公主的奴仆犯了杀人罪，藏匿在公主的车中，洛阳令董宣将这个人从公主车中搜出，把他杀掉。公主将这件事上奏给光武帝，光武帝要杀了董宣,直到听董宣讲清楚前因后果,光武帝才怒气消解。然而光武帝又让董宣向公主道歉,董宣坚持不道歉,公主就以言辞刺激光武帝,光武帝只是笑了笑,还赐给董宣30万贯钱。"金世宗评论道:"光武帝能够在听到臣子直言不讳的进谏后不再生气,是当之无愧的贤明君主,但他让董宣向公主道歉着实不对。在朕看来,汉高祖英雄大度,能够驾驭当世豪杰,他从布衣起家,几年内就成就了伟业,这也不是光武帝能够比的,而且在成为皇帝后,汉高祖仍然有当初的粗豪之气,这同样是光武帝做不到的。"由此可见,金世宗不仅对历史有了解,还具备不同凡响的见解。

引导女真人学习儒家思想是金世宗在位期间的又一项重要举措。在大定二十三年(1183)九月,译经所将翻译成女真文字的《易》《书》《论语》《孟子》《老子》《杨子》《文中子》《刘子》以及《新唐书》上呈金世宗。金世宗对宰相说道:"朕之所以令人翻译'五经',就是想让女真人都知道仁义道德的关键是什么。"随后下令在各地印刷颁行翻译的典籍。大定二十六年(1186)正月,金世宗听从亲军完颜乞奴的建议,又制定了只有在学习过女真文经史的前提下才能承袭猛安谋克的制度,金世宗解释道:"朕的目的是想让女真人了解一些历史,以免他们日后为非作歹。"

金世宗时期最主要的崇文措施就是完善、推广科举制度。在

世章之治：盛世下的危机

金世宗即位后，一度有人提出罢废科举，金世宗就此事询问尚书令张浩："自古有不用文人士大夫的帝王吗？"张浩回答道："有。"金世宗很惊讶，追问道："是哪位帝王？"张浩回答说："秦始皇。"金世宗闻言大笑道："朕怎么会做秦始皇呢？"此后，金世宗不仅没有罢科举制度，反而大力鼓励民众参加科举。

金世宗时期在科举方面最大的改革就是开设了女真进士科。世宗以前，女真人做官的途径一般是立军功和门荫。但到世宗时期，国家长期太平，没有新的战事，宗室贵族也已经传承了好几代，军功和门荫都无法保障有才能的女真人入仕。因此，创设新的制度选拔女真人才成为当务之急。

在大定九年（1169），枢密使完颜思敬奏请在女真人中开科选士，金世宗认同完颜思敬的建议，要大臣进行讨论。大定十一年（1171），金世宗与大臣讨论在女真人中开科的细节。当时，礼部的大臣认为女真人学习的内容与汉人的科举内容不同，很难照本宣科，因此表示就算新设科目，也不能将选中的女真人称作"进士"。但耶律履等人表示选中的女真人完全可以称为"进士"。耶律履说道："最初科举是考策，考中的称为进士，现在女真学生也是考策，称他们为进士有何不妥？"金世宗赞同耶律履等人的建议，正式认定女真人的考试是科举的一部分，及第之人均是

第三章 金源大定始全盛

进士。

在大定十三年（1173），金朝正式施行女真进士科，女真进士科没有乡试和府试，应试的考生直接参加会试，中选的继续参加御试确定名次。此后，金朝每三年举行一次女真进士科。在考试内容方面，最初只考策，即阐述对政局时务的见解；在大定二十年（1180），又增加了论和诗的考试，共为三场，所以女真进士科后来也叫策论科。由于是为女真人开设的科目，还要求答策使用女真大字，作诗使用女真小字。

与创制女真进士科相得益彰，金世宗时期还大力发展针对女真人的官学教育。在大定四年（1164），金朝在各猛安谋克内选拔良家子弟学习翻译成女真文的儒学经典，选中的女真学生达到3000人。大定九年（1169），金世宗命令将其中成绩优秀的100人召到中都，由编修官温迪罕缔达作为教师。随着女真进士科的举行，又于大定十三年（1163）正式创设女真国子学。女真国子学有策论生100人，另有预备生也就是小学生100人，在规模上与汉人国子学并无区别。在大定二十八年（1188）四月，又设立女真太学，金世宗优待女真太学教师，宣布他们的待遇参照县丞与主簿。

在地方上，金世宗发展自金太祖以来的女真地方官学。从大定四年（1164）开始，金世宗在各路分设女真字学。大定十三年（1173），伴随着女真进士科的兴起，金世宗又设立了女真府学和女真州学。当时的女真府州学合计22处，分布在中都、上京、胡里改、恤频、合懒、蒲与、婆速、咸平、泰州、临潢、北京、冀州、开州、丰州、西京、东京、盖州、隆州、东平、益都、河南、陕西等路、府、州内。

从效果上看，女真进士科效果显著，不仅扩大了女真人的入仕途径，也确确实实地为金朝选拔出了大量优秀的女真人才。金世宗对自己的这一成就非常满意，在大定二十六年（1186）十一月自言道："女真进士中的徒单镒、夹古阿里补、尼厖古鉴等人都是可用之才。"其中，徒单镒是女真进士科的第一位状元，他的事迹足以说明女真进士科的成功。徒单镒自幼学习女真文字，还精通汉文和契丹文。在大定四年（1164），徒单镒就曾参与翻译书籍的工作，先后经手《史记》《西汉书》《贞观政要》《白氏策林》等书。在金世宗选出的国子学生员中，徒单镒学业最为优异。女真进士科设立后，徒单镒有了新的进身之阶。在考试中，精通儒家经典又擅长女真文字的徒单镒可谓如鱼得水，他在文章中引经据典、旁征博引，可谓一气呵成，得到了考官的一致认可。

在状元及第后，徒单镒开始为官，政绩十分突出。在金世宗时期，徒单镒先后担任中都路教授、国子助教、国史院编修官、翰林待制兼右司员外郎。在这一期间，徒单镒又将许多汉文典籍翻译成女真文，为女真人进一步了解、学习中原文化作出巨大贡献。在金章宗继位后，徒单镒担任左谏议大夫兼吏部侍郎，不久被擢升为御史中丞，又拜参知政事、尚书右丞，在历任了几处地方长官后，升任右丞相、平章政事，并封济国公，成为金朝最高统治集团的一员。可以说徒单镒在整个"世章之治"的后半段都发挥了重要作用，而这都源于金世宗开设女真进士科。

在金世宗的多项崇文政策下，金朝的文学发展也进入新的阶段，被称为"国朝文派"的文学流派进入到鼎盛期。"国朝文派"的概念是由金代的萧贡提出，后来被金末的大文豪元好问取用，成为代指金朝文学家群体的称呼。在金世宗时期，"国朝文派"的汉族代表人物有蔡珪、党怀英、王庭筠和王寂等人，以下仅以党怀英为例说明金世宗的文治对"国朝文派"的影响。

党怀英出生于天会十二年（1134），在大定十年（1170），还不到40岁的党怀英进士及第，其人生最宝贵的时光都是在金世宗治下度过的。党怀英深切体会到金世宗的统治有利于文人士大夫的事业发展，因而对金世宗充满感激之情。党怀英认为金朝文治之所以能在金世宗时代进入鼎盛时期，是因为金世宗尊奉唐、

世章之治：盛世下的危机

虞、三代君王和孔子的圣贤之道，重视发展儒学，他在撰写的《曲阜重修至圣文宣王庙碑》中如此称赞金世宗：

当今皇帝继承祖宗的基业，以完善国家典制为事业。自从皇帝即位以来，将精力放在治国理政方面，把需要调整的制度都做了改革，把需要弘扬的精神全都推广，做到了整顿官场、改良风俗，又兴建学校、养育士人、完善法制、确定礼乐，皇帝期待与天下百姓一起进入大同的文明时代。

沐浴在金世宗文治之下的不只有汉人士大夫，女真人同样受益匪浅。比如曾在大定十二年（1172）任曷苏馆路节度使的纥石烈明远有几首诗被王寂记载在《鸭江行部志》中：

其一

秋霁岚光到眼青，层峦叠嶙与云平。

解鞍暂借山僧屋，泉水潺湲漱玉声。

——《壬辰七月晦日留题龙门山北岩壁》

其二

春尽山岚碧转加，携樽来醉梵王家。

桃花半折东风里，应笑刘郎两鬓华。

——《癸巳立夏后三日留题龙门山北岩壁》

其三

春半辽东暖尚赊，青山苦恨乱云遮。

三年绝徼劳魂梦，向壁题诗一叹嗟。

——《甲午春分日留题龙门山北岩壁》

这些诗极富文学价值，足以彰显金世宗时代女真人文学素养达到的极高水平。

四、保境安民，友善四邻

在整顿官场风气、发展国内经济与弘扬文教事业的同时，金世宗也没放松打造并维护良好的外部环境。在面对南宋、北方游牧部族以及西夏、高丽等政权时，金世宗根据现实需要制定不同的交聘策略，整体上取得了不错效果。终金世宗一朝，在与南宋达成"隆兴和议"后，金朝只在北部偶有用兵，其余时间都在和平的环境下发展。

在"隆兴和议"达成后，金宋之间大体形成相对平衡的态势，长时间内都没发生较大规模的冲突。当然，这种和平局面也离不开双方统治者的刻意维护。就金世宗而言，在无关国家尊

世章之治：盛世下的危机

严、国家安全和国家核心利益的事情上，对待南宋都非常宽容。比如南宋交付给金朝的"岁币"中常有质量较差的银绢，金世宗对此却从不计较，为了免除无谓的争端，金世宗还允许南宋在边境交接"岁币"，而不是押送到中都交付。

为了改善和南宋的关系，金世宗不断提高金朝境内宋朝宗室的待遇。对于被海陵王杀害的宋钦宗赵桓，金世宗派人将其重新收殓，并依照皇帝的礼节下葬到宋朝的皇陵中。在宋高宗去世后，宋孝宗按照礼仪将宋高宗的部分遗物送到金朝，金世宗将其中较为珍贵的5件玉器、20件玻璃器以及部分弓与剑交给宋朝使臣带回，并说道："这些都是你们先皇帝喜爱的物品，应该好好珍藏，以示对他的追思。我实在不忍心接受，你把这些都带回去吧，并把朕的意思告诉你们的皇帝。"

就算有宋人做出违背条约的事情，只要不影响国体，金世宗一般也会息事宁人。比如在大定十三年（1173）正月，尚书省报告说有南宋商人车俊等人在榷场进行贸易时误入金朝境内，按律当斩。金世宗表示这些人既然不是有意冒犯，可以免除罪责遣返回南宋，金世宗还叮嘱尚书省无需将此事通知南宋朝廷，以免节外生枝。

金世宗对南宋也并非一味纵容，在关涉国家体面和国家安全的事情上，金世宗始终坚守原则，保持基本的底线。比如金世宗始终要求双方按照约定的礼节开展交聘活动，在大定十四年（1184）二月，因大兴尹完颜璋出使南宋时被宋人强行夺取了国书，金世宗不仅责罚了完颜璋，还派刑部尚书梁肃到宋朝交涉，要求宋朝作出解释并赔礼道歉。

金世宗也始终对南宋保持应有的警惕，时刻防备南宋再次撕毁合约。为此，金世宗严密监控南宋的动向，一旦发现南宋有调动军队、打造战船的举动，就会派使者到南宋探查情况。金世宗还提醒大臣不要因长期的和平而放松武备，他说道："朕听说宋军一直坚持训练，我军却放松懈怠，你们不要以为天下安定就没了防备心，一旦出现紧急军情，兵士要是不能战斗，岂不是要战败辱国？应该督促军队按时训练。"

在金世宗内紧外松的对策下，金朝与南宋维持了数十年和平，即使双方偶有龃龉，也在金世宗妥善的处理下化干戈为玉帛，没有再次引起全面争端。

在金朝北面的漠北高原上，生活的主要是鞑靼人。鞑靼人以游牧为业，逐水草而居，皆擅长骑射。在金太宗、金熙宗时期，一些鞑靼部落就与金朝发生过冲突。面对来去如风，没有固定驻地的鞑靼人，无论是完颜宗磐，还是名将完颜宗弼，都无法克敌

世章之治：盛世下的危机

制胜。最终金朝只得割地求和，把西平河以北的大片肥沃土地割让给鞑靼人，同时每年还要送给鞑靼许多牛羊和粮食。此后金朝与鞑靼之间仍然经常动兵，海陵王时期契丹人起义的根源便在于契丹人担心壮丁随海陵王南征后老弱妇孺会遭到鞑靼人报复。

等到金世宗即位后，鞑靼的威胁仍然存在。面对鞑靼，金世宗采取主动进攻和积极防御相结合的措施。一方面，金世宗时常派军队北上攻打鞑靼，以减少鞑靼人口、破坏鞑靼经济生产。比如在大定十年（1170），金世宗派遣参知政事完颜宗叙北上，次年又派名将纥石烈志宁北征。但鞑靼人居无定所，在草原上飘忽不定，金朝很难用武力的方式从根本上解决问题。而且经常出现金朝消灭一个部落，另一个部落马上取而代之的情况，可谓"野火烧不尽，春风吹又生"。在这种情况下，金世宗只得不断增强北部边境的防御力量。

早在金太宗时期，为抵御鞑靼侵扰，金朝就沿着边境修建了许多堡垒、开掘了诸多堑壕，但工程的主体完成于金世宗时期。在大定五年（1165）正月，金世宗下诏在泰州、临潢的边境修筑70座堡垒，此后又沿着漫长的边境线挖掘了一条延绵数千里的深沟，挖出的土被堆积在南侧，形成一道"金长城"。"金长城"将原有的堡垒连接在一起，兵将在这些堡垒里戍守，一边备战、一边垦荒，驻兵则定期换防，形成了一套严密的防御体系。

在主动出击和严防死守相结合的策略下，终金世宗一朝虽然没能彻底解除北部边患，但鞑靼也没能突破金朝边境造成很大的破坏。所以，在应对鞑靼方面，金世宗还是基本完成了保境安民的使命。

西夏由党项人建立，党项人发迹于唐代，在唐僖宗的时候，党项人的首领拓跋思恭担任夏、绥、银、宥等州的节度使，和李茂贞、李克用等人共破黄巢，因收复长安有功，被赐姓李氏。从唐末经历五代，直到宋初，党项人来到李元昊统治时期。凭借强大的军事力量，李元昊称帝建立西夏。在先后打败北宋和辽朝后，西夏在辽宋之间站稳了脚跟。

在辽朝灭亡前，西夏与辽朝的关系一直很紧密，辽朝将公主嫁到西夏，双方为甥舅之国。在金太祖天辅六年（1122），金军击败辽兵，辽主逃往阴山，西夏将领李良辅还曾率兵3万来救，但在天德境内的野谷附近被金朝大将斡鲁、娄室打败，被涧水冲走、淹死的西夏兵难以计数。直到完颜宗望来到阴山，才以便宜行事的权力和西夏议和，在给西夏的书信中，完颜宗望写道："我接到的诏令中有这样的话：西夏对辽朝始终不渝，在危难时给予救援。现在我们已取代辽国，如果西夏能像对辽国那样

世章之治：盛世下的危机

向我称臣纳贡，就允许他们归附，不要怀疑猜忌。如果辽主到达他们境内，可令他们拘捕送来。"经过谈判，在金太宗天会二年（1124），西夏进献誓表，用奉事辽国的礼节向金朝称臣。

在海陵王正隆末年，西夏与金朝的关系出现裂痕。由于金宋之间烽烟再起，宋人开始进入秦陇地区，西夏也乘机攻取了不少金朝的城寨，同时还有宋兵侵入夏境，整个关陕之地都陷入到混乱中。好在金世宗即位后很快稳定了国内局势，西夏人便将城寨归还给金朝。金世宗下诏嘉奖西夏国主，但边境的金朝官员又向金世宗奏报道："西夏人虽已归还城寨，但没归还掳掠抢夺的人口、财物和牲畜，请求陛下向西夏索取。"在大定四年（1164）二月，西夏借着派使臣到金朝贺万春节的机会向金世宗陈述情况，请求金世宗停止追究索取，此后西夏人又数次就此提出请求，无意与西夏计较的金世宗便答应了西夏。

在金世宗时期，金夏之间还曾发生过几次较大的交聘事件，但在金世宗的谨慎处理下，这些事情都得到妥善解决。在大定八年（1168），西夏权臣任得敬以西夏国主李仁孝的名义向金世宗求良医给自己治病。金世宗令御医王师道佩银牌前往，为免节外生枝，在出发前金世宗叮嘱王师道说："如果任得敬的病势无法缓解，就不要医治，如果可以医好，也要在一个月内返回。"最

第三章　金源大定始全盛

终任得敬的病情有所好转，西夏派谢恩使来答谢金世宗，任得敬也附带礼物进献给金世宗。金世宗回应道："任得敬是西夏臣子，朕不能接受他的表章和礼物。"于是将任得敬送来的东西全都退回。

在大定十年（1170）夏天，任得敬又一次给金世宗出了难题。长期把持国政的任得敬早有不臣之心，他试图分裂西夏自立为王，便胁迫李仁孝将西夏的西南路和灵州、罗庞岭一带划归给自己统治。为了确立这次分国的合法性，任得敬又逼迫李仁孝向金世宗上表，请求金世宗批准分国。金世宗就此事垂询宰相，以尚书令李石为首的众大臣都认为这是西夏的内政，金朝没有必要卷入其中，因此建议金世宗答应西夏的请求。金世宗却有不同的想法，他说："一国之君哪肯无缘无故分割国土给他人，必定是权臣逼夺，而不是出于西夏王的本意。况且西夏这么多年来一直是我们的属国，现在他们的君主被奸臣逼迫，朕作为天下的主人，怎么能容忍此事？如果西夏不能主动改正错误，朕将派兵讨伐。"

在金世宗的坚持下，金朝退回了西夏的礼物，金世宗还传话给李仁孝："自我国平定中原，首先便招抚西方，这才给你的父亲划分了疆土，随后又赐给你本人封号官爵，让你将恩惠厚施于

世章之治：盛世下的危机

一方百姓，如今我们的交往已经延续了数十年。作为属国，你必须遵守臣子的礼节，作为一方之主，你则应该固守先辈传下的基业。如今你的请求不同寻常，朕不清楚其中隐情，将派人前去询问。使者送来的所有礼物，朕都拒绝接受。"

就在金世宗回绝任得敬分国的请求后不久，李仁孝设计除掉了任得敬。在大定十年（1170）十一月，李仁孝派人向金世宗陈述诛杀任得敬及其党羽的始末，同时上表感谢金世宗。李仁孝在谢表中说道："在任得敬刚刚接受分割之地后，我曾在他的胁迫下派使者前往大金代他求请封国，承蒙陛下不予应允，这是朝廷对我的恩惠和怜爱，西夏国人对此有无穷无尽的感激之情。西夏无故烦扰朝廷，冒昧请求赐予奸臣国号，很失礼节。现在奸臣已经被铲除，不麻烦大朝遣使询问。任得敬所分的土地和大朝的熙秦路接壤，我担心自分地以来发生了其他变故，已下令追查并严令约束，请朝廷也严行约束。"金世宗对于李仁孝的处理非常满意，下诏予以抚慰。

在金朝与西夏的交往中，商业贸易是不可缺少的部分。然而崇尚节俭的金世宗认为西夏用珠玉交换金朝的丝帛是用不实用的东西换有用的东西，因此在大定十二年（1172）下令削减了保安、兰州的交易市场。尚书省又上奏说："西夏和陕西边民经常私自越境，盗窃对方的财物牲畜，还有奸邪的人借口到市场上交易作奸犯科，长此以往恐会造成祸患。我们建议禁止西夏使者入境后和富商交易。"因此金世宗又废除了绥德的交易市场，最终只保留东胜、环州两处交易市场。金朝的这一政策对西夏百姓的正常生活影响很大，因此李仁孝又向金世宗上表，请求重建兰州、保安、绥德的交易市场，同时还请金世宗允许西夏的使者入境后与金人交换常用物品。为了维护金夏关系，金世宗决定在绥德建立集市，方便双方交换、买卖货物，又下令允许西夏的正副使臣在中都进行贸易。

深受金朝恩惠的李仁孝不是忘恩负义之人，他时常想起金世宗对自己、对西夏都是恩德深厚，便在大定十七年（1177）向金朝进献本国特制的百头帐。金世宗本想拒绝西夏的礼物入境，但李仁孝再次上表说："这次献给皇帝的百头帐并不是奇珍异宝，我派去的使者也已经到达边境，如果皇帝不包涵笑纳，那么我们深切的诚意就无法表达出来，四方的邻国也将认为我们西夏无法被大金国列入到重要的属国行列。要是这样的话，我的内心又怎能安宁呢？"见到李仁孝如此诚恳，金世宗也就同意献物使和贺春节使者一同来到中都。

总体来看，金世宗在与西夏的交往过程中始终秉持以和为贵的原则，面对西夏的诸多请求，只要无伤大雅均会予以准许。在处理任得敬分国一事中，金世宗则敏锐地察觉到其中有诈，没有贸然应允，也因此得到西夏国主李仁孝的尊敬和爱戴。无独有偶，金世宗时期，东边的高丽也曾多次出现内部纷争，作为宗主国的统治者，金世宗同样沉着对待，没有因一时小利将金朝与高丽的关系推到险境。

高丽位于鸭绿江以东，在金朝曷懒路的南边。从辽代开始，高丽逢年过节都会派使者到辽朝奉献贡品。在金朝灭辽后，高丽继续用侍奉辽朝的旧礼向金称臣。高丽与金朝的关系也多次发生波折，在大定四年（1164），金朝在鸭绿江一带的据点多遭高丽人侵犯抢劫甚至焚毁。大定五年（1165）正月，金世宗在高丽派来的贺春节使上朝辞行之际，告诉他说："当前边境上发生了一些不愉快的事情，不知是你们国主让这样干的呢，还是边地官吏私下干的呢？如果是边地官吏所为，你们国主应惩罚警告他们。"

等到大定十年（1170），高丽发生政变，国王王睍的弟弟翼阳公王皓废除王睍，自立为王。当年十月，金世宗派到高丽的贺生日使来到双方边界上，高丽边官告知说王睍已经让位，不肯接纳使者进入高丽。直到大定十一年（1171）三月，王皓才正式派人将王睍"让国"的事奏告给金世宗。金世宗令婆速路不接受王

第三章 金源大定始全盛

皓的表章，要求有关部门仔细察问。高丽再次向金朝上奏说："前王长期生病，头脑昏乱、办事糊涂，已经不能理事，所以君王的同母弟王皓目前暂掌国事。"金世宗斥责道："禅让王位是件大事，为什么不先向我提出申请。"见到金世宗明察秋毫，王皓只能以王睍的口吻汇报禅让王位的原因，大致就是说自己的父亲有遗诏，让自己传位给弟弟王皓，又说自己的儿子有罪，所以不能继承王位。

见到所谓的王睍表章后，金世宗犹豫不决，便征求执政大臣的意见。丞相纥石烈良弼上奏说："高丽人的话不可信。第一，据我所知王睍只有一个儿子，记得诞育孙子时，王睍曾上表章表达自己的喜悦心情。第二，王皓此前就曾作乱，王睍还囚禁了他。第三，现在不是王睍派使者来，而是王皓派使者来。第四，朝廷派出的贺王睍生日的使者到达边境后，王皓不转达给王睍，却说不敢接受。这些情况都说明王皓是篡夺兄长的王位，现在是用谎言向陛下求封，我们怎能容忍呢？"右丞孟浩建议道："应当征求他们本国官民的意见，如果官民都倾心顺从王皓，就应派人授予王皓封号。"金世宗对他们的处理办法都不满意，说道："向民众征求意见决定是否册封一国君主，这和任命猛安谋克有什么不同？"于是金世宗遣退高丽的使者，派吏部侍郎完颜靖担任宣

世章之治：盛世下的危机

问使向王睍详细询问此事。

事实上，王晧的确是篡夺王位。王晧上位后就把王睍囚禁在一个海岛上，等到完颜靖到达高丽后，王晧谎称王睍已退位出京，居住在其他地方，而且病情加重，不能接受金朝的询问，又说来往的道路艰险遥远，要是让完颜靖前往也很不方便。在王晧的百般阻挠下，完颜靖没能见到王睍，无奈之下只能把诏书授予王晧，并将王晧转交的王睍表章带回金朝。毫无疑问，这封表章的内容和之前的表章内容大致相同。在完颜靖返回后，金世宗再次询问大臣应该怎么处理此事。多数大臣说："既然王睍的表章是这样说的，那就按他的意见封授吧。"丞相纥石烈良弼和平章政事完颜守道则说："等王晧再来求请封号也不迟。"十二月，王晧果然又派使臣来请求册封。大定十二年（1172）三月，金世宗派宿直将军乌古论思列册封王晧为高丽王。金世宗之所以没有深究王晧篡位，是因为如果一旦认定王晧的罪行，金朝就有义务为王睍讨回公道，金丽之间难免要发生冲突，而这并不符合金朝的利益。

未承想，此后几年高丽屡次发生内乱。由于在王晧篡位时，郑仲夫、李义方等武臣大杀文官，高丽内部矛盾激化。在大定十三年（1173）八月，高丽的东北面兵马使金甫当在东界起兵讨

第三章 金源大定始全盛

伐武臣，南方皆响应，但金甫当很快失败，为斩草除根，武臣李义旼将王晛杀害。李义旼的弑君之举促使拥戴王晛的高丽西京留守赵位宠起兵。在大定十四年（1174）九月，赵位宠正式在西京平壤起兵声讨武臣，岊岭以北的40余城望风归附，一时声势浩大，与王皓的高丽军相持不下。

高丽王王皓决定以武力平定赵位宠叛乱，派军队围困西京，赵位宠逐渐力不能支。在大定十五年（1175）十月，赵位宠派部下徐彦等96人出使金朝。在给金世宗的表章中，赵位宠讲述了王晛被废和被弑的详情："前王事实上不是退位让国，现在大将军郑仲夫、郎将李义方又将他杀害。我请求将岊岭以西至鸭绿江的40多座城献给大金国，请您出兵援助。"面对赵位宠的请求，金世宗没有被眼前的小利蒙蔽，继续遵行多一事不如少一事的原则，说道"如今我已经册封王皓为高丽王，赵位宠身为臣子兴兵作乱，还打算献出领地，朕的职责是抚育万方，怎会帮助叛臣行凶作恶呢。"

在作出决策后，金世宗将徐彦等人拘押回高丽。在大定十六年（1176）六月，王皓的军队攻克西京，赵位宠被杀。在平定赵位宠叛乱后，王皓立即派使者向金世宗表示感谢。由于赵位宠叛乱阻碍道路，这几年王皓派遣的使臣都没能到达金朝，因此王皓奏请将所有未能顺利抵达金朝的使臣一同派到金朝。金世宗接受了王皓的请求，但要求高丽使臣分批依次入朝。

此后，金世宗继续秉持宽容的原则处理金丽关系。在大定十七年（1177），有人发现在高丽送来的贺春节礼物中，有一条玉带竟是用像玉的石块制作而成。有关部门向金世宗汇报此事，请求金世宗下诏追究。金世宗却说："高丽是小国，没有能识别真假的人，只是误把石块当作玉而已，不必追究。"十二月，有关部门又向金世宗报告说高丽使团中的下节押马官多带了3名士兵入境，金世宗想到要是治罪的话处罚会很重，便下令将多余的士兵遣送回高丽。

纵观金世宗处理四边关系的政策，可以发现金世宗针对不同政权采取了不同的策略，而且均起到积极效果。比如金世宗认识到鞑靼很可能会成为祸患，便采取用兵和加强边防的举措。对待南宋、西夏和高丽，金世宗则坚持以和为贵，尽量不起事端，这使得金朝拥有了良好的外部环境。

五、"小尧舜"后世扬名

在金世宗的治理下，金朝呈现出一派承平景象，国内百姓私

第三章 金源大定始全盛

下里甚至将金世宗赞誉为"小尧舜"。就连当时南宋的大儒朱熹在听到金世宗被誉为"小尧舜"后,都没有感到诧异,而是感慨道:"如果他真能尊奉施行尧舜治理天下的方法,就算称他为'大尧舜'也不是不行。"可见金世宗治理国家的效果也得到宋朝人士的认可。

即使在金世宗去世后,金世宗的善政仍然经常被后人提及。尤其在金末元初,经历乱世的人们无不怀念金世宗时期的太平景象,对金世宗"大定之治"不吝赞美之词。人们称颂金世宗崇尚文治、重视教化。金元之际的大文豪元好问就多次评价金世宗时代文治昌盛。元初的文人王恽也对金世宗的文治推崇至极,经常赋诗赞美当时的文治景象,比如"声明文物出中天""粹然一气变斯文""当时文物蔚中天""一时文物说游仙",憧憬之情跃然笔下。就连生活于元代中后期的苏天爵也向往盛极一时的金世宗时代。金世宗重视教育的举措也被人们赞美,元初的士人郝经就曾作诗称颂金世宗时期称得上"培植教养王化隆"。

金世宗止戈息武主导南北交聘通好的政策也为后人颂扬。郝经在诗文中多次提及于此,指出金世宗与南宋通好、不动干戈的政策对金宋双方的百姓都是好事,是当时天下安定和谐的基础。在代表忽必烈与南宋交涉的过程中,郝经更是频繁以金世宗与南

世章之治：盛世下的危机

宋偃兵后的通好景象为例，劝诫南宋罢兵。郝经说道："要想治理好国家，就需要停止战争。效仿金世宗大定初的政策才是明智之举。"又说道："只要能够做到止战休兵，天下的百姓都可以太平无事，这是仿效金世宗的治理之策。"

金世宗求贤若渴，朝堂上名臣辈出的景象同样被后人向往。在元好问看来，由于金世宗推崇文治、崇尚教化，因而金世宗统治时期朝堂上遍及能臣。元好问说道："文人士大夫要是能够在国家强盛的时候入仕做官，就很容易建立功业，金世宗时期的名臣就十分多。"与元好问同时代的刘祁也对金世宗推崇至极，评价道："金世宗任用的多是敦朴谨厚的人，像石琚这些人都被任命为宰相，这才做到了不打扰百姓、不朝令夕改。"

金元之际的文人还赞美金世宗时代朝野风气纯良端正。亲历金世宗时代的赵秉文评价金世宗时期朝廷清明、天下无事。对于金世宗在典章制度建设方面的成就，元好问则描述道："大定时期的纪纲法度已经完备周密，法令制度整齐划一。"王恽赞美金世宗施政做到了赏罚分明，甚至在上奏元成宗时将金世宗的"大定之治"与唐朝的"贞观之治"并列。在社会风气方面，杨奂认为金世宗统治下的金朝盛行淳朴之风，就连士大夫做学问都很务实。

第三章 金源大定始全盛

最为后人回味的还要数金世宗时代国富民丰、百姓安乐的盛景。金元之际的又一位文士杨弘道作诗称颂金世宗时期是"风时雨若屡丰年"。深受成吉思汗信任的耶律楚材也在《怀古一百韵寄张敏之》一诗中赞美金世宗时期的国泰民安画面："大定民兴咏，明昌物适宜。"文士王磐也将金世宗时代描述成时和岁丰、民物阜庶、鸣鸡吠犬、烟火万里的时代。苏天爵虽然生活的年代已经距离金世宗时期很遥远，但他同样盛赞金世宗治下的金朝是国家富康、年谷丰衍。可见后人均认为金世宗时代的金朝堪为乐土，百姓堪为乐民。

在金元之际，还有一些人对金世宗时代有整体评价。比如元好问称颂金世宗的"大定之治"是许久未曾出现的太平和乐时代，刘祁和胡祗遹也认为金世宗统治时期的金朝算得上承平日久。还有文士直接将金世宗统治的时期与前朝盛世相提并论，比如杨宏道认为两相比较之下，金世宗比北魏孝文帝更加出色；王磐表示金世宗的统治与周代的"成康之治"、西汉的"文景之治"类似；王恽甚至认为金世宗的功绩不在汉唐圣贤君主之下。

基于对金世宗的认可，在元代前期，人们还经常将金世宗的政策当作榜样，建议元朝皇帝加以效仿。异常向往金世宗文治盛世的郝经在青年时就在文章中建议蒙古统治者学习金世宗，认为

世章之治：盛世下的危机

只有以金世宗为榜样，蒙古统治者才能真正成为天下之主。在元世祖中统元年（1260），郝经在《立政议》中再次表达出希望忽必烈以金世宗为榜样的观点。郝经指出，在金世宗治理下，金朝建设典章法度的成就已经超过北魏，因此天下人至今仍将金世宗视为当之无愧的贤君，甚至一些金朝遗民一提到金世宗就痛哭流涕。郝经认为金世宗的恩德已是深入人心，足以作为忽必烈效仿的对象。

将金世宗视为元朝皇帝榜样的还有王磐、徐世隆与王鹗等金朝故老。在元世祖至元二年（1265），已经成为元朝官员的金朝进士王磐、徐世隆与王鹗等人专门撰写了一部《大定治绩》献给忽必烈。王磐在《大定治绩序》中并不掩饰自己对金世宗"大定之治"的怀念，说道："金朝统治天下一共120年，经历了9位皇帝。其中治国成就最好的就是金世宗。"不难看出，在王磐等人的心目中，忽必烈只要学习、效仿金世宗的执政理念，就能够早日实现天下太平。

在元代前期，还有人将金世宗施行的一些具体政策当作典范，王恽留存下来的相关政论较为集中，具有一定代表性。推崇金世宗"大定之治"的王恽在奏疏中频繁以金世宗的事迹为例，向元朝皇帝申明为君之道。在至元二十九年（1292）春，王恽上万言书，在建议国家减少开支的章节中，王恽以金世宗的言行为例说明人君节财的重要性："当初金世宗的诸位皇子向金世宗请求增加财政预算，金世宗对他们说：'你们这些人凭什么提出这样的要求，难道你们不知道国家府库里面的钱是来自天下百姓吗？朕只是负责管理这些钱，怎么能够胡乱使用？'"王恽非常认可金世宗的这番言论，认为金世宗的话称得上是君主的至理名言，应被后世君主铭记于心。

在建议制定考核官员的制度的章节中，王恽再次援引金世宗的事迹阐明观点："当初在金世宗大定年间，尚书省曾上报顺州军判崔伯时有贪污的行为，但崔伯时的过错又不至于违反法律，按照制度应该处以削官停职的惩罚。金世宗说道：'官员贪污却没有违法，这是因为他熟悉国家的法律条文。这种行为狡诈可恶，而且他已经形成贪污的习性，很难改过自新。虽然他的罪行只应削官停职，但以后没有特殊情况一定不要再次起用他。'"王恽表示金世宗的举措效果显著，自此以后很少再发生类似的事情。

王恽还经常将金世宗与唐太宗相提并论，将二人共同作为元朝皇帝的可效之君。为说服忽必烈赋予皇太子真金处理政务的权力，王恽在奏疏中先后援引唐太宗与金世宗的故事："唐太宗处

世章之治：盛世下的危机

理政务时都会让太子李治在旁边观察，金世宗巡视上京时则把太子完颜允恭留在中都监国。难道李治和完颜允恭就是比别人聪明的通晓政务的继承人吗？根本原因在于唐太宗和金世宗想要借此树立太子的权威，同时让太子为君主分担一些压力，并让大臣、百姓以及外国知道自己后继有人。因此，慰问军队、监理国政等事都是太子应该承担的职责。"

在元成宗即位后，王恽又写成《守成事鉴》献给元成宗。在《守成事鉴》的《明赏罚》篇中，王恽又先后将唐太宗与金世宗的赏罚之策作为元成宗可以学习的范例："唐太宗在贞观元年制定官员的赏罚标准，做到了任用贤才、裁掉冗员，最终文武官员的定额只有600余人；金世宗即位之初，特地派人到各个州郡考察地方官员，并且制定三个等级来评判他们。"王恽认为唐太宗和金世宗的举措足以为师，只要效仿他们的政策，就能够取得类似"贞观之治""大定之治"的效果。由此可见，王恽对金世宗在位期间的诸多具体治国举措都评价极高，金世宗也因此成为王恽心目中不下于唐太宗的明君，二者同被王恽视为君王典范。

即使到元代后期，人们仍然没有忘却金世宗的成就。在元顺帝时期修成的《金史》中，元朝官方对金世宗做了全面的评价，它的主要内容是：

第三章　金源大定始全盛

金世宗即位虽然是源于大臣的劝进，但金世宗无愧为天命人心的真正归属。究其原因，自从金太祖以来，金朝就用兵不断，国家基本没有太平的年份。加之海陵王是无道的昏君，导致百姓赋役繁重、国家遍布盗贼，甚至出现老年人没有人赡养、小孩子没有人抚育的情况。黎民百姓处于水深火热中朝不保夕，无不期盼明君出现，金世宗就是在这样的期盼下成为皇帝。金世宗长期治理地方，因此知晓国家兴亡的原因，也了解管理官员的关键、懂得如何治理国家。在金世宗即位的第五个年头，金朝与南宋讲和通好，从此开始与民休息。金世宗还崇尚节俭、推崇孝悌、信奉赏罚、重视农桑，在选官用人方面慎之又慎，在考核官员方面严格把关。在对外关系上，金世宗拒绝西夏任得敬分割西夏国土的请求，又拒绝高丽赵位宠将高丽郡县献给金朝的请求，使金朝免于无畏的争端。金世宗勤奋地治理国家，日夜不停地工作，是知晓为君之道的帝王。在金世宗的治理下，朝廷上群臣各安其职，朝野上下相得益彰，黎民百姓生活富足，各地粮仓储粮无数。每年年末，刑部都会上报当年被处以死刑的罪犯人数，有时只有17人或20人。以上就是金世宗能够被称作"小尧舜"的原因。

虽然随着时间的流逝，金世宗的政绩名声一度被人们遗忘，

世章之治：盛世下的危机

但在明末清初，随着女真再度强盛，金世宗的榜样作用再次凸显。清太祖努尔哈赤就非常钦佩金世宗。在努尔哈赤看来，金世宗完全可以和尧、舜、禹、汤以及周文王、周武王等古代贤王相提并论，这些君王在努尔哈赤心目中都是能够造福百姓、流芳万世的明君。此外，努尔哈赤还不断从金世宗的事迹中学习治国理政的经验。

建立清朝的清太宗皇太极同样推崇金世宗。皇太极指出，金世宗不仅被女真人怀念，就连蒙古人和汉人也都承认金世宗是明君。在阅读了记载金世宗事迹的书籍后，皇太极对金世宗的敬佩之情更盛，自言阅读后有心旷神怡、耳聪目明之感。为了教导宗室子弟，皇太极还在崇德元年（1636）号召亲王、郡王、贝勒、固山额真等贵族大臣一同学习金世宗的事迹。皇太极还告诫族人要牢记金世宗不忘祖宗传统的优良品格，坚决保持自己的民族特性。基于对金世宗的崇敬，皇太极还曾在率军进抵明朝都城北京后，专门派人到房山县祭祀金世宗的陵寝。在祭文中，皇太极充分表达自己对金世宗的缅怀景仰之情，期许得到金世宗在天英灵的护佑。

等到清朝入关后，清世祖顺治下令重修金世宗陵寝，以彰显金世宗的不朽功绩。在顺治时期，清朝还将金世宗的牌位请入历

第三章　金源大定始全盛

代帝王庙中加以祭祀。在乾隆皇帝在位期间，清朝又扩建了金世宗的陵寝，乾隆还多次亲自拜谒祭祀金世宗，这些都表明乾隆也十分认可金世宗。乾隆还在读书后品评金世宗的成就，说道："就算不论治国成就，单说不忘祖宗习俗的行为，金世宗也值得赞扬。"除了清朝皇帝外，清代的文人也对金世宗有正面评价，比如清代著名的史学家赵翼就说在金朝的9位皇帝中，金世宗是最贤明的一位。

现代学者同样对金世宗有较高的评价，比如陈致平先生认为金世宗对中国文化有难得的贤明公正的态度："他能吸收中国政治文化的优点，而屏弃汉人腐化浮靡的恶习，同时又尽量保存原始女真人朴实尚武的精神，而革除其僻野残暴之性。所以他一方面讲求治道，一方面也经常到上京一带地方去射猎、巡视、演武训军，一再告诫其本族人民不可忘本，也决不放弃民族之自尊心。他实在是能截长补短，融合中华民族诸文化之优点，而建立一个安定强大的国家。"对金世宗有深入研究的刘肃勇先生则说："历史地来分析金世宗在位之所作所为，是称得上我国封建社会杰出的政治家、有作为的皇帝的。"

纵览金世宗开创的"大定之治"，其核心就是对内励精图治、革除弊政，对外以和为贵、消弭隐患。具体来说，金世宗在政治

世章之治：盛世下的危机

上能够听取臣下的意见，不记私仇，任人唯贤；在经济上，金世宗发展农业、兴修水利，还轻徭薄赋、崇尚节俭；在军事方面，金世宗内平契丹、外阻南宋，在和平时期也没疏忽武备；在外交方面，金世宗与南宋缔结合约，尽力维持双方之间的和平状态。

然而，这样一个被后人称颂的时代，却也隐藏着诸多危机，而且一些危机始终未能解决。

第四章
盛世基业谁人继

统治金朝将近 30 年的金世宗没能完全消除金朝的隐患。作为女真人，金世宗自小就对女真旧俗怀有深厚感情，尤其是其中节俭淳朴的风气与尚武善战的精神，均是金世宗力图让女真人世世代代保持下去的优良传统。

然而事与愿违，随着金熙宗开启汉制改革、海陵王迁都燕京，大批女真人迁徙到中原汉地。在接触中原内地百姓，接受汉民生活方式的同时，女真人逐渐丧失淳朴风气与尚武精神，开始追求享受、弃武从文。为此，金世宗制定多种措施防止女真人进

世章之治：盛世下的危机

一步汉化，甚至不惜侵害中原汉民的利益。晚年金世宗为了表明自己坚守女真旧俗的态度，还不顾路途艰远，率领诸王、群臣北幸上京故地，以追忆先祖创业的艰苦历程，警示族人不要忘却立国的根本。

就在金世宗不遗余力提倡女真旧俗、挽救女真文化的同时，皇太子完颜允恭却深谙汉家文化，成为士大夫心目中近乎完美的金世宗继承人。但天有不测风云，在金世宗从上京返回中都的途中，留在中都守国的完颜允恭突然病逝。已经步入晚年的金世宗不得不面临重新选择储君、培养储君的紧迫问题。是另择皇子，还是册立嫡孙？金世宗最终决定立完颜允恭的嫡长子完颜璟为皇太孙。虽然金世宗的选择是深思熟虑的结果，但由皇孙继承皇位也为金章宗时期的宗室之祸埋下了伏笔。长远来看，未来金朝统治根基的动摇与此不无关系。

在金世宗去世后，刚刚22岁的皇太孙完颜璟即位，是为金章宗。金朝在延续兴盛局面的同时，各种隐患开始浮出水面，金朝的衰落似乎不可阻挡。

第四章　盛世基业谁人继

一、北幸忆旧俗

自从金熙宗即位以来，尤其在海陵王将都城迁至中都后，大批女真宗室贵族和猛安谋克迁移至中原汉地。女真人与汉人的大面积杂居使得女真人的汉化趋势明显，以往女真人的淳朴风气和尚武精神都有所退化，一些女真人甚至开始追求奢侈生活、贪图游玩享乐，部分女真人还热衷于舞文弄墨、吟诗作对。金世宗对本民族传统习俗风气的衰落极其关注，试图遏制女真人的汉化趋势，重振女真旧俗中的淳朴民风与尚武精神。为此，金世宗开展了一系列挽救女真传统的行动。

首先，金世宗大力提倡女真人学习和使用女真语言文字。无论是对于宗室贵族，还是对于女真平民，金世宗均多次下令鼓励乃至强迫他们学习女真语言文字，这也是金世宗创设女真进士科的动因之一。其次，金世宗督促女真人加强骑射训练。在大定八年（1168）四月，金世宗在常武殿击球。司天马贵中劝谏道："陛下是天下之主，关系到社稷安危，加之陛下现在年纪也不小了，像围猎和击球这样危险的事情应该全都停止。"一向广开言路、闻过则喜的金世宗这次却一反常态，反驳马贵中道："朕之所以

世章之治：盛世下的危机

如此，是为了展示女真人尚武的传统！"最后，为敦促猛安谋克民户务农劳作，金世宗在土地分配方面偏向女真人，以解决他们的贫困问题。此外，金世宗还禁止女真人改用汉人姓氏和穿着汉人服饰。

不过，在当时各民族交往交流交融的大趋势下，金世宗的诸多举措都只是杯水车薪，根本无法遏制女真人向慕华风的历史大势。见到问题始终不能得到解决，金世宗决定从女真上层集团下手，开展一次追忆女真旧俗、强化女真文化认同的政治活动——带领诸王和群臣巡幸女真人的龙兴之地上京会宁府。

金世宗北巡上京绝非一时兴起，而是经过长期准备。早在大定十三年（1173）三月，金世宗就对宰臣说过："会宁一带是国家建立王业之地，但自从海陵王迁都以来，女真人就慢慢遗忘了祖宗的风俗传统。朕年轻时曾亲眼见过一些女真风俗，至今念念不忘。如今我们举行宴饮、演奏音乐，大都是遵循汉人的风俗和规矩，虽然制度更加完备，但与朕心中所想相悖。如今因为朕的不断提倡，一些女真风俗还延续着，但等到朕百年以后，想必这些风俗也得不到传承。朕时常想找时间巡幸会宁府，使朕的子孙亲身体会女真传统文化，以便于他们效仿学习。"

此后，金世宗持续耳提面命，督促子孙行用女真旧俗。比如

第四章 盛世基业谁人继

在大定十三年（1173）四月，金世宗在睿思殿招待包括皇太子在内的众多儿子。其间，金世宗特意命令表演者用女真语歌唱，对皇太子和诸位王子说道："朕思念先朝的行事风格，不敢遗忘国家的旧风旧俗，因此时常听这首曲目，朕想让你们也了解这些内容。你们从小就适应汉人的生活方式，基本不熟悉女真人的风俗，至于女真语言文字，有的人也看不懂、听不懂，这其实是忘本啊。你们要体会朕的深意，世代遵循朕的教诫。"

等到大定十三年（1173）七月，金世宗下令恢复会宁府为上京，重新确立上京为陪都。在大定十六年（1176）正月，金世宗又在和亲王、宰执大臣以及侍从官讨论古今兴废之际说道："朕认为女真人的风俗是最纯直的。在建国之初，女真人虽不读《诗》《书》，但他们祭祀天地、敬爱亲戚、尊重老人、接待宾客、信赖朋友，一切都出于本心，却与《诗》《书》所载一般无二。你们应该好好学习、继承这些优良传统，不可遗忘我们的旧有风俗。"

时间来到大定二十四年（1184）二月，已经年过花甲的金世宗意识到自己时日无多，决定尽快巡幸上京故地。金世宗对群臣说道："朕决意巡幸上京。女真人一贯重视端午节，朕想在端午节之前赶到上京，到时可以和当地的宗室故老聚会宴饮。"在经过一个月的准备后，金世宗一行在三月份正式启程。

在出发前，金世宗对国事作出周密的安排。他将皇太子完颜允恭留在中都处理政务，铸造"皇太子守国宝"授予完颜允恭。金世宗叮嘱完颜允恭道："上京是祖宗的兴起之地，朕也许会在那里驻留两到三年。把你留下来看守国家，就像农夫世代种田、商人世代经商一样，只要做到不辱没父祖的事业，就是可以继承祖业的好子孙。不过，守护社稷的任务十分沉重，你要保持敬畏严谨之心。朕见你平时行事谨慎，想必一定能够替朕解忧，这是你展示孝心的机会。"完颜允恭闻言诚惶诚恐，一再向金世宗推辞，表示自己在处理政务方面还有许多欠缺，请求跟随金世宗一同前往上京。金世宗耐心宽慰道："其实处理政务也没什么困难的，只要处事公正，不听信谗言，很快就能熟练掌握。"完颜允恭不禁潸然泪下，左右的大臣侍从都十分动容。见推脱不得，完颜允恭接受"皇太子守国宝"，留在中都承担起守国的重任。

除了皇太子完颜允恭外，金世宗还将赵王完颜永中留在中都辅佐完颜允恭，其余的皇子则大都跟随金世宗前往上京。众多大臣来到通州送别金世宗。告别之际，金世宗叮嘱留在中都的宰执说："你们都是国家的老臣，现在皇太子为朕守国，你们

第四章 盛世基业谁人继

要用心辅佐他，不要让朕失望。"随后金世宗又对深得自己信任的枢密使徒单克宁说道："在朕出巡期间，如果国家遇到意外事件，爱卿要及时过问。千万不要疏忽细微之事，等到小事发展起来，就很难控制了。"金世宗最后又对六部的官员说道："朕听说尚书省和六部经常因为收到的公文存在小错误就全盘否定，你们这样做是为了自己行事方便。从今天开始，应该施行的政策就要立马施行，应该停止的政策也要第一时间停止，不要让下面的官员认为你们这些上级不办实事。"一切交代完毕，金世宗正式北上巡幸。

金世宗的行程十分紧密。大定二十四年（1184）四月，金世宗途经广宁府抵达自己曾长期居住的东京辽阳府。在东京驻留期间，金世宗拜谒了母亲李氏的寝园孝宁宫，随后继续前行，很快来到混同江边，心情愉悦的金世宗饶有兴致地在江边观看渔民打鱼。五月初，金世宗抵达上京，驻跸在光兴宫。在进入上京后的第二天，金世宗带领诸位皇子和随行的大臣祭祀安放金朝列祖列宗御容的庆元宫。在稍事休整后，金世宗在皇武殿设宴款待生活在上京的宗室亲族。金世宗对到场的宗室亲族说道："朕长期思念故乡，现在总算达成夙愿，内心十分痛快，大家一定要开怀畅饮，我们君臣同乐。"参加宴饮的宗室亲族深受金世宗感染，觥

世章之治：盛世下的危机

筹交错之间全都带有醉意，一些人开始翩翩起舞。直到夜间，这场宴会才结束。

从大定二十四年（1184）六月到十二月，金世宗都在上京，但金世宗并不是一直待在上京城内，而是时常到上京周边游览或者行猎。在六月的某一天，金世宗来到完颜部兴起之地——按出虎水。金世宗先在按出虎水旁边的临漪亭游览观光，次日又来到按出虎水附近的绿野淀检阅军马的饲养情况。在七月，金世宗前往上京附近的勃野淀行围打猎。在十月和十二月，又两次出城行猎。金世宗想到自己的巡幸难免给上京一带的百姓带来麻烦，因此在八月下诏免除上京百姓当年的市税。

时间很快来到大定二十五年（1185），金世宗已经在上京待了整整8个月，随行的一些扈从人员开始劝金世宗返回中都。虽然金世宗意犹未尽，但也知道距离返程的日子不远了。在正月初三，金世宗在光德殿再次招待随行的妃嫔、亲王、公主、文武随从官员以及上京本地的宗室、宗妇和五品以上有封号的妇女。参加这次宴会的多达700余人，金世宗对这些人都有奖赏。在大定二十五年（1185）二月，根据女真传统，金世宗来到上京附近春水之地。直到四月，金世宗才从春水之地回到上京城内。

第四章　盛世基业谁人继

此时距离开中都已一年有余，金世宗不得不做回程的打算。在离开上京前，金世宗又展开了一系列活动，以宣传祖宗的创业伟绩、弘扬女真人的传统文化。四月初十，金世宗到皇武殿击球，允许上京士民观看。当天，上京一带人头攒动，大家都想目睹之前被女真人誉为"骑射第一"的金世宗的风采。次日，针对上京一带人口较少的情况，金世宗下诏在速频、胡里改两路猛安中选拔30个谋克组成3个新的猛安，迁移到率督畔窟一带充实上京人口。为了安抚上京官民，金世宗还特赦上京罪犯，免除当年租税，70岁以上的百姓还得赠一级官阶。为了更好地管理上京宗室，金世宗又任命一名会宁府官员兼任大宗正丞，负责处理上京一带宗室的事务。

在临行前两天，依依不舍的金世宗再次在皇武殿宴请上京的宗室和宗妇。金世宗宣布三代以内的亲属全都赐官三阶，四代亲属全都赐官二阶，五代亲属则赐官一阶，对于年纪大且血缘关系近的宗室，更直接加封为宣武将军。对于宗室中的女子，金世宗同样根据亲疏远近予以不同规格的赏赐。在这次宴会上，金世宗感慨道："朕喜爱上京的风土人情，每当有人奏请返回中都，朕都感到悲伤，毕竟这里是祖宗世代生活的故土，朕实在不忍心离去。在朕百年之后，要把朕的御容安放在太祖皇帝的旁边，你们

世章之治：盛世下的危机

千万不要忘记朕的嘱托。"酒过三巡之后，金世宗再次动情地说道："其实朕平时不怎么饮酒，今天却特别想一醉方休，因为这种欢乐属实难得。"听到金世宗的肺腑之言，在场的宗室、宗妇以及随行的大臣依次站起来向金世宗敬酒。

金世宗又说道："朕在上京也有一段时间了，却没见到有人能用女真语歌唱，今天朕率先为大家歌唱一曲。"随后金世宗命令坐在殿下的低辈分宗室都来到殿上就座，一起听自己吟唱。金世宗所唱大致是诉说先祖创业艰难，后来人继承事业不易，当唱到"如今想到祖宗，仿佛就在眼前"一句时，金世宗不由得有些哽咽。等到歌唱完毕，金世宗已是泪流满面。见到金世宗如此动情，随行的右丞相、金世宗的女婿乌古论元忠连忙带领群臣和宗室向金世宗敬酒，齐声祝愿金世宗长寿安康。在金世宗的带动下，在场的诸位宗妇也开始歌唱女真歌曲，整个宴会就像是百姓家的私宴一样其乐融融。金世宗逐渐生出醉意，又弹唱了一曲，直到第二天日出，宴会才结束。

虽然心有不舍，但离别之日还是如期而至。上京的宗室亲族全都来到城外为金世宗送行，并举行了隆重的送别仪式。金世宗对大家说道："朕一直思念故乡，本想在上京再待上一两年。无奈京师是天下的根本所在，朕实在不能长期远离那里。如今国家

第四章 盛世基业谁人继

太平日久，已经很长时间没有征发过徭役，你们中的很多人也因此养成了奢侈放纵的习惯，以致一些人已经很贫困，朕对此十分痛心。今后你们要遵守祖宗旧俗，崇尚节俭，不要忘记祖先创业的艰难。"说罢，金世宗又流下眼泪，在场的宗室亲族也都被金世宗的话打动，纷纷流着泪告退。此次北上忆旧俗的政治活动至此落下帷幕。

在返程途中，金世宗仍是兴致不减，边走边访求故老。金世宗在辽河边遇到一位已经120岁的女真老人，金世宗和他交谈，见到老人仍记得金太祖开创国家的往事，金世宗十分开心，令手下赐给老人食物和布帛。在大定二十五年（1185）五月二十日，金世宗一行来到天平山好水川，此地风光极佳，金世宗决定暂歇几日。未承想，在好水川仅仅待了一个月，中都城却有噩耗传来。在六月初九，留守中都的皇太子完颜允恭因病去世，消息在十日后传至金世宗行营。金世宗闻讯大惊失色，连忙派左宣微使唐括鼎赶往中都，代表自己祭奠皇太子。经历"白发人送黑发人"的金世宗一时之间竟有些不知所措，他没想到自己精心培养的皇储竟然在自己之前去世，未来自己要把国家交给谁呢？国家的未来又要走向何方呢？带着这些忧虑，金世宗继续向中都进发。

世章之治：盛世下的危机

在九月初五，金世宗回到中都，在熙春园祭奠皇太子。此刻金世宗思绪万千，不由得想起皇太子完颜允恭过往的点点滴滴。

二、皇太子允恭

皇太子完颜允恭是金世宗的次子，也是金世宗唯一被养育成人的嫡子。完颜允恭的亲生母亲是金世宗的结发之妻——明德皇后乌林答氏。在金熙宗皇统六年（1146），完颜允恭出生于东京辽阳府。完颜允恭的女真名是胡土瓦，在大定四年（1164）四月，被金世宗赐名允迪，八年（1168）正月，改赐名允恭。完颜允恭自小就得到良好的教育，被人称赞体貌雄伟、孝友谨厚。

在金世宗即位称帝时，完颜允恭年仅16岁，被金世宗封为楚王。但金世宗赋予了完颜允恭开府置官的职权，已经视其为皇太子的不二人选。果然，在大定二年（1162）五月，金世宗册立17岁的完颜允恭为皇太子。对完颜允恭满怀期待的金世宗在册礼当天语重心长地叮嘱完颜允恭道："根据礼法，嫡子最为尊贵，所以朕册立你为皇太子。日后你要友爱兄弟、尊敬百官，不要因

第四章 盛世基业谁人继

为自己身居皇储之位就生出骄傲慢待之心。你每天都要勤勉学习，不可有丝毫懈怠。"完颜允恭连忙向金世宗道谢，表示自己不会让金世宗失望。

自此以后，金世宗更加不遗余力地抚育、教导允恭。金世宗曾在到东宫看望允恭之际对其说道："我儿身居储君之位，朕现在做的一切都是在为你谋划，想让你即位后不再费心经营。朕只希望你不要忘记我们祖先纯朴的风俗，好好提高自身的修养，学会做到赏罚分明。这样的话，你就是孝子了。朕记得唐太宗曾对当时还是太子的唐高宗说过：'我征讨高句丽没能成功，你要继承我的事业。'朕不会把类似的事情给你留下。在辽末的时候，百姓都爱戴天祚帝的太子，天祚帝竟然嫉妒自己的儿子而将他杀害，这是什么道理啊？太子能够得到官民爱戴是一件好事，天祚帝这样行事，最终灭亡也在情理之中。虽然唐太宗是公认的有道之君，但他却对唐高宗说过这样的话：'你对李勣没有恩惠。如今我找个理由将李勣贬黜，等我去世后，你再授予他宰相的职位，李勣就会誓死效忠你。'身为一国之君，怎么能用这种诡计？就算平常人受到别人父亲的恩惠也会尽心报答，朕统御臣下可都是以诚相待。"完颜允恭感受到金世宗的用心良苦，更加认真学习。

世章之治：盛世下的危机

金世宗主要培养完颜允恭提高个人道德、养成节俭作风、熟悉女真语言文字和女真习俗以及学习儒家经典。对于前三点内容，我们之前都曾提及，下面主要看金世宗对完颜允恭的儒学教育。完颜允恭自小就对儒学经典兴趣浓厚，经常和一些饱学之士在承华殿讲习学问。在闲暇之时，完颜允恭也是手不释卷，甚至废寝忘食，直到深夜仍在读书。遇到不理解的字词，完颜允恭还会随时标记出来，第二天再向府中的儒臣请教。

金世宗为完颜允恭挑选了很多学问好、品德高的老师和属官。在听说大儒郑松在同知博州防御事任上退休后，金世宗立刻任命郑松为左谕德，让他引导皇太子读书和日常行为。金世宗的选择十分正确，郑松时刻谨记自己身为谕德的职责，及时纠正完颜允恭的行为规范。完颜允恭有一次很随意地让郑松帮他把服带递过来，郑松说道："臣忝居谕德，不能接受这个命令。"完颜允恭立刻认识到自己的错误，从此对郑松更加尊敬。完颜允恭的老师还有刘仲诲，刘仲诲先后任太子詹事、太子少师，在东宫辅佐完颜允恭长达15年。在这一期间，刘仲诲经常规劝警示允恭，制止允恭的不当行为，完颜允恭对刘仲诲也是十分尊重。金世宗还任命德高望重的皇叔完颜宗宪为太子太师，嘱托完颜宗宪说："爱卿是年长的国家旧臣，经历的事情非常丰富，如今皇太子年纪小,希望您好好教导他。"可见金世宗对完颜允恭期待极高,对他身边的老师和属官都是精挑细选。

在金世宗的关注和督促下,完颜允恭的学识和能力都有了长足进步。在大定十年(1170)八月,允恭在承华殿听老师们讲解经籍,在场的太子太保寿王完颜爽建议道:"殿下如今很不熟悉女真语言,为什么不把身边的汉人官员都换成女真人呢?"完颜允恭回答道:"目前我身边的谕德、赞善以及侍从官都是由汉人担任,他们尽职尽责、毫无过错,我怎么能把他们随意换掉呢?"完颜爽意识到自己失言,赶忙拱手施礼道歉。完颜允恭继续说道:"在东宫之内,有四个重要职位,就是左右谕德和左右赞善,他们负责教导我弃恶从善,人选非常重要,随意更换人员是缺乏远见。"

完颜允恭的成长和进步被金世宗看在眼里,因此金世宗开始允许允恭参政议政,完颜允恭甚至在金世宗的许可下参与讨论一些国家大事。比如在大定十二年(1172)五月,金世宗得知德州防御使完颜文有意谋反,召集百官一起讨论如何处理。金世宗对众人说道:"朕真心对待亲人,完颜文怎么还有谋反的企图?"参与讨论的完颜允恭对金世宗说道:"儿臣听说叔父完颜文一向荒唐放纵,沉迷于享乐,而且他也没有子嗣,如今却突然有了谋反之心,其中可能存在隐情,希望父皇多加调查。"由此可见完颜允恭已经具备独立思考的能力和谨慎小心的处事风格。

在大定二十二年(1182),完颜允恭还上书建议削去海陵王完颜亮父亲完颜宗干的帝号。完颜允恭在奏章中写道:"海陵王弑杀闵宗(当时金熙宗的庙号还是闵宗),盗据国家多达12年。当时海陵王追封他的父亲为皇帝,现在海陵王已经被废为庶人,怎能继续存留他父亲的帝号呢?父皇之所以一直没削去完颜宗干的帝号,是考虑到完颜宗干为国家立有大功,然而完颜宗干要是知道海陵王的所作所为,想必也不想要这个帝号。儿臣请求削去完颜宗干的帝号,恢复他旧有的封号,以正视听。"金世宗认可完颜允恭的建议,下令削去完颜宗干的帝号,仍封其为辽王。

与金世宗一样,完颜允恭对民间百姓的疾苦也极为关心。曾有朝廷使者从山东回到中都,完颜允恭第一时间向他询问民间百姓最苦恼的是什么事情。使者如实回答道:"对于百姓来说,没钱是最苦的事情。我见到地方官府的库房里满是银钱,甚至堆积不下,只能露天存放,民间却无钱可用,百姓都为此苦恼。"完颜允恭感叹道:"地方上把钱都存在府库里,导致民间没钱,那存再多的钱又有什么用呢?"为了解决这个问题,完颜允恭特地找到户部尚书张仲愈,说道:"我听说古代的天子都藏富于天下,为何单单我们将钱存在府库内?"征求多方意见后,完颜允恭上奏金世宗:"把钱都放在府库内,就如同把铜矿丢弃在荒野一样。儿臣建议制定政策,让府库里的钱流通到民间,这样国家和百姓都能获利。"金世宗认为完颜允恭的提议非常好,让相关部门讨论具体的政策。此外,每当听到地方上出现饥荒,完颜允恭都会第一时间上奏金世宗请求赈济。借着陪同金世宗田猎出巡的机会,完颜允恭还会打探沿途百姓的日常生活情况。

综合来看,作为皇位继承人,完颜允恭参与了金世宗朝的许多国家事务。对此,史家总结道:"无论是金世宗巡幸西京、凉陉,还是拜祭皇陵、祖庙,抑或参观衍庆宫、外出田猎观稼、拜天射柳,皇太子都陪伴在金世宗身边。在祭祀天地时,皇太子或是亲自负责敬天祈福的仪式,或是主持相关典礼。每当国家有喜事,皇太子都会领衔百官向金世宗道贺,在正旦节和万春节,也都是由皇太子带领群臣向金世宗献贺词。"由此可见,完颜允恭在金世宗治国理政期间发挥了不可替代的作用。

从性格上来看,完颜允恭也和金世宗类似,待人处事体现着仁慈宽厚。完颜允恭曾处理过以下几个案件:一是梁檀儿盗金银叶案,二是李福兴盗缎匹案,三是家令本把盗银器案。依

世章之治：盛世下的危机

照金律，以上三人都应处死。但完颜允恭认为人命大于天，决定从轻处理，最终分别以梁檀儿的母亲年迈、李福兴案发赶上明德皇后下葬、家令本把案发赶上金世宗生日为由，保全了三人性命。

还有几件事可以彰显完颜允恭的宽厚品格。一是在将明德皇后乌林答氏改葬到坤厚陵时，金世宗的其他已故嫔妃也都一起合葬。按照规定，灵柩车队全都从磐宁宫出发，且明德皇后的灵车应该最先出发。然而，作为金世宗庶长子的完颜永中却抢先让亲生母亲张元妃的灵柩出发，并让打黄伞的人在前面作为向导。在张元妃的灵柩出发后，明德皇后的灵柩才从磐宁宫出发。完颜允恭大声呼唤在前面打黄伞的人停下，但没有得到回应。在葬礼过后，少府监张仅言想把这件事上奏给金世宗，完颜允恭却说："或许只是打伞的人弄错了顺序，就别再追究了。"

二是允恭虽然十分擅长骑射，但他从不滥杀生灵。完颜允恭曾在金世宗的指示下去祭祀先祖陵寝，按照程序，要先射杀猎物作为祭品。弓马娴熟的完颜允恭很快就射杀一只麋鹿，完颜允恭没有继续射猎，而是立刻结束，他对身边人说道："只要猎物足够用来祭祀就可以了。"

三是在大定十七年（1177）五月，完颜允恭在常武殿陪同金世宗饮宴。席间，典食令涅合向完颜允恭进献了一碗粥，完颜允恭刚要品尝，却发现粥碗中有一只蜘蛛。涅合见状恐惧失措，连忙跪下谢罪。完颜允恭毫不在意，从容地安慰涅合："蜘蛛悬空吐丝，碰巧掉到我的碗中而已，这怎么能是你的罪过呢？"

完颜允恭不仅宽厚待人，还时刻谨记金世宗的教诲，奉行孝悌之道。比如大定十四年（1174）四月，金世宗在垂拱殿和包括完颜允恭在内的众多儿子聊天。在谈到应该如何处理与兄弟、与妻子的关系时，金世宗说道："听信家中妇人的话而导致兄弟不和的事情很多，你们要引以为戒。"完颜允恭回应道："儿臣记得《思齐》这首诗说：'在家中给自己的妻子树立榜样，继而推广到兄弟，就可以治理好一家一国。'儿臣等人虽然都比较愚昧，但也愿意互相鼓励，争取做到诗中描述的那样和谐。"接着完颜允恭又讲述了周公在《棠棣》一诗中描绘的兄弟之情和自己的兄弟共勉。

另如在大定十九年（1179）十一月，金世宗将明德皇后乌林答氏改葬于大房山坤厚陵，为尽孝道，完颜允恭亲自牵引灵车。没想到路途中突降大风雪，完颜允恭的侍从赶忙打开雨具，准备为完颜允恭遮挡风雪，但均被完颜允恭拒绝。等到达坤厚陵时，完颜允恭的衣服已经被雪水浸透。看到此情此景，人们都被完颜允恭的孝心感动。

完颜允恭还听从金世宗的嘱托，对朝廷大臣以礼相待。比如在大定十九年（1179）四月，新上任的太子詹事乌林答愿来到东宫拜见完颜允恭。完颜允恭连忙让身边人取来幞头和腰带，这些人都很惊讶，对完颜允恭说道："殿下，这是接见宰相和太子老师的礼节啊。"完颜允恭解释道："乌林答愿长期侍奉皇帝，是国家的老臣。因此我要隆重地接见他，表达我对他的敬意。"左右侍从纷纷点头，表示完颜允恭思虑周全，非常人能及。

这样一位虚心学习、性格宽厚、谨守孝悌的皇太子，自然深得金世宗欢心。作为完颜允恭的父亲，金世宗也十分关心完颜允恭的日常生活和身体情况。从大定二年（1162）开始，每当完颜允恭的生辰之日，金世宗都会举行隆重的庆祝仪式。一般情况下，百官会在承华殿向完颜允恭祝贺，金世宗则会赐给完颜允恭一些物品，之后或是在仁政殿设宴，或是金世宗亲自到东宫摆宴。每次宴会上，金世宗都会邀请一些皇族成员和朝廷官员一同参加。

然而，金世宗也有忧心的事，这就是完颜允恭的身体始终不太好，每到天气炎热的夏季经常生病。在大定七年（1167）夏，完颜允恭感觉身体不适，金世宗连忙派尚书左丞兼太子少师完颜

第四章 盛世基业谁人继

守道进奉汤药,并让完颜允恭徙居到环境清凉的琼林苑临芳殿居住,专心调养身体。大定九年(1169)五月,金世宗考虑到中都天气越来越热,担心完颜允恭的身体再次出现问题,便让完颜允恭到草泺一带避暑。允恭并不想离开中都去避暑,他对金世宗说道:"父皇让我远离朝廷,独自到清凉之所休养,这让儿臣内心十分不安。"金世宗则说道:"你身体羸弱,山后之地清凉,不像中都这般炎热,因此朕让你去那里休息一段时间。"体会到金世宗的用心良苦,完颜允恭便听从安排,整个夏天都在山后的草泺居住。在完颜允恭身处草泺期间,金世宗仍十分关心他的情况,时常派官员到草泺询问完颜允恭的日常生活和身体状况。等到八月,天气逐渐转凉,完颜允恭才从草泺回到中都。在完颜允恭拜见金世宗时,金世宗非常开心,对完颜允恭说道:"朕一整个夏天都没见到我儿,真是十分思念。"

正是基于对完颜允恭的信赖和喜爱,金世宗才在北巡上京期间放心地将国家交给他。在出发前,金世宗曾对完颜允恭说:"除了派遣使臣、国家祭祀、事关五品以上官员以及一些棘手的事情,其他事情你都可以全权处置。"对于金世宗的安排,完颜允恭内心还是有些忐忑,诚恳地对金世宗说道:"儿臣入主东宫已经20多年,在这期间犯了很多错误,父皇念及母后的情分没

世章之治：盛世下的危机

有责怪我。儿臣愚钝蒙昧，难以承担守国的重任，希望能够追随父皇巡幸上京。"金世宗说道："平民百姓养育儿子都盼望能在年老后得到助力，朕也一样啊。朕会把太尉、左右丞、参政这些大臣留在中都辅佐你，他们都是国家的老臣，你可以和他们商议国事。而且处理政务也不难，只要你用心公正，不听信谗言，一个月就能得心应手。"

在守国期间，完颜允恭继续以往的行事风格，称得上是尽职尽责、小心谨慎。完颜允恭每3天就要在集贤殿听取尚书省上奏一次，在金世宗前往上京的途中，还每20天就派人北上询问一次金世宗的情况，在金世宗驻留上京期间，则会每30天派人询问一次金世宗的情况。完颜允恭继续谨慎地对待刑名案件，他对留守中都辅佐自己的徒单克宁说道："皇帝在外巡幸，把国事交给我。在所有事情中，刑名之事最为重要，因为这牵连到人的生死。遇到有争议的案件，要秉公处理。在皇帝回朝之前，不能有任何懈怠。"从此以后，凡是尚书省上奏的刑名案件，完颜允恭都亲自审查批阅，并召见相关人员仔细询问其中原委，甚至处理到深更半夜也不休息。

在守国期间，完颜允恭还加强了对身边侍从人员的约束。早在完颜允恭守国之前，东宫的侍从经常跟随完颜允恭到皇宫中的

第四章 盛世基业谁人继

芳苑散步,以至于后来东宫侍从出入宫禁都不会遇到阻拦。如今这些人见到金世宗不在中都期间是由完颜允恭监国,内心都很得意。完颜允恭知道后警告这些人:"我以前在东宫,没有亲自处理国家大事,每天都和你们聊聊天,所以相处得很随意。如今我既然已经承担守国的重任,你们就不能随便进出皇宫重地了,只有在得到我的许可后才能进入。"之后又有侍从向完颜允恭报告说瑶池的莲花绽放,建议设宴庆祝,完颜允恭训斥道:"皇帝巡幸上京,让我来守护国家,我怎能沉迷于宴饮游乐而荒废政事呢?"

虽然父子二人相隔数千里,但金世宗和完颜允恭都时刻挂念着对方。身在上京的金世宗始终不放心完颜允恭的身体,忧心初担大任的完颜允恭出现问题,因此在大定二十四年(1184)五月,才离开中都一个月的金世宗就专门派人回中都叮嘱完颜允恭道:"你如今虽担负守国的责任,但也要保重身体。现在又到了天气炎热的夏季,你要多加注意,不要让朕为你担心。"完颜允恭也很思念金世宗,大定二十四年(1184)七月,才守国3个月的完颜允恭就派儿子麻达葛前往上京问候金世宗,恭请金世宗早些返回中都。大定二十五年(1185)二月,完颜允恭再次派麻达葛到上京向金世宗祝寿,请金世宗早日回朝。

世章之治：盛世下的危机

天公不作美，金世宗担心的事情最终还是发生了。大定二十五年（1185）的夏季极其炎热，勤于国事的完颜允恭疏于休息，突然病倒。在六月初九，守国一年有余的完颜允恭因病早逝。完颜允恭去世的消息传到金世宗耳中的时候，金世宗还在好水川驻留。得知噩耗后的金世宗如遭遇晴天霹雳，悲痛欲绝，追随在金世宗身边的亲王、百官、皇族、命妇和侍从护卫也都痛哭流涕。身为一国之君，金世宗用尽全力强迫自己平静下来，开始安排善后事宜。一时无法接受噩耗的金世宗甚至一度怀疑是同样留守中都的长子完颜永中害死了完颜允恭，因此让完颜永中立即北上和自己会合，同时改派豳王完颜永成为中都留守，负责筹办完颜允恭的丧事。为了防备有人趁机伤害皇孙麻达葛，金世宗还派滕王府长史再兴、御院通进阿里剌以最快的速度赶回中都保护麻达葛。

在九月初五，金世宗赶回中都。十一月，完颜允恭被下葬到大房山皇陵内。金世宗曾想给完颜允恭加帝号，询问群臣是否合适。翰林修撰赵可说道："唐高宗的时候曾经追谥太子李弘为孝敬皇帝。"但左丞张汝弼说道："这是武则天一手促成的。"金世宗考虑再三，最终没有追谥完颜允恭帝号。直到金章宗即位，才追谥父亲完颜允恭为体弘仁英文睿德光孝皇帝，庙号显宗，祔于

第四章　盛世基业谁人继

太庙。事实上，完颜允恭的早逝不仅令金世宗痛心疾首，也让官民百姓倍感悲伤。由于完颜允恭长期居储君之位，又宽厚爱民，因此深得爱戴。在完颜允恭刚刚去世后的几天内，每天都有侍卫和军士争抢着到完颜允恭灵前痛哭，趴在承华殿下啼哭的人更是数不胜数。进不去皇宫的中都百姓都在店铺和马路两端设立灵位，自发祭奠完颜允恭。

长远来看，完颜允恭的早逝确实在一定程度上改变了金朝历史的走向。对于金世宗来说，完颜允恭是自己唯一的嫡子，是储君的不二人选。在完颜允恭去世后，是在其余的儿子中再选一个储君，还是在完颜允恭的儿子中册立皇太孙，年过六旬的金世宗必须尽早作出决定。对于普通民众来说，完颜允恭的早逝更是留下无尽的遗憾。在金朝灭亡后，士人刘祁专门写了一篇名为《辨亡》的文章讨论金朝灭亡的原因。刘祁在里面写道："宣孝太子完颜允恭有超出其他人的智慧见识，喜欢读书、写文章，有改变女真旧制、效仿北魏孝文帝全盘接受中原制度的意愿。可惜上天不保佑金朝，完颜允恭早早去世，没能承继金世宗的皇位。"刘祁甚至作出了一个大胆的历史假设："如果在金世宗以后是宣孝太子完颜允恭即位，那么金朝一定会更加深入地推行汉化改革，金朝也就不会这么快灭亡。"可见刘祁对完颜允恭的早逝充满遗憾。元代史臣在修《金史》时也对完颜允恭的早逝表达了惋惜,说道:"显宗完颜允恭孝敬父母、团结兄弟,和所有人都能和睦相处,他在东宫25年,从未犯过错误。可惜上天没有给他寿命,这真是让人感到惋惜的事情。"

刘祁认为完颜允恭倾向汉化确实有一定道理。虽然金世宗提倡女真旧俗,力图重振女真传统文化,但从历史走向来看,女真人的汉化是不可避免的趋势。在这种情况下,金世宗诸多挽救女真旧有传统的政策均不合时宜,反而激化了女真人与汉人之间的矛盾。完颜允恭虽处处效仿金世宗,但在对待汉文化方面,却不像金世宗这般纠结,而是主张顺应时势发展,不强行改变女真人的汉化趋向。

完颜允恭自身的儒学素养也达到了很高的水平,得到众多文人士大夫的认可。比如刘祁评价完颜允恭喜好文学艺术,擅长作诗和绘画,所画的人物和马匹尤其精致。元代的王恽则夸赞完颜允恭和金世宗是两位真龙,完颜允恭在承华殿的画作展现了"大定之治"时期的承平景象:"大青小青两龙种,承华墨戏真天人。春思欲见升平事,立仗归来不动尘。"对于允恭所画的《竹》和《三教晤言图》,王恽同样赞赏有加:"监国抚军仁孝在,不应游艺较萧郎";"承华宸翰日重光,大定声明有父皇。若以抚军监国论,长沙书疏未容忘"。

称颂完颜允恭画作的元朝人还有胡祗遹、刘因、卢亘和柳贯。胡祗遹曾作《题显宗墨竹》一诗:

抚军监国富才贤,大定承平三十年。
忠孝心如贯霜竹,一枝和露染秋烟。

刘因也作诗《金太子允恭墨竹》称赞道:

天人与竹皆真龙,墨竹以来九马空。
人间只有墨君堂,何曾梦到琼华宫。
瑶光楼前月如练,倒影自有河山雄。
金源大定始全盛,时以汉文当世宗。
兴陵为父明昌子,乐事孰与东宫同。
文采不随焦土尽,风节直与幽兰崇。

卢亘亦作有《题金显宗墨竹》一诗:

天人赋物如天工,墨光洒竹回天容。

世章之治：盛世下的危机

> 千年劲玉寒不死，清波照响悲吟龙。
> 烟凝草绿承华殿，鬼冷秋霜月如练。
> 长毫写影竹不知，子夜歌残空记面。

就连精于鉴赏的著名书画家、身为"儒林四杰"之一的柳贯也对允恭的《竹》不吝赞美之词，在《题金显宗墨竹》一诗中说道：

> 海润星辉大定年，生绡笔笔写苍烟。
> 若为梦里筼筜谷，直到洋州雪筱边。

由此可见允恭的绘画水平确实已达到一定高度。

不过，也有人根据完颜允恭倾向汉化提出一个观点，即提倡女真旧俗的金世宗与亲近汉文化的完颜允恭存在政治路线矛盾，以致金世宗一度有意改立皇太子，甚至纵容其他皇子争夺皇储之位。但这大概率是一种偏离事实的"阴谋论"。因为无论是从血统上看，还是从能力上看，完颜允恭都是金世宗心目中无可取代的储君人选。也正因如此，失去完颜允恭的金世宗才会陷入困苦之中，毕竟储君关系到国家的未来。那么，已经快走到人生终点的金世宗究竟会如何抉择呢？

三、册立皇太孙

除了完颜允恭和早年夭折的赵王孰辇、越王斜鲁外，临去世前的金世宗还有健在成年的儿子，即元妃张氏所生的完颜永中、完颜永功，元妃李氏所生的完颜永蹈、完颜永济、完颜永德，昭仪梁氏所生的完颜永成和才人石抹氏所生的完颜永升。金世宗的这些儿子都十分出众，年纪较长的完颜永中和完颜永功更是具有丰富的政治经验。

完颜永中是金世宗的庶长子，女真名是实鲁剌。在金世宗即位后，完颜永中被封为许王；大定七年（1167），晋封为越王；十一年（1171），又晋封为赵王。在职位方面，大定五年（1165），完颜永中被金世宗授予大兴尹的职位，成为中都所在地大兴府的地方长官。在大定十三年（1173），完颜永中更被授予枢密使的要职，掌管国家军事。可见金世宗十分信任完颜永中，也有意培养完颜永中成长为国家股肱。

然而，身为庶长子的完颜永中在性格上却存在弱点，一贯喜欢抢风头。比如之前我们曾提到过，完颜永中曾在改葬明德

世章之治：盛世下的危机

皇后乌林答氏之际抢先让自己的生母张元妃的灵车先行，若不是完颜允恭大度，完颜永中免不了要被金世宗斥责甚至处罚。在大定二十一年（1181），金世宗令完颜永中卸任枢密使，改判大宗正事。长期担任枢密使的完颜永中一时难以接受，竟然表现出不满。幸亏完颜允恭及时劝说，完颜永中才没有继续胡闹，完颜允恭说道："大宗正府长官历来是在皇帝亲近的人中选出，这是一个清闲职位。我们贵为皇子，怎么能计较担任的职位是清闲还是紧要呢？"完颜永中听到完颜允恭这番话，方转忧为喜。

基于对完颜永中的信任，金世宗在巡幸上京的时候把完颜永中留在中都辅佐完颜允恭处理政务。在完颜允恭派儿子麻达葛北上给金世宗请安时，同时派去的还有完颜永中的儿子石古乃。见到完颜允恭和完颜永中这兄弟二人如此和谐，金世宗很是欣慰，说道："皇太子从小就孝悌友爱，因此他们兄弟之间互敬互爱。"但完颜允恭的去世无疑给金世宗和完颜永中的关系蒙上一层阴霾，金世宗甚至怀疑完颜允恭的突然离世是同在中都的完颜永中做的手脚，这才第一时间将完颜永中召到自己身边，改派曹王完颜永功返回中都看护完颜允恭的儿子。不过经过调查，金世宗最终排除了完颜永中害死完颜允恭的嫌疑，开始重新重用完颜永中,大定二十六年(1186),完颜永中再次被授予枢密使的职位。

相较于完颜永中的高调,他的胞弟完颜永功较为内敛,同样深得金世宗的信任。完颜永功本名宋葛,生于海陵王贞元二年(1154)。完颜永功自幼沉默寡言、不苟言笑,不过勇猛健壮异于常人。在金世宗的教导下,永功学习书法和历史,对书法和绘画也有浓厚的兴趣。在大定四年(1164),刚刚11岁的完颜永功被金世宗封为郑王;大定七年(1167),晋封为隋王;大定十一年(1171),又晋封为曹王。在大定十五年(1175),22岁的完颜永功被授予刑部尚书的职位,开始参与政务。金世宗对完颜永功的期待很高,对初入政坛的完颜永功说道:"按辈分来说,刑部侍郎张汝霖是你的舅舅,你要跟着他好好学习怎么处理政事。"

虽然完颜永功不爱张扬,但对一些事也有自己独到的见解。有一次金世宗前往金莲川,但刚出中都就发生两名负责照顾随驾扈从亲军的苍头纵马破坏民田之事。一向重视农业的金世宗十分不悦,对完颜永功说道:"把这两名苍头各打100杖,弹压、百户疏于管理,全都免职。"完颜永功对此有不同的认识,他上奏道:"父皇的亲军一般只有一名苍头和两名弹压服侍,每天都很辛苦。儿臣冒死请求父皇收回成命，降低对苍头的处罚，让弹压暂时免于处罚，可以让他们赔偿损毁的庄稼。乞求陛下怜悯、详查。"金世宗沉吟片刻，均予以批准。

在担任刑部尚书期间，完颜永功还曾处理过一件疑案。有一名老妇和儿媳妇在道旁休息，趁着老妇不注意，儿媳妇和情人偷偷溜走。老妇发现儿媳妇失踪后很着急，到处打听儿媳妇的行踪。有人告诉老妇："刚才看到有年轻的女子从河边的小路过去了。"老妇便把这条消息告诉了当地的伍长。正巧附近有一名男子刚刚违反律令杀牛，正拿着沾满牛血的利刃，见到伍长带着一行人路过，这名男子以为自己杀牛事发，匆忙逃走。但他鬼鬼祟祟的举动已经被伍长发现，伍长见他手持带血利刃，怀疑是他杀掉了老妇的儿媳妇，便将他逮捕送到县衙。

男子开始不承认自己杀人，县令下令动刑，男子抗不过酷刑，只得承认杀人罪。县令询问尸体被藏匿在什么地方，男子胡编道："我把尸体扔到河里了。"没想到衙役还真从河中打捞出一具已经腐烂一半的女尸。见证据确凿，又有男子的招供，县令和衙役都坚信此案已破，便将审理的文件上呈到刑部。完颜永功看到文件后却心生疑窦，询问道："这名女子才失踪几天啊，打捞上来的尸体却已经腐烂一半。"因此下令重新调查。不久后，那名老妇在儿媳妇情人的家中发现了她，此案才真相大白。如何善后又成为难题。完颜永功说道："被诬陷杀人的男子虽然是因被怀疑杀人入狱，但他遭受拷打也不冤枉，这是对他杀牛的惩罚。"

由于完颜永功进步神速，金世宗在大定十八年（1178）任命完颜永功为大兴尹。在大兴尹任上时，完颜永功公正廉明，打击不法行为。武清县的黄氏家族和望云县的王氏家族都是地方豪强，多有奸猾不法的行为，完颜永功调查他们的罪行，使得地方上恢复太平景象。

完颜永功治理地方效果不俗，因此在大定二十三年（1183）改任东京留守，不久又改任河间尹、北京留守。然而，远离中都的完颜永功却失去了以往的锐气。金世宗听说完颜永功到北京后不好好处理政务，非常生气，对宰相大臣说道："虽然永功是朕的儿子，但他要是真的犯错，朕也不会姑息纵容。朕已经派人前去劝诫永功，你们也要派人警告永功的长史，让他时刻提醒永功。"在担任北京留守7个月后，完颜永功又改任东京留守。此时金世宗已经北上巡幸上京，途中路过东京，完颜永功便跟随金世宗一起北上。在返程途中听闻完颜允恭去世的消息后，金世宗在将完颜永中召到身边的同时，令完颜永功快马加鞭前往中都，

世章之治：盛世下的危机

负责筹划完颜允恭的葬礼并保护皇孙。可见金世宗极为信赖完颜永功的人品，才在非常时期予以重任。

在金世宗回到中都后，完颜永功被任命为御史大夫，不久后又改判大宗正事。一向内敛的完颜永功此时却犯了错误，完颜永功与一名应州的僧人有交情，这名僧人想要对彰国军节度使移剌胡剌诉说一些事情，便请永功给移剌胡剌写了一封书信作为引荐。移剌胡剌接到书信后担心背负外臣结交皇子的罪名，将此事上奏金世宗。金世宗对宰相大臣说道："永功有事嘱托移剌胡剌，因此给移剌胡剌写了一封书信，这虽然是一件小事，但朕不能不惩处他。如果因为犯的过错小就不整治，很可能以后就会酿成大错。只有及时作出惩罚，他们才能改过自新，这也是给他们一些教训。"于是完颜永功被解除职务，居家反省。

完颜永蹈、完颜永济、完颜永德的生母是李元妃。李元妃是金世宗能够登基称帝的大功臣，也是金世宗的舅父李石的女儿。所以在金世宗始终没有立皇后的情况下，李元妃在金世宗的诸多嫔妃中地位最为崇高。在李元妃所生三子中，完颜永蹈最年长。完颜永蹈，女真名是银术可，在大定十一年（1171），被金世宗封为滕王，很快又晋封为徐王。在大定二十六年（1186），完颜永蹈被授予大兴尹的职位。完颜永济，女真名是兴胜。完颜永济身材高大，还留有长长的胡须，看起来十分儒雅。在金世宗的教导下，完颜永济自小就崇尚节俭，不喜欢精美的装饰。在大定十一年（1171），完颜永济被封为薛王，当年又晋封为滕王。在大定二十六年（1186），完颜永济被授予秘书监的职位；大定二十七年（1187），转任刑部尚书；大定二十八年（1188），又改任殿前都点检。完颜永德，女真名是讹出。在大定二十七年（1187），被金世宗封为薛王；大定二十八年（1188），担任秘书监。

完颜永成，女真名是鹤野，又名娄室，母亲是昭仪梁氏。完颜永成风度翩翩、姿态优美，且学识渊博，擅长写文章。金世宗十分喜爱完颜永成。在大定七年（1167），金世宗封完颜永成为沈王；大定十一年（1171），晋封为豳王；大定十六年（1176），完颜永成判秘书监；大定十七年（1177），改判大睦亲府事；大定二十年（1180），改任翰林学士承旨；大定二十三年（1183），完颜永成离开中都任定武军节度使；不久后改判广宁府；大定二十五年（1185）金世宗在北巡上京前，完颜永成被召回中都担任吏部尚书。完颜永升，女真名是斜不出，又名鹤寿，母亲是才人石抹氏。在大定十一年（1171），完颜永升被金世宗封为徐王，之后晋封虞王；大定二十七年（1187），永升被授予吏部尚书的

世章之治：盛世下的危机

职位。

由此可见，金世宗在悉心培养皇太子完颜允恭的同时，也没有忽视对其他儿子的教导，他们都从小得到了很好的教育，均具有一定政治才干。完颜允恭去世后，如果金世宗想从儿子中再册立皇太子，庶长子完颜永中和李元妃之子完颜永蹈都有足够的理由脱颖而出。

但金世宗显然另有思忖。自金朝建国以来，皇位承接的过程总是充满意外。虽然金熙宗时期就准备实行以嫡长子继承制为核心的皇位继承制度，且金熙宗和海陵王都分别册立过皇太子，但金熙宗册立的皇太子早夭，海陵王的皇太子在海陵王被弑后也被杀掉，所以嫡长子继承制在金朝的皇位继承过程中一直没能得到践行。如今，以嫡长子继承制为核心的皇位继承制度在金世宗晚年再次遇到挑战。

作为一位帝王，金世宗无疑想让金朝的皇位在自己的后代中世代承袭，因此金世宗不能仅考虑自己之后的皇位继承人是谁，还要考虑如何将皇位继承制度固定下来，以杜绝未来发生动摇自家皇位法统的危机。经过深思熟虑，金世宗最终排除了在自己的儿子中再择储君的可能，而是准备坚守嫡长子继承制——虽然自己的嫡长子去世了，但嫡长子的嫡长子，也就是自己的嫡长孙麻达葛还在。

麻达葛的母亲是完颜允恭的正妻徒单氏,徒单家族与皇室世代联姻。徒单氏的父亲是徒单贞,母亲是完颜宗干的女儿梁国公主。大定四年(1164)九月,在金世宗的授意下,皇太子完颜允恭迎娶了徒单氏;当年十一月,徒单氏被立为皇太子妃。在大定八年(1168),完颜允恭与身怀有孕的徒单氏随金世宗赴金莲川。在徒单氏即将临盆之际,金世宗特意派宣徽使移剌神独斡送给皇太子夫妇名马、宝刀与御膳,下诏说:"太子妃就要生产,朕期盼能够得到皇孙。一旦如愿,就把朕赐予你们的宝刀放在身边,以避邪祟。"几日后,皇孙顺利出生。金世宗倍感欢喜,立即设宴庆祝。金世宗对完颜允恭说道:"祖宗福德保佑,使我有了皇孙,这是社稷的幸事。"随后,金世宗又对身边的司徒李石、枢密使纥石烈志宁等人说道:"朕的儿子虽然很多,但和皇后生育的只有太子一个人。今天嫡孙出生在麻达葛山,朕之前就觉得这个地方平坦通达,所以就给他起名叫麻达葛吧。"金世宗也非常重视对麻达葛的教育,从大定十九年(1179)开始,12岁的麻达葛就开始学习女真语言文字和各种儒家典籍。

如今皇太子去世,金世宗不得不让18岁的麻达葛提前参与政事。这一方面是为了历练麻达葛,一方面也是借机考察麻达葛的能力与品德，以免所托非人。在大定二十五年（1185）十二月，金世宗令皇孙金源郡王麻达葛担任大兴尹，并晋封原王。在接受任命后，麻达葛用女真语向金世宗道谢，金世宗十分开心，也十分感动，对身边的宰相大臣说道："朕曾命令诸位皇子学习女真语，只有原王放在心上，他使用得十分熟练，朕很欣慰。"继而又叮嘱原王麻达葛道："朕知道你年纪还小，而且现在还在守丧，按理说不应该授予你职位，但学习处理政务需要时间，因此朕赋予你治理京畿之地的使命，想看看你有没有能力，你要好好努力。"

麻达葛上任后，金世宗经常向宰相大臣询问麻达葛的表现："原王在大兴府办事怎么样啊？"尚书右丞粘割斡特剌回答道："臣听说中都城的百姓都对原王殿下交口称赞。"金世宗微微点头，说道："朕让人到民间打探过，确实人们都说原王看待问题很明智，处理事情也很稳妥，曹王永功、豳王永成治理中都时的表现都不如原王啊。朕还听说，遇到女真人在公堂上诉事，原王会用女真语询问；遇到汉人诉事，原王就用汉语询问。可见有必要学习女真语，如果不学习女真语，我们女真人的淳朴风气也将荡然无存。"

金世宗对麻达葛身边的人同样是精挑细选。四月，金世宗叮

第四章 盛世基业谁人继

嘱尚书省要选择纯良、谨慎、正直的人担任原王府属官,杜绝玩弄计谋和手段的奸佞之人。在金世宗的关怀下,原王府属官人才济济。比如完颜崇成,完颜崇成原本是皇太子完颜允恭的护卫,在完颜允恭去世、麻达葛受封原王后,完颜崇成又成为原王府祗候郎君。由于为人谨慎小心、办事严守原则,完颜崇成长期在金章宗身边担任护卫长官。再如张暐,张暐博览群书、学识过人。在麻达葛受封原王后,张暐兼任原王府文学。张暐极具儒者风范,在妻子去世后未曾再娶,家中也无姬妾,日常闲暇时就和自己的儿子谈古论今,张暐的家法在当时还成为士大夫竞相效仿的典范。

经过在大兴府的近半年历练后,金世宗决定赋予皇孙麻达葛更重的职权。在大定二十六年(1186)五月,金世宗调整宰执成员,任命司徒、枢密院使徒单克宁为太尉、尚书左丞相,大兴尹原王麻达葛为尚书右丞相,同时赐名为璟。金世宗嘱托徒单克宁辅导完颜璟处理政务,说道:"朕之所以让原王担任宰相,是想让他多参与朝廷议事,逐渐熟悉政事。"

金世宗对完颜璟担任宰相后的情况极为关注,在完颜璟刚刚担任右丞相四日后,金世宗就将他叫到自己身边问道:"你主持政务几天了?"完颜璟回答道:"四天。"金世宗又问道:"做大

世章之治：盛世下的危机

兴尹和做宰相一样吗？"完颜璟回答说："不一样。"金世宗闻言笑着说道："确实如此，大兴尹的事务很细微，也很繁重，在尚书省担任宰相则要统揽全局、考虑周全，所以才会感觉不一样。"又过了几日，金世宗再次对完颜璟说道："皇宫中有天下的地理图，你要时常看一看，了解地理形势和山川险要。"

六月，金世宗又召见完颜璟，对他说道："你读过《太祖实录》吗？当初太祖皇帝征讨麻产，途中遇到一处泥泞之地，马匹陷进去无法动弹，太祖皇帝便舍弃坐骑，步行前进，最终射伤了麻产，将他生擒。祖宗创建基业的艰难由此可见一斑啊，我们这些后来人怎能忘记？"以上种种事例足以表明金世宗对完颜璟满怀期待，金世宗希望完颜璟能够和自己一样，不辱没祖宗的基业。

然而，虽然臣民都清楚金世宗有册立皇太孙的意图，但毕竟金世宗还没有正式下诏。所谓名不正言不顺，一些大臣开始上奏金世宗，建议金世宗尽早册立皇太孙，以免出现意外。大臣说道："如今东宫人选还没确认，这可是与国家社稷安危相关的事。""要是再拖延下去，难免不会出现别有用心之人生出觊觎之心，到时谣言四起，恐怕会给很多人招来无谓的祸端。""储君的位置长期空缺，是祸起萧墙的根源啊。"尤其是左丞相徒单克宁

第四章 盛世基业谁人继

多次向金世宗上奏强调尽快册立皇太孙的必要性。以上言论触动了金世宗,金世宗决定择日册立完颜璟为皇太孙。

大定二十六年(1186)十一月,金世宗昭告天下立完颜璟为皇太孙。完颜璟在庆和殿向金世宗道谢,金世宗说道:"你现在还很年轻,但朕和明德皇后的嫡孙只有你,之前朕让你处理政务,发觉你可堪大任。朕如今册立你为国家储君,这个决定取决于朕,但未来怎么守护国家就要靠你自己了。你要修养德行,远离奸佞,不要让朕失望、让国民失望。"

再次确立继承人后,金世宗认识到自己已经处于人生的最后阶段,因此加大对皇太孙的培养力度,希望能在自己去世前培养出一位真正合格的接班人,完颜璟也进入到一段勤学苦练的阶段。在大定二十八年(1188)三月,金世宗在庆和殿接受百官对自己66岁诞辰的祝贺,随后在神龙殿设宴。诸位皇子、公主依次向金世宗贺寿,金世宗非常开心,用女真语高歌了一曲。歌曲大意是诉说自己君临天下已经很久,目前年纪已高,不由得思索国家如何才能够长治久安、后来人能否继承基业。金世宗唱罢,对皇太孙完颜璟说道:"孙儿,朕唱此曲就是想让你警惕起来,要坚持修身养德,好好为祖宗、为朕守护国家。"金世宗又叮嘱太尉、左丞相徒单克宁尽心辅佐皇太孙。金世宗感慨万千,不由

世章之治：盛世下的危机

得又唱了一遍，皇太孙完颜璟和徒单克宁随声附和，和金世宗一起歌唱，金世宗深感安慰，尽兴而归。

时间来到大定二十八年（1188）年底，金世宗突感身体不适。太医虽用了多种方式，却一直没有效果。转过年来，金世宗已经无法处理朝政，便授予皇太孙完颜璟"摄政之宝"代为处理国事。为了体面地结束自己的人生，金世宗令来祝贺新年的南宋、高丽与西夏使臣回国。交代完后事，金世宗安静地等待死神的到来。第二天，即将年满67周岁的金世宗完颜雍在福安殿驾崩。

一个时代就此结束，"大定之治"也至此画上句号。之后的20年，是金章宗完颜璟的时代。

第五章

明昌之风承世宗

金世宗去世后,年仅22岁的金章宗完颜璟成为金朝新的统治者。初登大宝的金章宗以赓续皇祖父金世宗的事业为执政目标,推进并完善金世宗施行的一系列政策。

在治国理念方面,金章宗继续以文治国。一方面扩大官学规模、改革科举制度,一方面重视历史编纂、褒奖忠义节孝。从效果上看,金章宗时期的文治比金世宗时期又进一步。

金章宗还在完善国家典章制度方面作出成绩。金章宗不仅求言纳谏、选贤任能、整顿吏治,还完善国家礼乐制度,使金朝的

世章之治：盛世下的危机

国家礼制形成体系，又在前朝基础上修订律令，制定以《泰和律》为核心的一系列法典。

承继金世宗的"大定之治"，金章宗发展农业、鼓励生产，推行区田法和水田。为了平抑物价，金章宗在全国广设常平仓。遇到水旱虫灾，金章宗也会及时救灾赈济。由于黄河数次泛滥，金章宗力主修筑河防工事，保障沿河百姓的生命安全和生产秩序。

在金章宗在位中后期，漠北高原上的游牧部族异常活跃，这些部族既互相劫掠吞并，也时常侵扰金境。面对游牧部族的威胁，金章宗果断采取军事行动，多次派兵北上征讨各部。泰和年间，南宋在权臣韩侂胄的策划下撕毁隆兴和议，开启"开禧北伐"，打破了金宋之间40余年的和平局面。然而，韩侂胄错误估计了形势，在谈判无果的情况下，金军全线反击宋军，最终取得大胜。

在金宋重新议和后，金章宗召集群臣讨论正统，宣告金朝正式取代宋朝成为天下共主，金朝的声势随之达到顶峰。

第五章　明昌之风承世宗

一、文治昭融

即位后，金章宗为收拢人心，采取了一系列封赏之策：大定二十九年（1189）二月，金章宗增定百官俸禄；不久后又免除全国百姓当年的租税和官贷，对于民间的鳏寡孤独，金章宗还分别赐予1匹绢、2石米；金章宗继而追封自己的父亲完颜允恭为皇帝，尊自己的母亲徒单氏为皇太后，并增设卫尉等官为太后宫中属官。

对于自己的叔伯、兄弟以及辅政大臣，金章宗也均有封赐。大定二十九年（1189）闰五月，金章宗封兄长完颜珣为丰王、完颜琮为郓王、完颜瓌为瀛王、完颜从彝为沂王，弟弟完颜从宪为寿王、完颜玠为温王。几日后，金章宗又晋封诸位叔伯的王爵，赵王永中晋封为汉王，曹王永功晋封为冀王，豳王永成晋封为吴王，虞王永升晋封为随王，徐王永蹈晋封为卫王，滕王永济晋封为潞王，薛王永德晋封为沈王。七月，金章宗封太尉、尚书令、东平郡王徒单克宁为太傅、金源郡王。

在收揽人心后，金章宗将注意力转移到治理国家方面。即位之初金章宗基本以金世宗的执政理念为治国准绳，继续以文治

世章之治：盛世下的危机

国，大力推广儒学。在大定年间改革的基础上，金章宗继续完善科举和教育制度。大定二十九年（1189）六月，有人向金章宗提出建议："参加律科考试的举人只学习律令，却不知晓教化的重要性，应该让他们学习《论语》《孟子》，提高他们的涵养。府试、会试时出经义试题，与律令的考试合为一体作为成绩。"金章宗认可这项提议，予以施行。

大定二十九年（1189）七月，金章宗又在全国各京、府、节镇、防御州设置学校，旨在为良家子弟提供学习场所。从规模上来看，金世宗时期只在17个京、府设置官学，金章宗时期则增加了60个节镇、防御州的官学。这种变化无疑是一个重大进步，对儒学的传播推广起到重要作用。明昌元年（1190），金章宗又在刺史州设置官学。为了更好地教导、管理各级官学中的学生，金章宗还在明昌二年（1191）增加教授、博士和助教的数量。出于让官学可持续发展的目的，金章宗又制定供养官学的具体办法，按照每名学生60亩官田、每年每名学生30石粟的标准提供资助；国子学的待遇更好，标准是每名学生108亩官田。在金章宗的推动下，金朝的儒学教育呈现出一派繁荣景象。

金章宗还重启经童科。经童科的考试对象是13岁以下的少

第五章 明昌之风承世宗

年,考试内容同样是儒家经典,具体要求是记诵《诗》《尚书》《礼记》《周礼》《仪礼》《易》《春秋公羊传》《春秋穀梁传》《春秋左氏传》和《论语》,另外要求记诵5000字以上的诸子经典。经童科的府试共有15道试题,至少答出13道才合格;会试则分3场,每场也是15道试题,合计45道,至少答出41道才能中选。

在金章宗时期,经童科选拔出不少所谓的神童。比如益都府官员曾向金章宗推荐过一名在11岁就能吟诗作赋、记诵诸多儒学经典且擅长书法、品行优良的神童刘住儿。金章宗将刘住儿叫到中都,在皇宫中召见他,并先后以《凤凰来仪》《鱼在藻》《旱》为题令刘住儿作诗,刘住儿都很好地作出解答。金章宗非常高兴,直接赐予刘住儿经童科出身,让他留在太学继续学习。

再如麻九畴。麻九畴是易州人,据说他在3岁时已经识字,4岁时就可以写草书,甚至能写出面积达到数尺的大字,被人们奉为神童。麻九畴的事迹很快也传到金章宗的耳中,金章宗将麻九畴召到宫中。金章宗对麻九畴很感兴趣,开玩笑地问道:"小孩子现在来到了皇宫大内,是不是有些害怕啊?"没想到麻九畴回答道:"君臣就是父子,我作为儿子怎么会害怕自己的父亲呢？"金章宗闻言十分惊喜，对麻九畴赞赏有加。等到麻九畴成年后，也进入太学学习，最终在金末成为著名的文士。

由此观之，虽然经童科在一定程度上有"揠苗助长"的嫌疑，而且确实很难选拔出真正有才能的人，但还是可以提早发现一些天才，在激励百姓培养孩子方面更是提供了外部助力。

金章宗时期科举制的另一个变化是荐举制度的施行和制举、宏词科的设立。金章宗认为常规科举并不能将有德行才能之士一网打尽，主张由各地官员向朝廷保举人才。金章宗的提议得到宰相和执政官的认同，尚书省初步制定荐举办法。

荐举制为金章宗选擢人才提供了一条新的途径。在明昌三年（1192）四月，尚书省将地方上推荐的几位贤士汇报给金章宗："涿州的刘器博、博州的张安行、河中府的胡光谦都是可用之人，胡光谦虽然已经83岁，但精力充沛，仍可为朝廷效力。"金章宗赐给刘器博、张安行同进士出身，胡光谦则被召进中都。七月，胡光谦来到中都，金章宗令学士院用杂文考胡光谦，胡光谦答得很好。金章宗看过试卷后也很高兴，亲自接见胡光谦。八月，通过考核的胡光谦被金章宗赐予明昌二年进士第三甲及第的出身，授予将仕郎和太常寺奉礼郎的官职。如果按照以往的制度规范，类似的职位绝不会赐给胡光谦，但在荐举制下，胡光谦的德行和

第五章 明昌之风承世宗

才能均符合要求,因此得授此类职位。

在明昌三年(1192),通过荐举制选拔出的人才还有隐士游总、孔子四十八代孙孔端甫、济南府士人魏汝翼、蔚州士人刘震亨和益都府士人王枢。金章宗赐游总同进士出身、授登仕郎,赐魏汝翼进士及第,刘震亨、王枢等同进士出身,孔端甫则被召进中都。经过考试,金章宗也认可孔端甫的才干,特赐孔端甫进士及第,并授予他小学教授的职位。

明昌四年(1193)六月,又有一批地方上举荐的有德行才能之士被金章宗赐予进士及第,包括安州的崔秉仁、兖州的翟驹、锦州的齐文乙、大名的孙可久和陈信仁、应州的董戭。明昌五年(1194)正月,中都路转运使王寂又向朝廷荐举了蔡州的文商,王寂评价文商精通儒学、道德高尚,可以作为朝廷的顾问。河北西路转运使李扬则荐举了庆阳府进士李奖,李扬评价李奖德才兼备,在家乡广受好评。绛州的李天祺、应州的康晋侯、涿州的时琦、云中的刘挚、郑州的李升、恩州的傅砺、济南的赵挚、兴中的田扈方也都被地方官员视为有才干、有德行的读书人,从而被举荐给朝廷。金章宗接到奏报后说道:"把文商召到中都,赐予李奖终身享受主簿一半的俸禄,其他人都赐予同进士出身。"经过考核,文商被授予国子教授的职位。

世章之治：盛世下的危机

在明昌六年（1195）二月，金章宗又赐予各州郡举荐的有才行之士翟介然等3人进士及第，李贞固等15人同进士出身。随着荐举制如火如荼地进行，相关程序也更加规范，最终在承安二年（1197）三月，金朝正式制定地方官员保举有德行才能之人的制度规范。不难看出，正是由于荐举制发挥了功效，因此才会作为科举制的有效补充成为一项国家制度。

金章宗时期还开设制举、宏词科。大定二十九年（1189），有人向金章宗奏请在广建学校的基础上开设制举、宏词科。金章宗就此召集百官在尚书省讨论。户部尚书邓俨等人说道："臣等认为创设制度的根本是可以长期施行，类似北宋的三舍法虽然一时兴盛，但给了士人侥幸入仕的机会，不是应该效仿的榜样。唐玄宗的时候，国家养士达到8000人；北宋的时候，国子学和太学有学生5000人。如今我们的主要取士科目有策论科、词赋科和经义科，但太学内的学生只有160人，各地的官学也只有几十人，合在一起才勉强达到1000来人。因此臣等赞同开设制举、宏词科。但这些科目是天子选拔不寻常之人的科目，所以选拔范围不能局限于有志于科举的人，甚至可以把通过考试的人直接提拔为台阁官员。只有这样，天下人才会互相勉励、积极参与。"金章宗认为邓俨等人所言很有道理，下令在次年施

第五章 明昌之风承世宗

行。

金章宗时期的制举名目繁多，包括贤良方正、能直言极谏、博学宏材、达于从政等。由于是为非常之才设置的科目，所以制举考试没有固定时间，会根据需要随时开考。但制举的程序很严格，一般要由五品以上的官员推荐人选，六品以下的官员则可以参加考试，如果是不被朝廷官员知晓的隐士，要经过当地的府州推荐才能到朝廷参加考试。在考试过程中，应试者要先把自己写过的 30 道策论交到翰林学士院，翰林学士院从中选出文词、义理皆优之人，再委派专人给这些人出题。题目范围很广，涵盖经、史、子。能通过考试的人还要继续参加廷试，廷试的内容没有一定之规，旨在考察考生的综合能力，中选者可被直接授官或得到升迁。

宏词科主要选拔文学人才，考试内容主要是诏、诰、章、表、露布、檄书的撰写，要求都用四六句的骈文；此外还有诫、谕、颂、箴、铭、序、记等形式文章的撰写，要求用散文或骈文应答。应试之人来自及第进士和六品以下的官员，一般情况下会出 4 道试题，根据成绩分为两个层次，各自予以迁赏。

制举、宏词科起到一定效果，选拔出了一些可用之才。即使在金朝行将就木之时，宏词科仍是文学之士的进身之阶。比如泰

世章之治：盛世下的危机

和六年（1206）进士梁持胜之后又中宏词科，最终累官至太常博士；再如金宣宗贞祐三年（1215）的词赋进士李献能，后来也中宏词科，被直接授予应奉翰林文字的职位。

终金章宗一朝，针对科举制度的改革还有很多。比如在明昌元年（1190）三月，在金章宗的授意下，尚书省制定赐予省元和四举终场士子进士及第出身的制度；明昌二年（1191）二月，金章宗诏谕不再限制科举的录取人数；明昌四年（1193）十二月，尚书省向金章宗奏报符合录取标准的人非常多，询问是否还要增加录取名额，金章宗重申只要符合标准就全部录取。

重视教化的金章宗也不断强化对身边侍从护卫的道德教育。大定二十九年（1189）闰五月，金章宗强调宫中的护卫、符宝、奉御和奉职的职责重，又都在自己的左右做事，因此务必选择德才兼备的人教导他们。泰和三年（1203）六月，金章宗询问殿前都点检司在亲军内设教授以及教授内容的情况，让殿前都点检司将教授的方法、内容、亲军学习的效果汇报给自己。泰和四年（1204）十月，金章宗又令35岁以下的亲军必须学习《孝经》和《论语》。

为了弘扬儒学，金章宗还施行诸多尊孔举措。明昌元年（1190）三月，金章宗下诏重修曲阜的孔子庙学。经过5年的增

第五章 明昌之风承世宗

修,曲阜的孔子庙学在明昌六年(1195)四月完工。为了庆祝工程完毕,金章宗特赐衍圣公孔元措及其下众人三献法服及登歌乐一部。承安二年(1197)二月,为更好地看护曲阜孔庙,金章宗令衍圣公世代兼任曲阜令。在营修曲阜孔庙的同时,金章宗又在明昌二年(1191)五月令各地修复废弃或损毁的孔庙。金章宗对工程进展十分关心,明昌五年(1194)闰十月,金章宗询问身边的大臣:"各地的孔庙修建得怎么样了?"平章政事完颜守贞回答道:"各个县都在积极修建。"

除了修葺、营建孔庙外,金章宗采取的尊孔措施还有很多。比如在明昌二年(1191)四月,金章宗给予世袭衍圣公的孔子嫡系后代孔元措四品俸禄,明昌三年(1192)四月,金章宗指示臣下制定在春秋两季祭祀孔子的仪式,规定由祭酒、司业、博士充任祭祀过程中的三献官,祭祀的祝词中要写明"皇帝谨遣",奏乐之人则要从太常中选拔水平高超的乐工;明昌三年(1192)十月,金章宗宣布自己将亲自主持祭祀大典;泰和五年(1205)三月,金章宗令进士避讳孔子名字,并定为律令。

在尊孔之余,金章宗也尊崇、祭祀历史上杰出的帝王和圣贤。明昌二年(1191)十一月,金章宗禁止以帝王为主题编写戏剧,违令者处以重罚。明昌三年(1192)十一月,金章宗诏谕臣

世章之治：盛世下的危机

民避讳古代帝王与周公旦的名字。泰和元年（1201），金章宗又敕令官民回避金朝始祖以下诸位皇帝的女真名、庙讳，后又要求避讳与庙讳同音的字。从泰和四年（1204）二月开始，金朝制定每三年祭祀一次三皇五帝和四王的规范。三月，金章宗又让大臣商定应被祭祀的前代皇帝名录，尚书省回奏道："对于三皇、五帝、四王，国家已经施行三年祭祀一次的礼仪。除此之外，夏朝的太康，殷商的太甲、太戊、武丁，周朝的成王、康王、宣王，汉朝的高祖、文帝、景帝、武帝、宣帝、光武帝、明帝、章帝，唐朝的高祖、太宗等17位帝王也应被祭祀。"金章宗认可尚书省拟定的名录，下令祭祀这些帝王。

对于国家以往的功臣，金章宗也有褒奖乃至祭祀。明昌五年（1194）正月，有人向金章宗建议为创制女真大字的完颜希尹和叶鲁立庙，让官学学生在祭拜孔子后再祭拜完颜希尹和叶鲁。金章宗令大臣讨论具体办法，有关部门却说："叶鲁的功绩不足以作为祭拜的对象，完颜希尹则已经配享太庙，很难为他新建庙宇。"金章宗对这个回答很不满意，要求大臣重新讨论。有礼官表示："之前历朝历代虽然都没有人因创制文字而进入孔庙，但要是在孔庙的后面或者孔庙的左右建立祠堂，也不违背礼制。"不过尚书省认为礼官的提议不符合国家厚待功臣的初衷，经过一

第五章　明昌之风承世宗

番斟酌，金章宗决定参照在鳌屋县为仓颉立庙的规格，在上京路的纳里浑庄为完颜希尹和叶鲁立庙，委派上京路的官员和当地的猛安在春秋祭拜。

崇尚文治的金章宗还着力刻印、搜集书籍。明昌二年（1191）四月，翰林学士院向金章宗献上最新刻印的 26 部诗文集，包括唐人杜甫、韩愈、刘禹锡、杜牧、贾岛、王建与宋人王禹偁、欧阳修、王安石、苏轼、张耒、秦观。明昌五年（1194）三月，金章宗设置弘文院，主持翻译刻印经书。此前，金章宗还曾下诏以宋仁宗时期修成的官修目录书《崇文总目》为依据，在全国范围内搜集、购买书籍。但金朝的求书活动最初并未得到民间广泛支持，为了打消民众的疑虑，金章宗在泰和元年（1201）十月下诏："凡是访求到遗落的书籍，要按照正常的价格补偿书主。如果有爱好藏书的人不愿意把所藏交给官府，就由官府借来誊抄副本，抄写完毕后再将原本送归，还要按照书价的一半补偿书主。"

除了搜集、访求书籍外，金章宗还重视对前朝史书以及本朝历史的编纂。在大定二十九年（1189）十一月，金章宗令辽朝皇族后裔移剌履负责编撰《辽史》，在移剌履去世后，又令陈大任主持工作。经过八年多的修纂，《辽史》于泰和七年（1207）十二月成书。

世章之治：盛世下的危机

明昌四年（1193）八月，由宰相监修、国史院纂修的金世宗《实录》完成，金章宗穿着袍带，在仁政殿降座站立接受成书；不过金章宗对纂修的金世宗《实录》并不满意，下令重修。在泰和三年（1203）十月，尚书左丞完颜匡等人将新修成的金世宗《实录》进献给金章宗，金章宗同样穿着袍带，降座站立接受。

承安四年（1199）十二月，右补阙杨庭秀奏请编修金太祖、金太宗与金世宗三位皇帝的语录，以便后世君主学习。金章宗欣然应允，并增加金熙宗语录。为了尽快完成这项工作，金章宗在国史院内增加女真和汉人修史官各一人。承安五年（1200）闰二月，右补阙杨庭秀再次建议尚书省按月或按季度将国家大事的记录送到国史院，作为编纂日历的材料。金章宗认可杨庭秀的建议，让著作局将尚书省的记录稍加润色后送到国史院。

和金世宗一样，金章宗大力鼓励臣民践行忠孝节义理念。金章宗以身作则，奉行孝道。即位前金章宗就孝顺长辈，即位后更是如此。国事繁重的金章宗基本每个月都会去探望自己的母亲徒单皇太后好几次。金章宗还从国家制度层面倡导孝悌。明昌元年（1190）三月，金章宗授意相关部门制定官员在祖父母和父母忌日放假一天的规范；十一月，又制定官员将门荫资格转让给兄

第五章 明昌之风承世宗

弟子侄的规范；泰和六年（1206）三月，金章宗向尚书省下达指令："家中的祖父母、父母无人侍养，身为子孙却常年在外，这有伤风化。以往国家对此处以两年徒刑，但处罚还是过轻，你们要参考前朝的律法，重新制定处罚标准。"

对于民间的孝悌节义之人，金章宗不吝封赏。明昌元年（1190）十月，金章宗赐给贵德州的孝子翟巽和遂州的节妇张氏每人10匹绢、20石粟。明昌三年（1192），金章宗又赐给棣州的孝子刘瑜、锦州的孝子刘庆祐绢和粟，并在他们的门前竖立旌旗，免除他们的赋税。明昌三年（1192）四月，金章宗赐云内的孝子孟兴10匹绢、20石粟，赐同州的贞妇师氏谥号为"节"。八月，宁海州文登县王震的事迹传到金章宗耳中。王震的母亲曾患风疾，王震为了给母亲补充营养，割下自己大腿的肉混在母亲的餐食中，不久后王母病愈。等到王母去世后，王震悲伤不已、终日痛哭，最后得了眼疾。在为母亲服丧完毕后，王震的眼疾不医而愈。王震的亲朋与邻里都被他的孝心感动。由于王震参加过科举考试，因此金章宗不仅表彰王震的孝行，还考试王震的文采，授予王震同进士出身，让尚书省授予王震合适的职位。

金章宗在赏赐孝子之时曾向宰相大臣询问道："之前国家任命过孝悌之人做官吗？"尚书左丞完颜守贞回答道："世宗皇帝

在位时,刘政因孝行被授予过官职,不过孝子大多过于淳厚,不擅长处理政务。"金章宗说道:"哪有十全十美的人?孝悌之人的道德品质没有问题,这已经很难得,只要他们具备一些能力就可以任用。虽然无法避免因此出现为了做官弄虚作假的伪孝子,但能够装成孝子也比不做孝子好啊。众卿可以整理一下之前获知的孝义之人名单,如果其中有可用的人,就把他们的名字奏报给朕。"

在金章宗的带动下,臣僚对孝义的关注度也在提升。就在金章宗令尚书省检索孝义之人姓名的数日后,尚书省便在孝道风俗方面提出一项建议。尚书省大臣奏道:"佛、道信徒不参拜祭祀自己的父母和其他长辈,这是败坏风俗的现象。臣等让礼官查阅了唐朝制度,发现唐玄宗开元二年的时候曾有诏书:'道士、僧尼不参拜父母属于忘却根本。自今以后必须参拜父母,为父母治丧也要按照礼仪执行。'臣等认为国家应该效仿唐朝。"金章宗赞同尚书省的建议,予以批准。

明昌四年(1193)正月,金章宗想起宰相说过社会上缺乏孝悌廉耻,再次强调官府教化的重要性。金章宗说道:"风俗不正与国家官吏没能弘扬教化的关系很大。现在我们考察官吏多看他们的政绩,以能不能办事作为准绳,碰到一心教化民众的官吏,

第五章　明昌之风承世宗

却讽刺他们迂腐。因此人们都认为教化不重要，这也是民间不重视孝悌的原因。国家要鼓励督促各级官吏将教化百姓作为工作重点，对于能改善社会风俗的官吏，要予以适当擢升。长此以往，孝悌观念便会深入人心。"

与宣扬孝道相适配，金章宗对忠臣义士也持褒扬态度。在得知民间百姓的义举后，金章宗会加以宣传。比如在明昌三年（1192）十一月，臣下向金章宗汇报说："河州定羌的百姓张显孝友力田，在灾年时捐献千石粟赈济灾民。还有棣州百姓荣楫捐献了700石米、300贯钱、3000束柴薪赈济灾民。他们的义举都是出于本心，不是别有企图。"金章宗对二人大加赞赏，各赐两级官阶。明昌五年（1194）二月，金章宗又因齐河县百姓张涓、济阳县百姓王琛和河州百姓李锜急公好义、乐于施舍，免除他们终身的赋税，并将此作为案例记录在法令内。

为国尽忠死节之人更是被金章宗封奉为典范。在明昌六年（1195），金朝与北边的游牧部族发生战争，崇义军节度使伯德梅和尚跟随左丞相夹谷清臣驻守临潢府，担任副统。敌军突袭临潢，伯德梅和尚与护卫辟合土带领人马反攻，由于敌军人数众多且严阵以待，因此虽然伯德梅和尚异常骁勇，杀伤众多敌军，但终究寡不敌众，被敌军重重围困。伯德梅和尚知道自己已是有去

世章之治：盛世下的危机

无回，便和辟合土下马背靠背步战，不断射杀敌军，被二人杀掉的敌军不下100人，直到箭矢已尽，二人才被敌军射杀。金章宗得知伯德梅和尚战殁后痛心疾首，独自悼念许久。为纪念和宣扬伯德梅和尚为国战死的精神，金章宗追赠伯德梅和尚龙虎卫上将军的官阶，赐予20万钱。金章宗还派权同知临潢府事李达可为敕祭使、同知德军昌节度使事石抹和尚为敕葬使，隆重主持伯德梅和尚的葬礼。直至承安五年（1200），金章宗仍难以忘却伯德梅和尚的事迹，诏谕尚书省道："伯德梅和尚为国而死，他的儿子都奴在军中也是屡建功勋，你们商讨一下封赏都奴的办法。"随后都奴得授典署丞。

在泰和年间，金朝与南宋又发生战争，其间金朝涌现出众多忠臣节士，最有代表性的当数寿州军士魏全。泰和六年（1206），宋将李爽带领大军包围寿州，寿州刺史徒单羲征集城中的全部壮丁，但也仅有3000人。好在徒单羲擅长统御，守城将士众志成城，打退了宋军的数次进攻。在战斗中，同知蒲烈古中箭阵亡，为了鼓舞士气，徒单羲招募死士出城偷袭李爽的大营，魏全在其中。这些死士出城后多被围杀，魏全则受伤被俘。李爽对魏全说："你只要到寿州城下痛骂金国皇帝和徒单羲，我就免你一死。"魏全假意答应，但在被押解到寿州城下后，他不仅没辱骂

第五章 明昌之风承世宗

金章宗和徒单镒,反而痛骂宋宁宗和李爽。李爽大怒,挥刀斩杀魏全。泰和七年(1207),金章宗追赠魏全为宣武将军、蒙城县令,魏全的妻子被封为乡君,金章宗还赐予魏全家里三间官舍、百万钱,由于魏全的儿子年幼无法做官,金章宗便吩咐尚书省在其年满15岁时召进宫中担任俸禄8贯石的正班局分承应。为了宣传魏全的忠节,金章宗还让史馆把魏全的事迹刊刻多份分发到全国。

金章宗时期崇文养士、培植教化的国策起到良好效果,金朝培养了大批能臣贤士。金末的士人刘祁评论道:"由于金章宗时期崇尚文治、养育士人,因此当时士大夫都争先恐后地为国家建言献策,以建功立业为人生追求。等到后来蒙古军队南下,成长于金章宗时期的士人也都能为国死节,像王晦、高子约、梁询谊这些人都是妇孺皆知的国家忠臣。还有像侯挚、李瑛、田琢这样的士人投笔从戎,虽然他们没能扭转金朝灭亡的结果,但志向和气节都值得称颂。"为了说明金章宗崇文养士的效果,刘祁还以金宣宗时期的政策为反例。刘祁说道:"金宣宗重用胥吏,抑制士大夫,那些想有作为、想为国出谋划策的士人都被贬斥出朝。身居高位的多是胆小怕事、蝇营狗苟之辈。等到金朝灭亡之际,这些成长在金宣宗时期的士人基本无人为金朝死节。两相对比之下，崇文养士对国家的重要性不言自明。"

认可金章宗时期文治效果的还有《大金国志》的编撰者。《大金国志》写道："金章宗喜好儒学，即位之后兴修官学，儒学得以普及。金章宗在翰林学士院中选拔人才，与他们一起谈经论道、吟诗作词。只要发现擅长诗文的人，金章宗就会将他提拔到要职，因此金章宗时期的文治效果极佳。"后代文人对金章宗的文化素养和文治成果也有认识，比如生活在元末明初的陶宗仪说道："在古代的帝王之中，只有5位通晓音律，即唐玄宗、后唐庄宗、南唐后主、宋徽宗和金章宗。"近现代的日本学者外山军治也对金章宗不吝赞美，评价道："若论中国式的教养，章宗在金朝历代皇帝中堪称首屈一指，甚至与汉天子相比也毫不逊色。"由此可见金章宗的文治举措和文治效果都不弱于金世宗时代，甚至还在金世宗"大定之治"之上。

二、政治新风

金章宗效仿金世宗广开言路，鼓励官民上书言事。大定二十九年（1189）二月，金章宗令学士院搜集汉朝和唐朝的制度，将其中有利于民的部分整理出来上呈自己审阅，为了更广

第五章 明昌之风承世宗

泛地汲取历史经验，金章宗还允许官员援引宋朝典故。明昌元年（1190）十一月，金章宗在召见礼部尚书王翛和谏议大夫张暐时还说道："你们身为谏官和礼官，应该辨别出朝廷应做哪些事、不应做哪些事。即使是平民百姓的言论，只要有道理，朕也会采纳，何况你们的建议呢？"明昌三年（1192）八月，金章宗将朝廷三品以下、六品以上的官员召集到一起，向他们询问朝廷施政得失以及民间亟须解决的事情。

在明昌六年（1195）二月，金章宗在任命翰林直学士孛术鲁子元兼右司谏、监察御史田仲礼为左拾遗、翰林修撰仆散讹可兼右拾遗之后，再次表达自己对谏官的期望："国家设置谏官并不是徒取虚名，而是为了得到实际的助益。众卿都是朝廷精挑细选的良臣，因此朕让你们做谏官。凡是涉及国家利害、官吏邪正的事情，众卿要知无不言，及时上奏。最近，谏官路铎被降职是因为其他的事情，你们不要因此误会朕不纳忠言，不敢向朕直谏。你们要尽心竭力，千万不可缄默无声。"为了鼓励臣民上书言事，金章宗还在明昌四年（1193）让尚书省整理自大定二十九年（1189）以来收到的臣民建议，查看其中是否有关系到国家利害以及边防的奏疏，对于已经采纳的建议和新发现的好建议，金章宗均赏赐建言者一级官阶。

世章之治：盛世下的危机

对于臣子的建议，初登大宝的金章宗从谏如流。大定二十九年（1189）六月，修起居注完颜乌者和同知登闻检院孙铎一同上书，建议金章宗取消当年的围猎，金章宗听从他们的建议。不久后，拾遗马升上呈《俭德箴》，金章宗欣然接受。八月，左司谏郭安民上疏论三事，建议金章宗崇节俭、去嗜欲、广学问，金章宗也都认可。十月，平章政事张汝霖上言阻止金章宗出城田猎，金章宗应允张汝霖的建议，还夸赞道："如果爱卿一直像今天这样直言不讳，朕还有什么可忧虑的呢？"

金章宗同样致力于选贤任能，也反对完全根据资历任命官员。大定二十九年（1189）十一月，金章宗对宰相大臣说道："如今国家用人过于依赖资历。根据资历用人是从唐代开始，这样能选拔到合适的人才吗？"平章政事张汝霖回答道："不按照资历用人只适用于非常之才。"金章宗说道："唐朝的崔祐甫做宰相的时候，在不到一年的时间内就推荐了800个人，难道他推荐的都是非常之才吗？"几日后，金章宗诏谕尚书省，从今以后五品以上的官员要向朝廷举荐人才，并规定每年举荐的最少人数，如有知贤不举的情况，则按照埋没人才的罪名处罚。金章宗还遵从唐制，要求五品以上的官员在上任后就向朝廷推荐就任官职的下一任人选。明昌元年（1190）三月，金章宗再次命朝廷内外五品以

第五章 明昌之风承世宗

上的官员每年都推荐一名清廉有能力的官员,不推荐的以埋没人才论罪。五月,金章宗重申朝廷内外五品以上的官员要在任期内举荐一名可以接替自己的人。承安三年(1198)二月,金章宗又诏谕宰相大臣:"今后遇到官阙,只要有合适的人就可以任命,即使是资历不够,也可以呈报给朕。"

金章宗也具备一定识人之能。明昌五年(1194)十月,尚书省奏报准备擢升提刑司推荐的12个人,其中包括大兴主簿蒙括蛮都。金章宗对蒙括蛮都有所了解,说道:"蛮都不是忠厚的人,怎么能向朕推荐他呢?况且蛮都的才能也一般,即使他的能力远超常人,也不能重用他。让这样的人治理地方,很可能出现伤风败俗之事。"承安五年(1200)三月,尚书省又奏报准备任命同知商州事蒲察西京为济南府判官。金章宗说道:"身为宰相怎能徇私情,你们要爱惜国家的名誉。蒲察西京为人非常不堪,朕至今都有印象,给他一个七品的职位就足够了。"

金章宗在如何用人方面还有一些非常独到的见识。明昌四年(1193)正月,尚书省奏报要将大兴府推官苏德秀任命为礼部主事,金章宗说道:"朕之前就对你们说过,任用官员要尽量让他们长期在自己适合的领域内任职。有的人刚任治狱之官,就改任理财之官,随后又改任礼部官员,一个人的能力岂能兼顾到这么多领域？长期担任一个领域的官员即便能力一般，也比新上任的人做得好，只要经过历练，就能有进步。以后不要轻易改变一个人的任职领域。"

由于"人才观"不同，金章宗多次与大臣发生争执。比如在承安五年（1200）闰二月，金章宗与宰相大臣讨论宰相人选。金章宗说道："朕很早就决定任用徒单镒为宰相。另外，你们觉得贾铉怎么样？"宰相们都回答道："知延安府事孙即康更适合。"平章政事张万公补充道："孙即康比贾铉更早一科及第。"金章宗不满地说："朕是问你们谁先及第吗？朕是觉得贾铉的才干更胜一筹。"又如在承安五年（1200）十一月，金章宗任命国史院编修官吕卿云为左补阙兼应奉翰林文字，审官院却以吕卿云资历尚浅为由驳回金章宗的旨意。金章宗向审官院下诏："吕卿云曾在明昌年间言辞激烈地上书，所言都是其他人不敢说的宫掖中事，这是你们不知道的往事。身为臣子，向朕言事又能让外人不知，足见他为人严谨，值得被重用。"

金章宗在整顿吏治方面下了很多功夫。比如金章宗制定一系列法令，杜绝官吏违法乱纪行为。大定二十九年（1189）九月，金章宗制定民间豪强不能与当地官吏私下交往的律令。明昌元年（1190），金章宗诏谕尚书省："宰相和执政官是治理国家的主力，不能接受任何人的馈赠。即使在自己的生日，接受的礼金也不能超过一万钱。"明昌二年（1191）七月，金章宗重申禁止百官在元旦和生日接受他人礼物，并下令成为定制。明昌六年（1195）八月，金章宗表示宫中承应人要是在出职为官的三年内犯有贪污罪，当初举荐的官员也要连坐，并宣布这条诏令为国家法令。承安二年（1197）二月，金章宗敕令今后犯有贪污罪的职官至少都要被削除一级官阶，并延后一年升迁。

对于贪赃枉法的官吏，金章宗严惩不贷。比如在泰和二年（1202）正月，归德军节度副使韩琛强行购买百姓的布帛，金章宗削除韩琛一级官阶，罢免其职位。

金章宗还力求在源头上整顿吏治。明昌四年（1193）十一月，金章宗在各路、京、府、州、县张贴榜文，公布近些年因贪赃枉法被治罪的官员以及因清正廉洁得升迁的官员姓名，以示劝惩。承安二年（1197）五月，金章宗在尚书省召集百官，诏谕道："如今国家纲纪败坏，官吏都懈怠疏忽、拖延苟且，慢慢养成陋习。多数官员追求名声，只为自己考虑，国家怎能依靠这样的人。在徇私枉法方面，尚书省令史最为严重，尚书省应该好好整治。"承安三年（1198）四月，金章宗又诏谕御史台："朝廷上的大小官员虽然不乏有才能的人，但他们多疏忽懈怠，朕厌恶这

世章之治：盛世下的危机

种现象，你们要好好访查，把这些人找出来上报给朕。"

对于玩忽职守的官员，金章宗常有训诫。比如在明昌四年（1193）正月，东京路提刑副使三胜向金章宗进献海东青，金章宗派人对三胜说道："你的职责很重，像访查民间利害、辨别官吏好坏这些事情，朕都不曾见你上奏，却一门心思讨好朕，这是你应该做的事吗？"

金章宗还继承金世宗未竟的事业，正式设置地方监察机构提刑司。从金熙宗时开始，金朝就经常派遣朝廷官员到各地考察地方官吏，金世宗在位时更是每隔几年就会派人到地方考察一次官吏。金世宗时也曾有意设置地方检查机构，但没有如愿。金章宗即位后继承金世宗遗志，在大定二十九年（1189）六月正式设置九路提刑司。提刑司长官为提刑使，为正三品，负责审查刑狱、检查公文、纠察贪官污吏和豪猾之人，兼管劝课农桑和访查人才。提刑司内的主要官职还有提刑副使一员，为正四品；判官二员，为从六品；知事，为正八品。此后，金章宗逐渐完善提刑司建制。大定二十九年（1189）八月，在提刑司内设置女直、契丹、汉儿知法各一人；明昌元年（1190），因陕西地广，在陕西提刑司增设一员判官；承安三年（1198）正月，金章宗根据实际需要，将上京、东京两路提刑司合二为一，令提刑使、提刑副

第五章　明昌之风承世宗

使兼安抚使、安抚副使，掌教习女真人武事与监督女真人行用旧俗；承安四年（1199）四月，金章宗又将提刑司改为按察司，增设签按察司事，为正五品。

相较于金世宗时期，金章宗还在完备礼乐制度和法律体系方面作出贡献。金世宗曾令礼官参照唐宋制度更定礼乐制度，专门开设详定所负责礼、详校所负责乐。金章宗明昌年间，详定所完成任务，编纂成《金纂修杂录》400余卷。明昌六年（1195）十二月，礼部尚书张暐等人又进《大金仪礼》。泰和三年（1203）四月，金章宗命吏部侍郎李炳、国子司业蒙括仁本和知登闻检院乔宇等人修订《大金仪礼》，这就是传到后世的《大金集礼》。《大金集礼》包括尊号、册谥、祠祀、朝会、燕飨、仪仗、舆服等门，分类排纂，合计40卷，为我们了解金朝礼制提供了详细的材料。

金章宗时期，国家法律体系也逐渐完备。明昌元年（1190），金章宗询问宰相大臣："为何我们处理案件不依靠成文的律条？"平章政事张汝霖回答道："前朝的律条和法令是分开的，有违反法令的人，就根据律条处理。如今国家的法令和律条混在一起，难以作为范本，应加以区分。"金章宗便设置详定所来审核、区分律条和法令。明昌三年（1192）七月，右司郎中孙铎率先将详

235

世章之治：盛世下的危机

定所校正的《名例篇》进呈给金章宗，随后各篇陆续完成，金章宗认为尚有修改的空间，令中都路转运使王寂、大理卿董师中等人再次校订。

明昌五年（1194）正月，金章宗令详定所细致分别律条和法令，详定所的官员上奏道："如果依照重新修订的法令，那么在条目数量、罪名轻重方面就与律条不匹配。要是将新旧两种法令一同颁行，则会让人疑惑，很可能让奸人有机可乘。臣等认为，应根据现实情况整理法令和律条，并参考历朝历代的法律，比如可以借鉴《宋刑统》的疏义加以注释。修订后，作为常规法律命名为《明昌律义》。然后再另编榷货、边部等方面的律条，集合为《敕条》。"金章宗任命知大兴府事尼厐古鉴、御史中丞董师中、翰林待制奥屯忠孝、提点司天台张嗣、翰林修撰完颜撒剌、刑部员外郎李庭义、大理丞麻安上等人为校定官，大理卿阎公贞、户部侍郎李敬义、工部郎中贾铉等人为覆定官，负责重新修订法律的工作。

泰和元年（1201）十二月，新律完成，共有12篇，即《名例》《卫禁》《职制》《户婚》《厩库》《擅兴》《贼盗》《斗讼》《诈伪》《杂律》《捕亡》《断狱》。这部法律本质上是沿袭《唐律》，所不同之处主要有以下几点：一是赎罪的银钱数量加倍；二是将

第五章 明昌之风承世宗

4年、5年的徒刑增加到7年；三是删除了不合时宜的47条内容；四是增加了符合时代需求的149条内容；五是对282条内容作出修改。新律共563条，30卷，在律文后附录案例作为参照，并有疏义作为法律解释，因此叫作《泰和律义》。此外，除了早已修成的《官品令》《职员令》，又修成《祠令》48条、《户令》66条、《学令》11条、《选举令》83条、《封爵令》9条、《封赠令》10条、《宫卫令》10条、《军防令》25条、《仪制令》23条、《衣服令》10条、《公式令》58条、《禄令》17条、《仓库令》7条、《厩牧令》12条、《田令》17条、《赋役令》23条、《关市令》13条、《捕亡令》20条、《赏令》25条、《医疾令》5条、《假宁令》14条、《狱官令》106条、《杂令》49条、《释道令》10条、《营缮令》13条、《河防令》11条和《服制令》11条，此为《泰和律令》，共20卷。另还修成《制敕》95条、《榷货》85条、《蕃部》39条，此为《新定敕条》，共3卷。金章宗宣布在次年五月颁行天下。

  对于金章宗在完善典章制度方面的成就，清代的毕沅评价得很到位，他说道："金章宗即位时，金朝已经建国70余年，但国家的各种制度大都是因袭辽朝和北宋旧制，显得杂乱无序。金章宗有更定制度、建立一代典制的志向。在完颜守贞等臣子的帮助下，最终形成有金一代的礼仪程序、法律规范和政治制度。在此基础上，才出现号称天下太平的明昌之治。"

三、重农惜民

经过金世宗近 30 年的休养生息，金朝百姓的整体生活水平已有提升，但小农经济毕竟要"看天吃饭"，因此金章宗即位后仍未忽视对国家农业发展的关注，并采取多种措施缓解百姓的困难。

金章宗时常到中都城外观看庄稼的生长情况。大定二十九年（1189）闰五月，刚即位的金章宗在中都近郊视察庄稼。明昌二年（1191）七月、四年（1193）五月和承安元年（1196）五月、六月以及承安二年（1197）闰六月，史籍中也都有金章宗来到中都近郊视察庄稼的记载。

在劝农力度方面，金章宗相较金世宗也不遑多让。为让女真猛安谋克民户不耽误农时，金章宗于明昌三年（1192）二月下令允许猛安谋克在冬季进行两次围猎活动，但每次均不能超过 10 天，其他时间都要以务农为本。泰和元年（1201）六月，金章宗再次重申旧制：猛安谋克民户要在每 40 亩田地内种植一亩桑树，毁坏桑树属于违反禁令，私自买卖土地的处以刑罚。要是土地荒

第五章　明昌之风承世宗

废、人口流失，猛安和谋克要被治罪。当地的按察司要时时劝导监督，有故意怠慢的根据具体罪行处罚。

金章宗也经常派大臣到各地劝课农桑。明昌四年（1193）正月，金章宗派户部侍郎李献可等人到各地劝农。明昌五年（1194）二月，金章宗制定依据劝课农桑的效果给予官员奖惩的制度。承安二年（1197）十二月，西京辖境内出现人户逃亡现象，金章宗立即派户部侍郎上官瑜赶往西京调查原因，同时叮嘱上官瑜督促边境百姓务农；为了防止北境其他地方也有人户逃亡，金章宗又派户部郎中李敬义到临潢等路规措农耕事务。

为了给百姓提供足够的耕地，金章宗多次下令允许百姓在行宫和皇家围场周边耕种。明昌四年（1193）正月，金章宗诏谕负责行宫与围场安全的殿前都点检司不要阻拦百姓耕种行宫以及围场附近的土地，即使是划为禁地的区域，也要允许百姓带着农具入内。明昌六年（1195）二月，金章宗再次叮嘱殿前都点检司允许百姓耕种行宫和围场周围的土地。承安四年（1199）二月，金章宗又对殿前都点检司官员说道："从蒲河至长河以及细河以东一带，是朕经常途经的区域，应由官府征收当地的土地，令附近的百姓耕种，免除他们的租税。"泰和八年（1208）二月，金章宗对殿前都点检司官员重申："在农耕的季节，要允许百姓进入

世章之治：盛世下的危机

禁地耕作。"

为了发展农业，金章宗时期不断改良耕作技术。明昌三年（1192）三月，宰相大臣在和金章宗讨论政事的时候提及区田法，有人建议推行此法。金章宗说道："众卿的建议很好，只怕百姓们不理解、不接受这种耕作方式，以致没法发挥出百分百的功效。你们要做好调查，如果区田法真的适用，再在全国推广。"明昌四年（1193）四月，金章宗再次和宰相大臣谈到区田法。参知政事胥持国说道："如今国家的户口比世宗皇帝时多了许多，消耗的粮食也就更多了。要是能推行区田法，无论国家还是百姓都能获利。"金章宗询问道："区田法很早就出现了，要是真的有用，为什么没能普及？"胥持国回答道："之所以没能推广起来是因为百姓还没从中见到利益，如今已经在中都城南试验区田法，有官员随时监督，等到百姓见到收获，就会争相效仿。"不过参知政事夹谷衡对此持怀疑态度，说道："要是区田法真的有用，其他朝代都会推行了。而且区田法需要更多的劳动力，适合耕种的土地却更少，恐怕会出现荒废田地的问题。"金章宗未作出决定，下令继续在城南试验。等到六月，金章宗迫不及待地问胥持国："区田试验得怎么样了？"胥持国说："等到六七月之际才能看到效果。"当天，心系区田效果的金章宗令两名近侍乘快

第五章 明昌之风承世宗

马巡视中都周围的庄稼。

在发现区田法确实有效后,尚书省于明昌五年(1194)正月向金章宗建议大规模推行区田法。根据实际情况,金章宗并未在全国强制推行区田法,而是听从武陟人高翌的建议,先考察各地的劳动力和土地情况,再确定区田的数量。尚书省经过讨论,确定在濒临河道容易得水且农田达到百亩以上之地推行区田法;不方便得水之地,则由当地百姓自行决定是否施行区田法。

经过接近两年的准备,金朝在承安元年(1196)四月大规模施行区田法,规定每名有1顷田地以上的15岁至60岁的男丁都要用区田法耕作1亩土地。承安二年(1197)二月,南京路提刑使马百禄上奏道:"陛下之前下诏让有1顷土地的农民用区田法耕种1亩,但最多只让耕种5亩。臣认为各地土地的肥沃贫瘠情况各不相同,不应该限定区田的亩数。"金章宗认为马百禄所言有道理,下诏施行。

除了区田法外,金章宗时期还推行水田。明昌五年(1194)闰十月,有人建议在有河水流经的郡县开通水渠灌溉民田。各地经过考察,发现一些区域不适合此种方法,最终只在中都路的安肃、定兴二县引河水灌溉了4000余亩田地。为了鼓励各地开渠灌田,明昌六年(1195)十月,金章宗制定根据增加水田的面积

世章之治：盛世下的危机

予以县官奖惩的制度，兴水田达到 100 顷的县官可以直接以最优的政绩升迁，谋克管辖的屯田要是能新增 30 顷水田，则赏赐谋克 20 两银、20 匹绢。

金章宗持续鼓励各地增加水田面积。承安二年（1197），金章宗敕令打开白莲潭东闸，放水灌溉民田。承安三年（1198），金章宗命令禁止损毁高梁河闸，听任百姓开闸灌溉。泰和八年（1208）七月，有人对金章宗说："水田获利非常大，可以沿着河道开通水渠，或者像平阳府那样挖深井灌溉。之前邳州、沂州沿河种植豆和麦，均开通水渠或凿井灌溉，面积达到 600 多顷，收获比陆田多数倍，其他区域也可大规模借鉴推广。"金章宗便让各路按察司、转运司规划扩大水田面积的具体政策。

为了扩充国家的劳动力，金章宗还不断解放奴婢。在刚刚即位的大定二十九年（1189）正月，金章宗下令将宫籍监内完颜宗辅的奴婢、金世宗的奴婢以及完颜允恭的奴婢全部放出为良。闰五月的时候，金章宗又指示尚书省制定赎放因饥荒自卖为奴之人的政策，强调奴婢的后代都要放归为良。泰和四年（1204）十二月，陕西、河南等地发生灾荒，许多百姓无奈之下出卖儿女。金章宗得知后，令官府出资赎买这些被卖为奴的孩童。

除了解放奴婢，金章宗还多次将宫中的宫女放还回家。比如

第五章 明昌之风承世宗

在明昌三年（1192），金章宗放还183名宫女。泰和四年（1204）八月，金章宗不仅放还160名宫女，还放还大批教坊和文绣署人员，包括教坊长行50人，渤海教坊长行30人，文绣署女工50人。泰和七年（1207）五月，金章宗再次放还20名宫女。

为防患于未然，金章宗还想方设法督促百姓广储粮食。在明昌元年（1190）八月，金章宗召见宰相和执政官，询问道："有什么办法让百姓将务农放在首位，使每家每户都广积粮食呢？"宰相没有良策，金章宗又召集百官一起商议。户部尚书邓俨等人提议道："民间奢靡之风盛行，国家应该制定具体的制度使百姓的衣着、房室有限度。国家还应禁止民间大操大办，免得浪费银钱。只要百姓有所节制，粮钱自然就充足了。"尚书右丞耶律履和参知政事完颜守贞、徒单镒接着建议道："追逐华美是人之常情，所以确实应该制定详细的制度规范百姓的行为，否则欲望没有限度，浪费只会越来越多，百姓也就越来越贫困。如今国家处在太平盛世，正是为后世定下规矩的时候。"金章宗认可上述言论，令尚书省继续商定具体办法。

金章宗将金世宗广储粮备荒年的理念付诸实践。在大定十四年（1174）的时候，金世宗曾下诏建常平仓，但由于地方上推行不力，没能成功。明昌元年（1190）八月，又有御史向金章宗奏

世章之治：盛世下的危机

请设置常平仓，金章宗令尚书省召集大臣一起讨论。尚书省将讨论的结果汇报给金章宗："大定时定下的原则如下：国家在丰收的年份以比市场价多两成的价格收购粮食，在歉收的年份以比市场价低一成的价格售卖粮食，平常年份则不调整价格。之所以在丰收的年份加价收粮，是为了防止粮食价低损害百姓的利益；在歉收的年份降价售卖粮食，是为了防止粮价太高损害百姓的利益。无论是加价还是降价，目的都是使民间的粮价平稳，所以称作'常平'。如今百姓繁衍滋生，人口众多，想让每家每户都有一年的存粮很困难，所以储粮于民不是长久之计。臣等经过计算，各个郡县存储三个月的粮食就足以平息物价、赈济灾荒。创立制度的关键在于严格执行，臣等建议由各路提刑司兼管常平仓，纠察不尽力推行的地方官员、擢升尽力推行的地方官员。"金章宗认为尚书省的建议很成熟，下令施行。

常平仓的设置使地方官员的任务更加繁重，所以许多地方敷衍了事，金章宗对此非常不满。明昌三年（1192）八月，金章宗下诏说："设置常平仓是为了平抑粮价，国家已经制定根据常平效果给予地方官升降的制度，接下来要落实这些制度规范，对于那些不好好经营常平仓的人，提刑司有权纠察，并要将姓名上报朝廷。"在重申常平仓的重要性后，金章宗也指出现行制度存在

第五章 明昌之风承世宗

不足,他对宰相说道:"一些地方虽然建起了常平仓,但多是有名无实。一些偏远地区的百姓无力到府州内买卖粮食,我们要把常平仓设置在县内,再让府州县的官员兼任常平仓的提控、管勾等职位。"此后,金朝在距离州府不足60里的县不设置常平仓,超过60里的县则设置常平仓。根据两年多的实践经验,金朝还修正了对常平仓储粮规模的规定:之前储3个月的食粮过多,导致一些粮食发霉腐烂,所以改为在户数超过2万的地方储粮3万石,户数在1万到2万之间的地方储粮2万石,户数在5000到1万之间的地方储粮1.5万石,户数在5000以下的地方储粮5000石。

明昌三年(1192)十二月,金章宗下诏扩大常平仓的数量,在华州下邽县置武定镇仓,京兆栎阳县置粟邑镇仓,许州舞阳县置北舞渡仓。每个常平仓都设置一名仓草都监,由县官兼任。等到明昌五年(1194)九月时,金朝已经在全国设置519处常平仓,储藏小米的数量达到3786.3万余石,足够全国官兵食用5年;储藏大米的数量达到810余万石,足够全国官兵食用4年。但问题也随之出现,当时国库中的钱共有3343万余贯,只够两年的支出。尚书省担心这种钱粮比例会导致粮价上涨,建议暂停收购百姓的粮食。金章宗同意尚书省的建议,决定等到国库银钱增多后

世章之治：盛世下的危机

再重新收购粮食。金章宗广设常平仓起到了效果，在承安元年（1196）六月，许多百姓因灾缺粮，常平仓拿出10万石小米以低于市场价的价格售卖给民众，有效地缓解了饥荒。

在赋税方面，金章宗也继承金世宗轻徭薄赋的政策，进一步降低百姓的租税。大定二十九年（1189）七月，金章宗将百姓的地税减少十分之一，人多地少的河东南、北两路则减少十分之二，土地质量差的田地更是减少十分之三。遇到各种天灾，金章宗也同金世宗一样减免受灾百姓的赋税，并及时赈济。大定二十九年（1189）十一月，金章宗下令："以后遇到饥荒，总管府、节度州和提刑司可先行赈贷或赈济，再上奏朝廷。"十二月，河东南、北路提刑司上报灾情，金章宗立即赈济宁化、保德、岚州等地饥民，等到流亡各地的百姓回归故乡，又免除一年的租税。明昌二年（1191）正月，金章宗赐给陁括里部3万只羊、500端重币、2000匹绢，以赈济当地部民。明昌二年（1191）八月，山东、河北一带因灾缺粮，金章宗采取权宜之计，允许当地的有粮富户纳粟补官。

明昌三年（1192），尚书省上奏由于山东、河北等地持续饥荒，已派人前去赈济。为确保万无一失，金章宗又派右三部司正范文渊前往监督。六月，臣下向金章宗汇报："因受灾严重，河

第五章　明昌之风承世宗

州百姓的租税拖欠严重。"金章宗不仅免除拖欠的租税，还诏谕户部将已经准备好的发给百官的粮食借贷给无粮贫民，待秋收之后再让百姓偿还。七月，金章宗敕令尚书省："就算河北、山东的饥民抵达辽东，恐怕也很难快速得到粮食，应让地方粮官统计饥民的聚集地点，给饥民发放证明，当地官员按照证明给饥民安排住处，再号召富户捐献粮食救济百姓，富户捐献的粮食可以抵偿他们今年的秋税。"九月，金章宗又诏谕尚书省："去年山东、河北受灾的百姓可能还没有恢复元气，不急于征收他们欠的租税和借贷的钱粮，等到丰收的年份征收也不迟。"

明昌五年（1194），黄河沿岸多处出现洪灾。十月，金章宗派遣户部员外郎何格赈济遭受洪灾的灾民；十二月，金章宗免除遭受水灾的百姓当年的秋税。泰和六年（1206）六月，南宋发动开禧北伐，金朝的沿淮一线因遭遇兵灾而耽搁农时，金章宗免除寿州的租税和杂税，并将死罪以下的罪犯全部释放；八月，金章宗又免除唐、邓、颍、蔡、宿、泗等六州次年三分之一的租税，同时赦免这些地方死罪以下的罪犯。泰和八年（1208）六月，金朝击败南宋，为休养生息，金章宗免除河南、山东、陕西等六路当年的夏税，河东、河北、大名等五路则免除一半税额。在泰和后期，金朝国内又发生严重的蝗灾。泰和七年（1207）六月，金

247

世章之治：盛世下的危机

章宗派使者到各地督促灭蝗。泰和八年（1208）五月，金章宗再次派使者到各地捕杀蝗虫。在蝗灾过去后，金章宗下诏将《捕蝗图》颁行于全国，以为借鉴。

为避免流亡灾民和贫民饥饿而死，金章宗还利用暖汤院、普济院和寺庙广设粥棚。明昌四年（1193）十二月，金章宗诏大兴府每日在暖汤院煮5石米的粥赈济贫民。承安二年（1197）十月，中都附近突降大雪，金章宗赐普济院1000石粮食熬粥周济缺粮的贫民。承安四年（1199）十一月，金章宗令各京、府、州、县均建立普济院，在十月至第二年的四月间开设粥棚周济贫民。泰和五年（1205）三月，金章宗又令各地官府给当地寺庙送去粮食，让寺庙从十月十五日至次年正月十五日熬粥周济贫民。

每逢长期无法缓解的天灾，金章宗还会反躬自责。比如在明昌三年（1192）四月，因旱灾持续不断，金章宗下诏反省自身过错。上行下效，参知政事夹谷衡和张万公一同入宫向金章宗请罪，金章宗对他们说道："之前朕下诏停止不急切的杂役、减少无端的浪费、处理停滞的刑狱，你们要尽快落实。"承安四年（1199）五月，金朝境内又发生旱灾，金章宗再次下诏自责，鼓励臣民直言上谏，要求官吏审理冤狱，自己则不再居住在正殿，

第五章 明昌之风承世宗

并减少膳食的数量,百官奏事也改在泰和殿。几日后,旱情并未缓解,焦急的金章宗诏谕宰执大臣:"如今多地旱情严重,或许也和宰相、执政官有关。大兴府辖境内只有大兴、宛平两县还没下雨,是不是上天对当地县令的惩罚?"司空完颜襄、平章政事张万公和参知政事仆散揆皆上表请罪,金章宗继而也下达罪己诏。泰和四年(1204)四月,金章宗再次因久旱不雨反躬自责,同样鼓励臣民直言进谏、派遣官员审理冤狱,自己不居住在正殿,又减少膳食和奏乐的次数,减省御厩的马匹数量,免除受灾州县百姓的徭役和当年夏季的租税。宰相大臣这次主动上表请罪,金章宗宽慰他们:"是朕的德行有欠缺,上天才会警示朕。众卿只要各司其职,朕就心满意足。"虽然以现代人的观念看来,金章宗的这些举动根本没有科学依据,但在笃信"天人感应"的古代,金章宗频繁反躬自责实属不易,是一种挂念百姓安危的表现。

对于因自己出行导致的扰民情况,金章宗也从租税方面予以弥补。明昌元年(1190)十二月,金章宗免除当年围猎地附近百姓的租税。明昌三年(1192)九月,金章宗于秋山途中免除途经之地百姓当年的一半租税,对于已经承担过差役的百姓,则免除一年的赋税。泰和五年(1205)正月,金章宗诏谕相关部门:"从

世章之治：盛世下的危机

泰和三年以来，凡是朕三次经过、驻留的地方，当地百姓的租税全部减半。"

在金章宗时期，黄河数次泛滥，严重威胁了黄河沿岸百姓的生命安全和生产生活。尤其在明昌五年（1194）九月，由于都水监官员王汝嘉疏于防范，导致黄河决口，河水从阳武一直流到封丘才转向东进入黄河水道。金章宗盛怒之下削除王汝嘉两级官阶，又杖70下，罢免其职务。如何治理黄河成为金章宗此时亟须解决的问题，在御前会议中，参知政事胥持国上奏道："臣等已经视察了光禄村的决口，现在河水泛滥，堤岸崩溃，想要重建堤坝只能到10余里以外取土。而且原来的堤坝过于狭窄，很难通过人力堵塞缺口，即使费尽力气暂时堵住，日后也很可能被再次冲毁。加之河水淹没之地都已泥泞不堪，各处又高低不平，水流得不到疏通，退水后也很难重新在原址修筑堤坝。孟华一带的4个堤岸和孟阳的堤道都在汴河之东，我们应该在农闲的时候征发百姓维护这些设施，这样汴京就不会遭受水灾。"参知政事马琪上奏道："国家在外派驻了许多都水监官吏，但他们遇到坏事就互相推诿，遇到好事就争夺功劳，导致办事效率极低，乃至迁延耽误。臣建议改革都水监的外驻制度，只设置两名勾当官。之前国家选出的巡河官也大都不称职，臣建议将都巡河官升为从七

第五章 明昌之风承世宗

品,选拔真正有才干的人担任,散巡河官的选拔也要更加严格。提刑司也应该时刻注意巡河官的行为,发现不称职的巡河官立刻罢免。要是有能够治理河水的巡河官,则予以升迁。"金章宗认可胥持国和马琪的建议,派马琪再去视察黄河决口,并允许马琪便宜从事。

明昌五年(1194)闰十月,平章政事完颜守贞上奏道:"马琪正在主持河防,但工程浩大、费用无数,恐怕民力凋敝。臣建议再派能臣去辅佐马琪。"金章宗回应道:"要是能够修筑起坚固的堤防设施,朕不在乎花费多少银钱。就怕花费巨款建成的设施日后再被黄河冲毁,这样国家和百姓的负担都要加倍。"宰相安慰道:"只要尽心竭力加固和维修,就算不能完全抵挡住河水,也能减轻危害,要是听之任之,危害只会更大。"金章宗又说道:"要是大规模地征发徭役,会不会产生盗贼?"完颜守贞回答道:"宋朝因黄河泛滥征发徭役曾导致百姓逃亡为盗,但这种事一般发生在歉收的年份,如今国家每年都丰收,且之前也不曾征发百姓,未必会产生盗贼。加之建设河防设施对百姓有益无害,他们都会理解。"金章宗还是担心,叮嘱道:"要就近征发役夫,不要从远处征调,百姓的生活已经很艰难,具体的办法等马琪回朝后再定夺。"

世章之治：盛世下的危机

几日后，马琪回朝汇报工作。金章宗第一时间召见马琪，并召集百官一同讨论。马琪向金章宗禀报道："孟阳的河堤和汴堤已经填筑补修，河水威胁不到汴梁城。现在水势向北，明年春天可以疏通河道，解除两岸的危机。目前计划征发870余万民夫，可在明年正月完工。"经过商讨，金章宗任命翰林待制奥屯忠孝代理户部侍郎，太府少监温昉代理工部侍郎，行使户、工两部的职权，负责后续营建河防的工程。金章宗对奥屯忠孝和温昉说道："你们两位是朕了解的大臣，因此朕委任你们负责此事，希望你们不让朕失望。如果出现差错，朕不会姑息纵容。"通过举国努力，在明昌六年（1195）四月，黄河的河防工程完毕，主持工作的参知政事胥持国进官二阶，翰林待制奥屯忠孝以下36人各进官一阶，获嘉令王维翰以下56人均获赐银币。

在征发民役方面，除了像修筑黄河河防这样关系国计民生的国家工程外，金章宗着力减轻百姓的负担。泰和元年（1201）十一月，金章宗向尚书省下达命令，要求谨慎征发徭役，不要轻易劳民。金章宗还曾对工部官员说："最近朕听说因为怀州的橙子很鲜美，经常有官吏前去采橙。如今又不断进奉柑橘，这不是再次扰民吗？你们要告诉各地官员，必要的物品送进宫，不必要的就不要惊扰百姓。"泰和二年（1202）五月，金章宗又对臣子们说道:"朕在金井驻留不过两三天,所需只是一间能够纳凉的房间。扩建行宫纯粹是浪费民力,行宫四周用围幕包裹起来就可以。"

由上所述,金章宗时期继续了金世宗时期经济繁荣、社会稳定的景象,尤其是金章宗在位前期,金朝的经济达到最兴盛的阶段。农业的发展带动了人口的繁衍,根据《金史》记载,在金章宗即位的第二年,全国统计到的户数是693.9万,人口数是4544.79万;五年后的明昌六年(1195),达到722.34万户,4849.04万人;再到十二年后的泰和七年(1207),户数则是768.4438万,人口数则是4581.6079万。相较于金世宗大定二十七年(1177),户数增加了162.3715万,人口数增加了882.7065万。这些数据足以表明金章宗时期经济发展的态势。正因如此,虽然金章宗时期出现自然灾害的密度和强度都高于金世宗时期,但社会仍基本保持稳定。

四、国势顶峰

辽金时期漠北高原主要有克烈部、蔑儿乞部、乃蛮部、塔塔儿部、汪古部和斡亦剌部,这些游牧部落又泛称鞑靼。虽然金世

世章之治：盛世下的危机

宗时期攻守兼备，阻止了各部鞑靼的侵扰，但这些部落并没有衰落，反而越发强盛。就在金章宗即位的同一年，漠北高原上发生变动，大名鼎鼎的铁木真成为蒙古乞颜部的首领。不过，当时乞颜部还是漠北一股相对不起眼的势力，真正对金朝产生威胁的仍是鞑靼诸部。

由于鞑靼各部不断袭扰金朝边境，金章宗有意继续增修界壕。明昌三年（1192）四月，金章宗召集百官讨论增修界壕的可行性，但经过接近一个月的争论，金章宗放弃了这项工程。不过金章宗并不是要听凭鞑靼南下，在七月，金章宗征调1200名精兵驻守北境的各个堡垒。然而边境线过长导致金朝防不胜防，金章宗决定主动出击。明昌五年（1194）二月，金章宗命宣徽使移剌敏、户部主事赤盏实理哥视察北边的屯田情况，规划作战方针。九月，金章宗令尚书省召集百官讨论策略。在初步制定战略战术后，金章宗命在上京等九路的猛安谋克、契丹与奚人、归附金朝的乣军中选出3万精兵派往北境，又令听命金朝的北阻卜部在次年夏天赶往临潢府会合。

后勤是备战的重点。明昌六年（1195）二月，因要向北境运送大批粮草，金章宗命令在诸群牧所、三个招讨司的猛安谋克、乣军、迭剌部、唐古部、西京和太原府内征调5000只骆驼。俗

第五章 明昌之风承世宗

话说"大炮一响,黄金万两",金章宗还拨出50万两银、23.69万贯钱作为军需,另又准备5万两银、2800两金盂、上百两金牌、8000两银盂、5万匹绢、上千端杂彩、446袭服装作为日后的犒军财物。

在一切准备就绪后,明昌六年(1195)五月,金朝正式出兵讨伐敌对的鞑靼部落。金军的主帅是在金世宗时期参与过消灭移剌窝斡之战及对宋反击战且屡立战功的宿将夹谷清臣。此时夹谷清臣已经身为宰相,他的大本营设在临潢府。六月,金军首战告捷;八月,行省都事独吉永中再次报捷。但在随后的战争中,金军与鞑靼军陷入胶着状态。金章宗担心夹谷清臣兵力不足,于十月派尚书左丞夹谷衡在抚州另设行省,并从自己身边的亲军和武卫军中各选出500人相随,金章宗又拨出5000万钱,交由夹谷衡带往前线。

就在此时,战场突生变故。经过侦察,夹谷清臣探得敌军虚实,便派8000名轻骑兵为前队,由宣徽使移剌敏担任都统,左卫将军完颜充和招讨使完颜安国分领左右翼,夹谷清臣自己则亲率1万名精兵为后队。几路大军进至合勒河附近,前队在移剌敏的率领下在栲栳泺接连攻下敌军的14个营地,但一直配合金军作战的北阻卜部此时突然反戈一击,将移剌敏缴获的战利品洗劫一空。夹谷清臣闻讯大怒，立即派使者到北阻卜的营帐问罪。北阻卜不将夹谷清臣放在眼中，不仅不承认错误，反而公开与金朝决裂。由于北阻卜部反水，金朝大军首尾不得相顾，在战场上处于被动。十一月，为扭转战局，金章宗令右丞相完颜襄代替夹谷清臣主持战事。身在中都的金章宗时刻关心战场的形势，为制定万全之策，任命枢密使唐括贡、御史大夫移剌仲方、礼部尚书张暐等23人为计议官，众人时常围聚在金章宗身边商讨军务。

完颜襄到任后立即调整部署，率领驸马都尉仆散揆等人向大盐泺进军，诸路人马纷纷立下战功。但在承安元年（1196）正月，广吉剌部整兵来袭，疏于防范的大盐泺群牧使移剌睹战败，死于沙场。鞑靼诸部兵势复振，完颜襄为了暂避锋芒，采取固守战略，并将自己的布防图送到中都。群臣对完颜襄的部署褒贬不一，金章宗在二月将身在前线的完颜襄和夹谷衡召回中都，详细询问前线战况。数日后，二人返回前线，开始转守为攻。

完颜襄派西北路招讨使完颜安国等人率领人马向多泉子进军，后又兵分东西两路继续前进，西路军由完颜襄亲自统率。东路军来到龙驹河附近，被数倍于己的塔塔儿部人马包围，在数次突围没能成功后，东路军向完颜襄求援。完颜襄没有采纳手下提出的等待人马全部集结再进军的建议，说道："我军已经被围

第五章 明昌之风承世宗

困数日,现在驰援都嫌太晚,怎么还能再耽搁呢?"下令立刻出发。在接近龙驹河时,又有人向完颜襄提出建议:"应该派人杀入重围,让东路军知道我们已经到来。"完颜襄否定了这个建议,说道:"倘若派去的人被敌军截获,他们就会得知援军人数不多且粮草都在后方,到时我们就危险了。"随后便下令以更快的速度进军。

等到天快亮的时候,金军已经距离塔塔儿军营很近,众将请求稍事休息。完颜襄仍未同意,解释道:"我们之所以连夜进军,就是想杀敌人一个措手不及,不能有半点延误。"完颜襄令众军在太阳升起的时候一起杀向敌军,被围的东路军听到震天的喊杀声也都向外冲杀。此战金军大获全胜,缴获了无数车帐和牛羊。战败的塔塔儿军逃向斡里札河,完颜襄令完颜安国率军追击。此时,乞颜部在铁木真的率领下已经逐渐强盛,得知塔塔儿退到斡里札河后,铁木真以"为父祖复仇"的名义征集部军,并向克烈部的脱里汗求助。最终,铁木真和脱里汗帮助金军在斡里札河攻破塔塔儿堡寨。完颜襄闻讯大喜,代表金朝授予脱里王号,脱里自此称王汗,铁木真则被授予札兀惕忽里的官号,获得统领诸部的权力。此战过后,反对金朝的鞑靼诸部损失惨重,金朝北境暂获安宁。然而金朝虽胜,但也战死了许多将士,金章宗下令寻找并安葬阵亡将士的尸骨。九月，金章宗又将百姓进献的3100瓶美酒赐给北方的军吏。

可惜好景不长，经过几个月的休养，鞑靼诸部的元气有所恢复，又有进犯金朝的迹象。金章宗再次委派完颜襄到北京大定府主持军政，同时派签书枢密院事完颜匡坐镇抚州。十月，金章宗选出800名精锐亲军戍守抚州。就在金朝与鞑靼即将再次交战之际，特满群牧的契丹人陁锁和德寿带人造反，叛军占据信州，建立政权，改元"身圣"，号称拥兵数十万。完颜襄不露声色，像往常一样，大定府一带的民心方才稳定。事实上，早在完颜襄到大定府之前就曾预判说："北边的鞑靼人其实不足为虑，就怕有奸人乘机作乱，北京一带军士不多，应提早做防范。"因此已经派人从上京征调了6000人马。如今这6000人有了用武之处。经过几次战斗，临潢总管乌古论道远和咸平总管蒲察守纯擒获了德寿等人，这次契丹群牧反叛迅速平息。

金章宗本已授予完颜襄任免龙虎卫上将军、节度使以下官职的权力，但一向谨慎的完颜襄认为赏罚之责并非臣子所能承担的，等到平定了契丹叛乱，完颜襄派人请求金章宗再派近臣前来封赏将士。十二月，金章宗派提点太医、近侍局使李仁惠到前线慰劳将士，得到官阶的合计1.1万人，得到财物赏赐的接近2万人，金朝此次共支出20万两银、5万匹绢和32万贯钱。

承安二年（1197）三月，边境的局势有所缓和，金章宗便将完颜襄召回中都，代替完颜襄在北京行省的是参知政事完颜裔，金章宗又命户部侍郎温昉佩金符在抚州任行六部尚书。长期的战争也消耗着金朝的国力，因此尚书省在四月建议出卖僧道空名度牒和紫褐师德号，以资助军储。五月，根据形势的变化，完颜裔移驻临潢府，金章宗升抚州为镇宁军，派完颜襄视察临潢府军务。八月，因随时可能重燃战火，金章宗召集朝中六品以上的官员在尚书省议事，讨论下一步战略。在讨论过程中，群臣分歧很大，主张主动进攻的有5人，主张防守的有46人，主张攻守兼备的有33人。金章宗将各种主张的代表人物召到睿思殿，进行集中讨论。为了选出可用的军旅人才，金章宗又令所有臣僚推荐善于领兵作战和负责后勤保障的人才。

由于兵力短缺，金章宗派人到上京、东京、北京、咸平、临潢、西京等路招募汉军。此时完颜裔与鞑靼作战不利，金章宗再次令枢密使兼平章政事完颜襄北上北京大定府主持军务，同行的还有枢密副使、权参知政事胥持国。金章宗力求取得全胜，故又派人到东京、西京、北京，河北等路和中都路的两个节镇购买5万头牛助军。

世章之治：盛世下的危机

完颜襄没有让金章宗失望，在之后的战斗中，完颜宗浩作为前线指挥沉着应战，鞑靼损失惨重，各个部落相继向金军求和。完颜襄接受鞑靼诸部的归顺，经过数年的战争，金朝终于结束了与鞑靼诸部的战争。承安三年（1198）十一月，完颜襄和众将回朝，金章宗任命完颜襄为尚书左丞相、监修国史，奖赏枢密副使夹谷衡以下众将士。不久后，金章宗又制定奖赏和升迁军士的具体办法。为了庆贺北境战事结束，金章宗还大赦天下。当然，金章宗没有被胜利冲昏头脑，他知道鞑靼很可能在恢复元气后再次作乱，因此下令挖掘界壕、修建边堡。承安五年（1200）九月，尚书省转呈西北路招讨使独吉思忠的奏报："西自坦舌，东至胡烈公，各路已经修成接近600里的边堡墙隍。之前的工程比较匆忙，没有女墙和副堤，现在都已增筑。工程没有征发民夫，参与的都是各地的军队。"金章宗大悦，下诏奖赏独吉思忠。

在金朝忙于应付鞑靼之际，南宋内部也发生了较大变故。宋光宗绍熙五年（1194）六月，太上皇宋孝宗病逝。由于宋光宗与宋孝宗父子素来不和，光宗便以患病为由拒绝主持丧礼。宋光宗的不孝引起南宋群臣不满，最终知枢密院事赵汝愚与韩侂胄、郭杲等人发动政变，迫使宋光宗退位，拥立皇子赵扩为帝，此即宋宁宗。之后又经过激烈的政治斗争，赵汝愚被韩侂

第五章 明昌之风承世宗

胄排挤出朝，韩侂胄从此独断朝纲。在打击政敌的同时，为彻底掌握军政大权，韩侂胄还大批起用主战官员，金宋之间的关系逐渐微妙。

对于南宋朝内的变动，金朝也有所察觉。但金章宗认为南宋不会贸然兴兵，故仍竭力维护已经持续数十年的和平局面。在泰和二年（1202）九月，金章宗以拱卫直都指挥使完颜瑭等人为贺宋生日使。在完颜瑭出发前，金章宗特意叮嘱道："两国和好已久，你到宋国后不要计较细节，免得伤了和气。"一心维系和平局面的金章宗甚至对南宋即将北伐的讯息也有所排斥，泰和三年（1203）十月，奉御完颜阿鲁带出使南宋回朝后，向金章宗汇报："宋朝权臣韩侂胄秣马厉兵，有向北进犯的迹象。"金章宗不仅不信完颜阿鲁带的话，反而责怪完颜阿鲁带无端生事，处以笞50下的刑罚，赶出宫中。直到南宋真的北伐，金章宗才意识到自己错怪了完颜阿鲁带，将他擢升为安国军节度副使。由此可见金章宗一定程度上确实疏于防范，给了南宋可乘之机。

宋宁宗开禧元年（1205），有人上奏宋宁宗："金朝刚刚经历大战，且国内灾情不断，我们可以乘机收复中原。"本就在积极备战的韩侂胄立即请求北伐，朝野上下主战情绪高涨。宋宁宗见到士气可嘉，决意发兵。韩侂胄被封为平章军国事，总揽军政大权。韩侂胄令宋军秘密训练、悄然北调,准备给予金朝突然袭击。南宋的战略是兵分三路,由吴曦从西蜀出兵关陕,赵淳、皇甫斌从荆襄出兵唐州、邓州,郭倪则从淮南指挥大军渡淮。

率先有动作的是西路吴曦所部,在泰和五年(1205)三月,宋兵越过秦川边界,进入巩州来远镇。随后金朝唐州守将捕获一名南宋的间谍,得知韩侂胄已经在鄂州、岳州屯兵,即将向北进攻。金章宗闻讯震怒,但他仍希望南宋保持克制,因此让枢密院给南宋送去质问信,要求南宋遵守誓言,约束宋军不要进入金朝境内。不过金章宗也没有天真到认为南宋会轻易罢兵,因此在五月任命参知政事仆散揆为河南宣抚使,从各地调集人马防备南宋。

金章宗已经意识到南宋的大规模北侵是箭在弦上,召集大臣商量应对之策,群臣口径一致,都认为金朝"不能开第一枪",现阶段需要做的就是积极备战,等待南宋违约,自己一方则以逸待劳。金章宗长叹一声,说道:"自皇祖父与南宋和好,已经40余年,中原百姓都不知兵戈之事,朕实在不忍心再起战争。"八月的时候,宋朝的间谍活动更加频繁,金朝也不断派人到宋朝境内打探消息,但金朝的一些间谍往往被南宋贿赂,反为南宋服务。这些"叛徒"回到金朝后谎称:"南宋的军事部署是为了消灭国内的盗贼,加之南宋听说我们设置了宣抚司,所以调兵频

第五章 明昌之风承世宗

繁。南宋的军队不足为惧,都是征调的老百姓,他们还要自带粮食,军营内瘟疫流行,已经死去十分之三四。"仆散揆信以为真,竟奏请撤去宣抚司和临洮、德顺、秦、巩等地新置的弓箭手。

由于金宋双方还没有彻底撕破脸皮,所以正常的交聘往来还在继续。九月,金章宗派河南路统军使纥石烈子仁等人为贺宋生日使出使南宋;十一月,金章宗以太常卿赵之杰等人为贺宋正旦使。但与此同时,宋军行动不断,九月攻入比阳寺庄,金朝的副巡检阿里根寺家奴战死;后又焚黄涧,活捉巡检高颢;十月,宋军偷袭比阳,金朝的唐州军事判官撒睹战死;十一月,宋军攻入内乡后又进攻洛南的固县,商州司狱寿祖将宋军击退。面对咄咄逼人的宋军,金章宗决定给他们一个教训。金章宗令山东、陕西的将领加紧训练士卒,并调拨15万两白银到南部边境,用以招募间谍。金章宗又令武卫军副都指挥使完颜太平和殿前右卫副将军蒲察阿里率领人马赶赴边境,伺机伏击入境的宋军。

泰和六年(1206)正月,南宋派来的贺正旦使陈克俊等人辞行,金章宗派御史大夫孟铸等人到馆驿中向陈克俊等人重申道:"大定初年,世宗皇帝认可你们宋国为我大金国的侄国,朕谨遵先皇的教诲,愿意与南宋世代修好。未承想你们近年来屡次冒犯我国,因此朕派大臣到河南设置宣抚司抚慰百姓。不久后你们谎

世章之治：盛世下的危机

称已经撤兵，朕便废止了河南宣抚司，但你们再次越境，而且越来越过分。最近群臣说你们已经背弃盟约，建议朕吊民伐罪，但朕知道和平来之不易，始终隐忍不发。朕担心朕的侄儿不了解朕的实际想法，因此要你们给他带去消息。请告诉他，要是还一意孤行，虽然朕仍是于心不忍，但终归要解决此事。一定要把朕的话全部带到。"陈克俊离开后，宋军的行动并未停止。宋将吴曦遣兵包围了抹熟龙堡，被金将蒲鲜长安击退；宋军又进入撒牟谷，金朝的陕西统军判官完颜掴剌和巩州兵马钤辖完颜七斤中了宋朝西和州守将的计策，木波部长赵彦雄等7人战死，完颜掴剌撤退途中陷入泥沼，被宋军射杀，只有完颜七斤幸免。

四月，宋军围攻寿春，寿春向临近的亳州求援，亳州同知防御使贤圣奴带领600人马赴援，击退了围城的宋军。金章宗令平章政事仆散揆行省于汴京，有便宜从事之权。金章宗又将各地的统军司升为兵马都统府，任命山东东、西路统军使纥石烈执中为山东西路兵马都统使，定海军节度使、副都统军使完颜撒剌为都统副使。黄河以南兵马全由仆散揆节制，金章宗还征调黄河以北人马南下。此时，南宋的大军开始渡淮。郭倪派毕再遇、陈孝庆进兵夺取泗州。宋军先后攻下新息、内乡，泗州的金军闭城不战。陈孝庆领兵佯攻西城，毕再遇则自东城杀入，金兵败溃。毕

第五章 明昌之风承世宗

再遇竖起大将旗，喊话说："我是大宋朝的毕将军，中原的遗民速速投降。"城中的汉官出降，宋军乘势攻下泗州。陈孝庆继续进兵，又攻下褒信、虹县和颍上。宋军首战得胜，兵威大振。

五月，韩侂胄请宋宁宗下诏，南宋正式宣布出兵北伐。宋将李爽再次围困寿州，田俊迈攻入蕲县，秦诜攻蔡州被防御使完颜佛住击败。宋军又攻入金城海口，杀长山尉，俘虏两名巡检。金章宗得知南宋宣布北伐后，也祭告天地、太庙、社稷，向天下宣告南宋背弃盟约，决定出师惩罚南宋。金章宗任命平章政事仆散揆兼左副元帅，枢密副使完颜匡为右副元帅，陕西兵马都统使完颜充为元帅右监军，知真定府事乌古论谊为元帅左都监。对于之前击退宋军的将士，金章宗予以嘉奖，唐州刺史吾古孙兀屯、总押邓州军马事完颜江山各获爵二级，蔡州防御使完颜佛住获爵一级，嵩州巡检使获爵八级和200万钱。

考虑到宋军主力集中，金朝在河南的人马不足以迎敌，金章宗从河北、大名、北京调集1.5万人驻扎在真定府、河间府、清州和献州作为预备队。宋将田俊迈急攻宿州，安国军节度副使纳兰邦烈出兵攻击田俊迈。在战斗中，纳兰邦烈被流矢射中，宋将郭倬、李汝翼率领宋军援助田俊迈，金军战败，宋军将宿州团团围住。但金军元气未伤，不久后，纳兰邦烈突袭宋军，将田俊迈

世章之治：盛世下的危机

击退，田俊迈退保蕲州。金军一鼓作气又攻下蕲州，田俊迈兵败被俘。宋将皇甫斌又攻唐州，唐州刺史吾古孙兀坚守城池，仆散揆遣泌阳副巡检纳合军胜援助唐州，皇甫斌亦被击退。

还不到一个月，战场上的形势已然发生变化，宋军虽沿着淮河全线出击，但除了毕再遇一路得胜外，其余几路人马纷纷战败。战场的主动权回到金朝手中。六月，仆散揆向金章宗奏报蕲州大捷，被俘的宋将田俊迈也被押送到中都。金章宗大喜，赐给建立战功的纥石烈贞、纳兰邦烈、史抚搭等人银钱和爵位。宋军还想奋力一搏，李爽带兵包围寿州，寿州刺史徒单羲坚守，李爽久攻不下，被来援的河南统军判官乞住和买哥杀得大败。金章宗得知寿州大捷后，封赏有功之臣，徒单羲升为防御使，乞住升为同知昌武军节度使事，买哥升为河南路统军判官，都统赛不和副统蒲鲜万奴晋爵一级，众人还各被赐予不同数量的金币。

虽然金军接连取胜，但金章宗没有利令智昏，而是保持冷静，避免将事态升级到不可控制的局面。由于南宋此次北伐的主谋是韩侂胄，就有人向金章宗建议损毁韩侂胄先祖——北宋名相韩琦的坟墓，金章宗拒绝了这个提议，令彰德府严禁任何损坏韩琦坟墓的行为。金章宗还下令寻访金朝境内的赵宋宗族，予以保护。接连失利导致南宋朝廷陷入混乱之中，韩侂胄自然不会承

第五章 明昌之风承世宗

担战败的责任,所以负责指挥军事的苏师旦和邓友龙成了"背锅侠",丘崈和叶适分别被任命为两淮宣抚使和知建康府兼沿江制置使。刚上任的丘崈为保全淮东兵力,采取退避策略,下令放弃还在宋军手中的泗州,退军盱眙。

又经过一番拉锯战,战争正式从宋攻金守转为金攻宋守。泰和六年(1206)九月,金章宗令尚书左丞仆散端行省于汴京,与仆散揆一起策划南征。十月,平章政事仆散揆总督金军分九路讨伐南宋:仆散揆亲统3万行省兵从颍、寿南下,河南路统军使纥石烈子仁率3万兵马从涡口南下,元帅完颜匡率2.5万兵马从唐、邓二州南下,左监军纥石烈执中率2万山东兵从清口南下,右监军完颜充率1万关中兵从陈仓南下,右都监蒲察贞带1万岐、陇兵从成纪南下,蜀汉路安抚使完颜纲带1万汉、蕃步骑从临潭南下,临洮路兵马都总管石抹仲温率5000陇右步骑从盐川南下,陇州防御使完颜璘率5000本部兵从来远南下。九路人马合计14.5万人,堪称精锐尽出。南宋则任命丘崈为签书枢密院事,督视江淮兵马。

金军南下十分顺利。十一月,完颜匡攻下枣阳,又攻克光化军及神马坡;纥石烈执中攻克淮阴,顺势包围楚州;仆散揆攻克安丰军,又取霍丘县,进抵庐江。丘崈已经没有信心阻挡金军,

世章之治：盛世下的危机

连忙派刘祐到仆散揆军中求和。仆散揆认为现在还没有把南宋彻底打痛，因此继续进军。纥石烈子仁克定远县，完颜匡取随州，纥石烈子仁克滁州，完颜匡围德安，攻下安陆、应城、云梦、孝感、汉川、荆山等县，完颜纲围祐州，完颜匡攻襄阳破其外城，仆散揆克含山，蒲察贞克天水，纥石烈子仁攻下来安、全椒二县，完颜纲攻下荔川、间川等城，完颜纲克宕昌，蒲察贞克西和州。仅仅一个月时间，金军的捷报就像雪片一样传到中都。丘崈更加慌张，又先后派林拱和宋显带着自己的亲笔书信向仆散揆求和。

仆散揆感觉已经到了边打边谈的时候，开始和丘崈接触，示意可以讲和。就在双方秘密往来的同时，南宋内部又给金朝送上一份大礼。在韩侂胄的计划中，除了沿着淮河北伐外，蜀地的吴曦也要奋力北上钳制金军。但吴曦是个野心家，他心存割据蜀地、与金宋三足鼎立的幻想。因此吴曦虽也有北上的军事行动，但大都是做做样子。相反，吴曦与金朝的秘密交往更加火热。早在宋宁宗正式下诏伐金的前一个月，吴曦就已经派人联络金朝，图谋割据蜀地。根据吴曦与金朝的谈判结果，吴曦将把阶、成、和、凤四州献给金朝，金朝则封吴曦为蜀王，为吴曦自立提供支持。在泰和六年（1206）十二月，南宋的太尉、昭信军节度使、四川宣抚副使吴曦正式归顺金朝。同月，金军又先后克宜城、和

第五章 明昌之风承世宗

州、大潭县、成州、大散关、真州、凤州。南宋处于极度被动的局面。

丘崈再次派陈璧等人带着书信向仆散揆表达求和诚意，仆散揆清楚南宋确实没有再战的勇气和能力，便班师北上。此时金章宗的注意力更多放在蜀地，对于吴曦归顺这块"从天而降的馅饼"，金章宗确实没法拒绝，毕竟"天府之国"的诱惑力太大。对于金朝来说，坐拥蜀地不仅可以使自己面对南宋处于绝对主动，而且灭宋一统似乎也可提上日程。金章宗命完颜纲负责接收蜀地，完颜纲令太仓使马良显带着金章宗的诏书和金印送给吴曦。吴曦随即派果州团练使郭澄、提举仙人关使任辛向金朝献表章、蜀地图志和吴氏谱牒。

吴曦的叛变和丘崈的软弱令韩侂胄极其愤怒。宋宁宗开禧三年（1207）正月，韩侂胄罢免丘崈，改任张岩督视江淮兵马，韩侂胄又自出家财20万补助军需。韩侂胄知道北伐收复中原已是天方夜谭，现在的目标就是尽量减少损失，维持自己的声望和地位，所以在作出继续作战的样子的同时，韩侂胄遣使臣方信孺到开封同金朝谈判。泰和七年（1207）正月，金章宗召集御史大夫完颜崇肃、同判大睦亲府事徒单怀忠、吏部尚书范楫、户部尚书高汝砺、礼部尚书张行简、知大兴府事温迪罕思齐等14人在庆

世章之治：盛世下的危机

和殿集体讨论下一步对策。

在泰和七年（1207）春季，金朝再次发兵攻宋。完颜匡围攻襄阳，又取谷城。金章宗也正式派同知府事术虎高琪等人入蜀册封吴曦为蜀国王。然而吴曦的蜀王位子还没坐热，就被随军转运使安丙杀害。客观来看，吴曦确实没有割据蜀地的条件，根本原因在于吴曦降金没有得到蜀地官民的支持。比如吴曦召用杨震仲，杨震仲宁可服毒自杀也不同意降金；史次秦则弄瞎自己的眼睛，拒不为吴曦做事，其他一些官员也都弃官而去；蜀地的百姓更是不齿吴曦的叛变，展开强烈反抗，监兴州合江仓杨巨源和吴曦的部将张林、朱邦宁、义士来福等人联络，策划讨伐吴曦；兵士李贵及进士杨君玉、李坤辰、李彪等数十人，也在计划杀掉吴曦；随军转运使安丙假装接受吴曦的命令，但私下也在谋划铲除吴曦。可以说，在接受金朝册封的时候，吴曦走到人生的顶点，但也走到了终点。最终，杨君玉等人伪造宋宁宗的诏书任命安丙为招抚使，李好义等70多人闯入伪宫，吴曦身边的兵士立刻散去，李贵当场斩杀吴曦。吴曦称王仅41天就身首异处。

在吴曦被杀后，蜀地军民在安丙的率领下开始收复失地。金朝完全没想到吴曦如此不中用，也就没有做好防备。宋军一举收复西和州、成州、阶州和凤州，又收复大散关，金朝的巩州钤辖

第五章 明昌之风承世宗

兀颜阿失战死。无奈之下，宣抚副使完颜纲尊奉金章宗的旨意，将驻扎在新纳五州的金军全部撤回固守关陕防线。为了分担金军在西线的压力，金章宗令东线的金军继续攻宋。有了东线的牵制，完颜纲的西线压力锐减，重新夺回大散关。安丙又遣西和州安抚使李孝义率步骑3万攻秦州，围皂角堡，但被术虎高琪击退。十月，陕西宣抚使徒单镒派副统把回海攻下苏岭关；十一月，都统押剌攻下鹘岭关、新道口，副统回海攻取小湖关、敖仓，进至营口镇。金宋在关陕一线再次攻守易势。

就在金宋激战的同时，韩侂胄的求和信也送到了金朝。韩侂胄有意增加岁币求和，但金朝不认可韩侂胄的提议，完颜宗浩回复道："宋国要是愿意去帝号称臣，双方就仍以淮河中线为界，要是宋国皇帝仅仅称子，就要以长江为界。宋国还必须杀掉元谋奸臣韩侂胄等人，将他们的首级送来，然后增加岁币，出犒师银，这样才可以议和。"韩侂胄只得再派左司郎中王楠求和，表示宋宁宗可以向金章宗称伯，且愿意增加岁币和出犒军钱。金朝仍不满意，坚决要求韩侂胄自裁谢罪。韩侂胄大怒，筹划再战，不过他的威望已降到冰点，朝中主降的官员和宋宁宗的皇后杨氏都在谋划铲除韩侂胄。开禧三年（1207）十一月初三，夏震等人在史弥远的指使下暗杀韩侂胄。

世章之治：盛世下的危机

韩侂胄被杀后，军政大权全归杨后和史弥远操纵。史弥远遵照金朝的要求，把韩侂胄的头割下送到金朝，表示愿意接受金朝提出的条件。金朝也没有力量继续用兵，同意议和。泰和八年（1208）闰四月，南宋将韩侂胄等人的首级送到汴京的元帅府。五月，金朝在中都举行隆重的受降仪式：金朝在应天门设置黄麾立仗，亲王和文武群臣分两班站立，中路兵马提控、平南抚军上将军纥石烈贞将韩侂胄、苏师旦的首级献上，又将元帅府声讨南宋无信背约、宣扬金朝吊民伐罪的通告献上。金章宗下令将韩侂胄、苏师旦的首级悬挂到城门上示众，并将此情此景画下来在民间传播，元帅府的通告则公布天下。

几日后，南宋的通谢使朝议大夫、试礼部尚书许奕与福州观察使、右武卫上将军吴衡等人带着宋宁宗的国书朝见金章宗，金章宗派左副都点检完颜侃为谕成使、礼部侍郎乔宇为副使出使南宋。七月，宋朝使臣带着金章宗的答通谢书及誓书回国，双方达成的新和议规定：

第一，回归靖康模式，金朝与南宋世世代代为伯侄之国。

第二，南宋将送给金朝的岁币增加到30万两银、30万匹绢。

第三，疆界恢复到"绍兴和议"后的状态，即金朝放弃新占领的大散关和濠州等地。

第五章 明昌之风承世宗

第四，南宋给金军犒军银300万两。

此次和议史称"嘉定和议"。对于南宋来说，"开禧北伐"与"嘉定和议"无疑是惨败和屈辱性媾和；对金朝来说，则是一次消耗国力但又声威大震的"军事—外交"胜利。但由于泰和年间金朝国内连年遭遇蝗灾、旱灾，金章宗时常自责没能处理好对宋关系，导致国家进一步处于危机中。即使在与南宋"重归于好"后，金章宗仍存不解，他召集百官询问道："朕记得海陵庶人曾经说过：'我大金朝虽然接受四方的朝贡，但赵宋仍然在江左苟延残喘，自古以来哪有天下一分为二却称正统的王朝呢？'因此海陵庶人亲征南宋。如今看来，宋廷一直没放弃北上，现在虽然战败求和，但威胁始终都在。朕最近时常思考海陵庶人的话，到底怎么做才对呢？"群臣知道金章宗并不是想兴兵伐宋、一统天下，只是想在道义上、名义上彻底压制南宋，因此有人建议道："早在靖康之后，宋朝国祚就已终结。如今的宋国不过是游魂余魄，虽还占据江南，但就像刘备占据蜀地一样，根本不是宋朝余脉。"经过讨论，金朝君臣在"正统"方面作出结论——金朝的正统性来源于北宋，南宋只不过是金朝治理的天下内苟延残喘的一个割据政权。

经过北讨鞑靼、南征宋朝，金朝的声势在泰和末年达到顶

世章之治：盛世下的危机

峰。但自金世宗时期就出现的诸多隐患并未消弭，金章宗治下的金朝又积累了诸多新的矛盾。内忧之外，尚有外患。在金朝攻杀鞑靼诸部的同时，漠北高原的平衡态势也被打破，一直与金朝合作的铁木真韬光养晦、蓄势待发。趁着金宋大动干戈之际，铁木真于泰和六年（1206）在斡难河源即汗位，建立大蒙古国，随后开始攻略西夏。风雨欲来风满楼，金朝来到国势的顶峰，也走到转衰的节点。

第六章

金源道衰何从起

泰和八年（1208）十一月，41岁的金章宗去世。仅仅3年后的卫绍王大安三年（1211）秋天，蒙古军队在野狐岭之战中击败金军主力；又过了仅仅两年半，即金宣宗贞祐二年（1214）四月，金朝迁都至南京汴梁，从此黄河以北大片国土成为蒙古政权、金朝、南宋以及地方割据势力争雄的沙场；再来到18年后的金哀宗天兴元年（1232）十二月，金哀宗弃守汴京，先后逃到归德和蔡州，次年正月，蔡州城破，金哀宗自缢，金朝正式灭亡。

世章之治：盛世下的危机

从金章宗去世到金朝灭亡，金朝由盛转衰、再衰且亡只用了一代人的时间。当然，金朝的灭亡并不能完全归咎于金章宗后面的几位君主——金章宗的叔叔卫绍王完颜永济、金章宗的兄长金宣宗完颜珣和金章宗的堂侄金哀宗完颜守绪。以上三位金朝统治者虽然均有不当之举加速金朝灭亡，但追根溯源来看的话，金章宗甚至金世宗在一定程度上都要为金朝的轰然倒塌负起责任。

对于金世宗时期的问题，我们曾有讲述，一是金世宗秉持"女真本位主义"，激化了女真人与汉人之间的矛盾，二是由于完颜允恭的早逝，金世宗将皇位传给皇孙导致金朝宗室内部裂痕增大，削弱了统治力量。等到金章宗即位后，虽然整体上仍能延续盛世局面，但金章宗不仅未能解决金世宗遗留下来的问题，反而错上加错，以致内部多重矛盾迸发。具体来看，金章宗时期国内的问题主要有四点，即宗室祸乱、妃嫔预政、小人拜相与后继无人。在这种情况下，又有成吉思汗统一漠北高原，对中原虎视眈眈，金朝的衰落乃至灭亡也就成为一种历史发展的必然结果。

一、诸王法禁严

金章宗即位后立刻晋封诸位叔伯的爵位，并赏赐诸位亲王500

第六章 金源道衰何从起

两金、5000两银、2000贯钱、300端重币、2000匹绢,之后又特赐汉王完颜永中300万钱营修府邸,并赐完颜永中之子石古乃为银青荣禄大夫、阿离合懑为奉国上将军。但在这些恩赏的背后,金章宗内心对这些长辈始终心存芥蒂。其中,曾经对皇储之位构成威胁的汉王完颜永中与卫王完颜永蹈更是金章宗的忧虑所在。

为了防范叔伯们不利于己,金章宗为诸位亲王制定了一系列禁令。明昌元年(1190)正月,金章宗限制诸位亲王外出游猎的时间,规定在外任官的亲王只能游猎5日,违反者要遭受处罚,金章宗还令诸位亲王严格约束身边的随从,不许滋扰地方百姓。除在时间上限制诸位亲王的游猎活动外,金章宗又在空间上对诸位亲王的游猎活动加以限制。明昌元年(1190)二月,金章宗派人到各地诏谕在地方上任官的亲王,告诫他们游猎时不许越过自己的辖区。

此后,金章宗继续强化对诸位亲王的管控。一是加强对亲王家人、属官乃至仆人的管理。明昌元年(1190)六月,规定亲王的家人犯罪,王府内的长史和吏员要承担失察、纵容的罪名;八月,规定倘若亲王与公主的奴婢侵占民间货船、欺侮地方商旅、随意发放高利贷,均要治罪;明昌二年(1191)二月,又敕令亲王不许延请僧尼道士到家中。二是削夺诸位亲王的权力,尤其是军权。明昌二年（1191）八月，金章宗下诏凡是亲王担任具有军权的职位，军权转由佐贰官承担。三是在王府内设置王傅、府尉等职位。这些职位品阶很高，王傅为正四品，负责教导诸位亲王、为亲王提供建议，当担任地方长官的亲王外出，还要兼管地方事务；府尉为从四品，也负责教导亲王的行为；长史为从五品，负责管理亲王的警卫与侍从，同时兼管王府内部事务。以上职位名义上都是为了引导诸位亲王行善而置，但实际上主要职责是监督诸位亲王。自此以后，诸位亲王的日常行为极度受限，元好问就曾评论道："明昌以来，金朝为亲王们制定了严格的禁令，从此诸位亲王和亲王的公子们都不能随意和外界交往。"

金章宗也知道这些规定有些过分，便开始展现自己的"表演"天赋，频繁表示严防死守诸位亲王并非自己的本意。明昌三年（1192）七月，金章宗对宰相大臣说道："朕听说各个王府的王傅和府尉多在细节方面苛责亲王们，对亲王的一举一动都严加控制，这并不是朕的授意。朕在亲王府邸内设置这些职位的初衷是想让他们辅导诸位亲王，使亲王们行为端正、知晓大局。"平章政事夹谷清臣回应道："臣请求陛下下旨给诸王府的王傅和府尉，让他们了解您的本意。"金章宗却不置可否，只是说道："朕之前已经对他们说过了。"

第六章　金源道衰何从起

不过，金章宗也认识到要是过分压制诸位亲王，很可能引起舆论非议，便在明昌三年（1192）十月派人到各地告诉诸王府的王傅和府尉："朕令诸位亲王到各地担任长官，是想让他们在为国分忧之余有闲暇的时光享受生活。考虑到如果不加以约束，他们大概率会作出一些违背法理的事情，因此才在各个王府内设置王傅和府尉来引导亲王们的行为，补救他们的过错，让他们不至于犯下大错。在不影响政务的前提下，只要亲王们的宴饮规模不太过分，对国家又有什么危害呢？朕听说你们有时过于执拗，即使是无关痛痒的小事，也对亲王们加以限制。帮助和扶持亲王是你们的责任，岂能如此行事？你们要认清自己的职权范围，做事要妥当适中，不可失去对亲王的礼节。你们也要将朕的意思告知亲王们，让他们了解朕的心意。"

然而，就在金章宗还在调整管控亲王的尺度之际，一些亲王开始犯错。明昌二年（1191）正月，金章宗的生母徒单皇太后去世。按照定制，身处各地的诸位亲王都要赶赴中都参加葬礼，但判真定府事吴王完颜永成和判定武军节度使随王完颜永升均耽误行程，错过了皇太后葬礼的部分仪式，汉王完颜永中更是以身染寒疾为由，始终没有启程。金章宗大怒，下令剥夺完颜永成和完颜永升一个月的俸禄，对二人的王府长史处以笞50下的刑罚。

世章之治：盛世下的危机

至于完颜永中，金章宗专门派人诏谕他："皇帝已经因要处理国事而权宜礼制，即将脱掉丧服，你就不必再来了。"

二月，在金章宗即将除丧服之际，完颜永中才入朝祭拜皇太后。几日后，葬礼结束，完颜永中和其他亲王向金章宗辞行，金章宗对他们仍是极尽礼遇，赐予诸位亲王皇太后的遗物作为纪念，并改封诸位亲王，封完颜永中为卞王、完颜永功为鲁王、完颜永成为兖王、完颜永升为曹王、完颜永蹈为郑王、完颜永济为韩王、完颜永德为豳王。不过，此时此刻金章宗内心清楚，虽然自己已经对诸位叔伯采取恩威并重的手段，但他们还是对自己这位年少的皇帝心存轻视慢待之心。

这次风波过后，诸位亲王并未有所收敛，完颜永功和完颜永成又先后犯错。在完颜永功判平阳府事时，他的私人医生沈思存违反国家禁令，按照律法，完颜永功的职位也将被解除。金章宗还是决定网开一面，说道："朕知道这件事了，要狠狠地处罚管理王府事务的人员。"但完颜永功不久后又包庇犯罪的家奴王唐，金章宗以失察罪判处平阳府治中高德裔笞40下，令完颜永功改判济南府事。金章宗顾及情面，派人抚慰完颜永功道："你所犯虽是小事，但依据法令不得不如此处理，要是不对你作出处罚，恐怕以后还会犯错。济南是先帝曾经治理过的地方，风土人情俱

第六章　金源道衰何从起

佳,你要理解朕的苦心。"

完颜永成则犯了违制游猎的罪过,完颜永成自知逃不过处罚,主动请求解除职位,并向金章宗上表请罪。金章宗见到完颜永成态度良好,亲手写下诏书安慰道:"朕知道你的请罪是发自肺腑,而且你一向忠诚淳朴,曾在东宫内陪侍朕的皇考,尽显兄弟之情。在朕承继大统后,你保持赤胆忠心,对身处艰难中的朕帮助很大。朕对你也很信任,令你担任要职。自你治理地方以来,也基本没出现过差错。最近游猎惊扰了地方百姓,这是法律不能容忍的,御史台将此事告知了朕。朕念及与你的骨肉之情,不忍心立即处罚。然而朕出于私情宽容你毕竟不符合公理,因此朕批准你的请辞。你要牢记祖宗立下的法度不允许徇私,但骨肉至亲也不会因为距离产生嫌隙。这次只是小的惩戒,目的是让我们之间的关系有始有终。《孝经》里面说'身为诸侯,在众人之上而不骄傲,就算地位再高也不会有倾覆的危险'。由此可知小心谨慎是修身养性的根本,骄傲自满是败坏德行的源头。朕时常用这句话勉励自己,如今将这句话也送给你。当初东汉的东平王刘苍乐于行善,最终成就不朽的名声;西汉的梁孝王刘武骄奢淫逸,最终招致汉景帝的怀疑。前人的行为可以作为今天的借鉴。你文武双全,又多才多艺,只要遵守正道,在哪里都能有所作为。朕平常不擅长文辞，草草写下这些文字，希望你理解朕的意思。"

虽然金章宗没有严厉处罚完颜永功和完颜永成，但也没松懈对诸位亲王的监视管控。身为金世宗长子的完颜永中此时已年迈，但一举一动仍被严密监视，完颜永中为此郁郁寡欢，请求金章宗批准退休，金章宗拒绝了完颜永中的请求。就在此时，完颜永蹈谋反案爆发，此案彻底撕裂了金章宗与诸位亲王之间的关系。

作为李元妃的长子，完颜永蹈一直自命不凡。在金章宗即位后，完颜永蹈迷信上谶纬之说。最开始是完颜永蹈的家奴毕庆寿私下与崔温、郭谏、马太初等人讨论谶记灾祥，这些人都是不知天高地厚的野心家。随后，毕庆寿以相术高超为由向完颜永蹈推荐郭谏。完颜永蹈偷偷请郭谏给自己和王妃、公子相面。郭谏对完颜永蹈说道："大王的相貌与众不同，王妃和两位王子也都是大贵之相。"郭谏见到完颜永蹈对自己的话将信将疑，又补充道："大王是元妃的长子，运数自然不是其他亲王能比的。"这句话直击完颜永蹈的"灵魂深处"，完颜永蹈对郭谏的话开始深信不疑。

完颜永蹈随后将崔温、马太初也偷偷接到王府中，每天与这些人讨论谶记和天象。崔温说道："根据谶记和天象来看，牛年

第六章 金源道衰何从起

将有兵灾,属兔的人在明年春天会在精兵强将的帮助下登上皇位。"郭谏也说道:"昨夜我见到有赤气向紫微星移动,又出现白虹贯月,这些都是牛年和虎年之间出现兵革与皇位更迭的迹象。"完颜永蹈对这些话已经完全没有免疫力,便开始策划起兵谋反。完颜永蹈暗中结交宫中的内侍郑雨儿窥探金章宗的日常情况,又以崔温为谋主,派郭谏、马太初四处游说勾结其他野心家。由于河南统军使仆散揆娶了完颜永蹈的亲妹妹韩国公主为妻,所以完颜永蹈想引诱仆散揆带着河南兵马加入自己的反叛集团。在和自己的另一个妹妹泽国公主长乐谋划后,永蹈让长乐的丈夫驸马都尉蒲刺睹给仆散揆写信,说要和仆散揆结成儿女亲家,借此试探仆散揆。仆散揆明确拒绝蒲刺睹,送信的使者也就不敢将完颜永蹈想要和仆散揆联合谋反的事告知。

完颜永蹈的家奴董寿察觉到完颜永蹈的计划,觉得此事不可能成功,劝说永蹈罢手,但利令智昏的永蹈置若罔闻。为求自保,董寿将此事告诉好友千家奴,让千家奴揭发完颜永蹈。此时完颜永蹈就在中都城内,金章宗立即命平章政事完颜守贞、参知政事胥持国、户部尚书杨伯通、知大兴府事尼厖古鉴一同审问完颜永蹈。由于此案牵连甚广,完颜守贞担心引起动乱,所以久久没有结案。金章宗怒气未消,将完颜守贞等人召进宫中询问进度，右丞相夹谷清臣上奏道："速断速决才能安定人心。"金章宗认为夹谷清臣的话很有道理，便不等完颜守贞等人审理完毕，于明昌四年（1193）十二月赐死完颜永蹈、王妃下玉以及完颜永蹈的两个儿子按春和阿辛，同谋的泽国公主长乐被赐自尽，蒲剌睹、崔温、郭谏、马太初等人也都被处死，仆散揆虽未参与其中，但也被免除职务。上告此事的董寿被免除死罪，改隶宫籍监，千家奴则被赏赐2000贯钱和5级官阶。

为以儆效尤，金章宗还别出心裁地将完颜永蹈的家产分给其他亲王，泽国公主长乐的家产则被分给其他公主。金章宗的决定引起非议，比如户部郎中李敬义认为这样做可能会引起新的争端，但宰相完颜守贞说道："陛下要把永蹈的家产分赐给其他亲王的诏命已经下达，现在无法更改。而且如今已经削减了各个亲王府邸内弓箭的数量，又有府尉检查王府的出入情况，不会再节外生枝，陛下分赐财产的决定没有问题。"

处理完完颜永蹈谋反案后，金章宗对诸位亲王的管控更加严密，在各个王府内又设置司马一职，不仅诸位亲王日常的击球、田猎、游玩和宴饮等活动极度受限，就连亲王家属的活动也被严格管控。本就被金章宗怀疑的完颜永中开始成为重点关注对象。当金章宗得知河东提刑判官把里海曾私自拜会完颜永中后，将把

第六章 金源道衰何从起

里海杖100下、解除职位。担任近侍局副使期间曾为完颜永中请求官位的裴满可孙此时已经担任同知西京留守,但金章宗仍将他罢免。就在完颜永中岌岌可危之际,他舅母的愚蠢行径彻底葬送了完颜永中的生路。

完颜永中的母亲张氏出身渤海世家大族,自金朝立国以来,张氏一族可谓门庭显赫,频繁与皇室联姻。由于完颜永中的母亲被金世宗追封为元妃,所以张元妃也成为张氏一族身份最高的女性。完颜永中的亲母舅是尚书右丞张汝弼,张汝弼的妻子高陀斡笃信已故的张元妃可以保佑自家,从大定年间开始便供奉张元妃的画像,并利用旁门左道为完颜永中祈福,祈祷完颜永中能够承继皇位。明昌五年(1194)十月,高陀斡的行为被金章宗查知,一直怀疑完颜永中的金章宗诛杀了高陀斡,并将矛头指向完颜永中。

然而,根据所掌握的证据,完颜永中并不知晓高陀斡的行为,金章宗无法治罪完颜永中。但完颜永中王府的王傅和府尉上报说:"因防禁严密,完颜永中的第四子阿离合懑大发牢骚,甚至对皇帝出言不逊。"金章宗抓住时机,派同签大睦亲府事完颜阿里剌与御史中丞孙即康逮捕相关人员进行审问。经过审讯,完颜永中的第二子神徒门曾经编撰曲目抱怨金章宗的事情也被揭

世章之治：盛世下的危机

发，又有完颜永中的家奴德哥告密说完颜永中曾对侍妾瑞雪说过"等我得了天下，咱们的儿子就是大王，你就是皇妃"这样大逆不道的话。金章宗得到奏状后，派礼部尚书张暐、兵部侍郎乌古论庆裔详细审问。

金章宗就如何处理完颜永中征求群臣意见。金章宗首先对宰相与执政官说："永中只是有谋逆的言语，与永蹈的罪行还是有所不同。"参知政事马琪回答道："永中与永蹈的具体罪行虽然不同，但他们忘记人臣本分的心却是一致的。"金章宗又问道："永中已经身为亲王，为何还要说这种大逆不道的话？"尚书左丞相夹谷清臣回答："可见永中平常就怀有不臣之心。"金章宗随后召集百官一起讨论如何处理完颜永中，要求四品以上的官员到便殿奏对，五品以下的官员则要附奏。群臣大多表示："应该根据国家的法令处理。"只有宫籍监丞卢利用表示应该给完颜永中用钱赎罪的机会。明昌六年（1195）五月，金章宗赐死完颜永中，神徒门和阿离合懑等人则被当众处以死刑，完颜永中的妻妾和石古乃等没有罪过的亲属被关押在威州。直到泰和七年（1207）十二月，金章宗才恢复完颜永蹈和完颜永中的王爵，又令石古乃按照王爵的礼节重新安葬完颜永中，并允许石古乃每年祭祀。

以上就是金章宗时期完颜永蹈谋反案与完颜永中谋反案的

情况。关于完颜永蹈和完颜永中究竟是罪有应得，还是惨遭构陷，可谓众说纷纭。从当时的政治环境来看，完颜永蹈和完颜永中都是金世宗在位时着力培养的儿子，在朝野上也都具有相当大的影响力，对于辈分低且年纪小的金章宗来说，二人的存在就是一种威胁。而且完颜永蹈和完颜永中生于皇家，自小就没受过多少委屈，面对金章宗的严密监控，心存不满甚至出言发泄不满也在情理之中，加之二人日常生活中错误不断，给金章宗留下不少把柄。综合以上所有因素，金章宗与对自己地位威胁最大的完颜永蹈与完颜永中爆发你死我亡的政治斗争在一定程度上是必然事件。我们既不能说金章宗冷血无情，也不能说完颜永蹈和完颜永中自食其果，因为追根溯源的话，金朝立国以来的数次储位之争、血腥政变和皇位继承制度的不完善已经预示了悲剧将会持续上演。

　　金朝民间很多人都认为完颜永中非常冤枉，一些人甚至利用这个舆论反抗金朝。在金宣宗贞祐三年（1215），盗匪太康县人刘全自称是爱王石古乃，在卫真一带造反。居住在嵩山的东平人李宁自称会法术，他投靠刘全，被封为国师。但这么一个"草台班子"只能愚弄百姓，很快就被金朝消灭。事实上，石古乃始终没有得到过王爵，所谓的"爱王"纯属子虚乌有。不过，类似的

世章之治：盛世下的危机

事件后来再次发生。兴定二年（1218），亳州谯县人孙学究私下造谣说："爱王终究会成就大事，现在他藏匿在民间，自称刘二。"卫真的百姓王深等人信以为真，很快就有野心家自称刘二，他收拢王深和欧荣等人为党羽，打造兵器甲胄，但也很快事发，参与谋反的52人全被处死。

虽然金宣宗时期的"爱王起事"没给金朝造成实质威胁，但这些事情传到南宋后就演绎成了影响金朝国祚的大事。据张师颜《南迁录》记载，从明昌五年（1194）正月开始，金朝的爱王（宋人笔下的爱王成了完颜永蹈的儿子，名叫大辨）就占据五国城造反，与金章宗派去的人马数次大战，屡战屡胜。这个爱王还和成吉思汗结为盟友，一起南下攻金，成为金朝的心腹之患。当然，以上都是小说家言，但也展现出完颜永蹈与完颜永中谋反案在民间的反响，有很多人为两位亲王抱不平。

在先后杀掉完颜永蹈和完颜永中后，金章宗也不免伤怀许久，毕竟自己诛杀的是亲叔伯。此后，虽然金章宗仍未放松对诸王的限制，但也没有再过分为难诸位亲王，甚至不断示好其他叔伯。就在完颜永中被处死的数月后，金章宗来到曹王完颜永升的府邸探望；承安二年（1197）十二月，豫王完颜永成向朝廷进献80匹马，金章宗下诏褒奖完颜永成，尊称完颜永成为皇叔豫王；

第六章 金源道衰何从起

泰和三年（1203）十二月，完颜永成病危，金章宗亲自过府探病，在完颜永成去世后，金章宗为纪念完颜永成，下诏求购完颜永成的遗文。

虽然金章宗后期设法弥补亲情的裂痕，但防范宗室的种子已经在金末的政治文化中生根发芽。此后，无论是卫绍王，还是金宣宗和金哀宗，也大都不信任亲近的宗室，完颜永中的家属直到金朝灭亡的前夕才被释放，此时他们已经被关押30余年。元好问对此有所评论，他认为金章宗屠戮宗亲、法禁诸王影响了金朝的团结，造成金章宗以后的皇帝缺乏亲近宗室倚仗。在金亡后，元好问途经威州镐厉王故居，不由叹息"天道循环只眼前，果谁烈焰与寒烟。种瓜四摘浑闲事，抱蔓无人更可怜"，已然将金朝灭亡视为上天对金朝皇帝屠戮宗亲的惩罚。

二、监婢可为妃

金章宗是一位风流天子，不过坐拥三千佳丽的金章宗最宠爱的妃子无疑是又一位李元妃——李师儿。基于对李师儿的恩宠，金章宗不仅封出身卑微的李师儿为冠绝后宫的元妃，还重用李师儿不学无术的兄弟。李元妃一家干预政事成为金章宗在位期间的

世章之治：盛世下的危机

又一弊政。

李师儿的父亲叫李湘、母亲叫王盼儿，因为长辈犯罪，李师儿自幼就同家人一起被收没到宫籍监内为奴。金世宗大定末，朝廷在宫籍监中选拔少女入宫，李师儿被选中，命运从此发生转变。在入宫后，李师儿和其他宫女一起学习宫中礼仪和文化知识，她们的老师是宫中的教习张建。按照金朝的制度，教习不能与宫女面对面，便用青纱作为隔断，遇到不认识的字和不理解的词句，宫女就隔着青纱指着课本请教教习，教习则在青纱帐外用口述的方式指导宫女。

在众多新被选入宫的宫女中，李师儿是最聪明的一位，她不仅能很快领会张建教授的内容，每当提问和回答问题时还声音洪亮。张建虽然没见过李师儿的相貌，但对李师儿清亮的嗓音印象深刻。有一次金章宗询问张建："最出色的宫女是谁啊？"张建回答道："我教导的宫女中最优秀的是一位声音清亮的女子。"金章宗便根据张建的提示访求到李师儿。李师儿入宫后还结交下宦官梁道，梁道趁机向金章宗赞美李师儿相貌出众、才华横溢，建议金章宗临幸李师儿。见到李师儿后，金章宗向李师儿展示自己的诗文，聪明的李师儿此时已经颇具知识基础，能理解金章宗诗文的含义，加之李师儿善于察言观色，能够迎合金章宗的心意，

第六章 金源道衰何从起

很快就得到金章宗的宠爱。

在明昌四年（1193），金章宗封李师儿为昭容，次年又晋封为淑妃。俗话说"一人得道，鸡犬升天"，随着李师儿得宠，金章宗追封李师儿的父亲李湘为金紫光禄大夫、上柱国、陇西郡公，李师儿的祖父和曾祖父也都得到追封。对于李师儿的兄弟，金章宗也先后赐予官职。李师儿的兄长叫李喜儿，弟弟叫李铁哥。这兄弟二人不学无术，李喜儿早年甚至流落民间为盗，如今却凭借李师儿的裙带关系成为金章宗的近臣。李喜儿与李铁哥逐渐权倾朝野，李喜儿先是担任负责侍候皇帝的近侍局长官，后又担任宫中地位最高的殿前都点检，最终担任宣徽使、安国军节度使；李铁哥最初也是在近侍局任职，担任过近侍局的长官，后来又担任掌管皇家工程与制造的少府监长官。李氏兄弟的一举一动招来四方关注，一些射利竞进的小人争先恐后地投到李氏门下，就连南京李炳、中山李著这样的名门子弟也和李氏攀亲戚求取利益，我们后面要提到的胥持国也是通过讨好李师儿身居宰相之位。

自从金章宗的原配钦怀皇后去世，后宫长期无主，金章宗有意立李师儿为后。但自金朝建国以来，皇后都出自徒单、唐括、蒲察、拿懒、仆散、纥石烈、乌林答、乌古论等女真诸部部长的家族，这些家族与皇室世代联姻，不仅把女儿嫁给皇族，也不断迎娶公主。相比之下，李师儿的出身过于微末，金章宗立李师儿为后的阻力可见一斑。因此当金章宗表露自己有意立李师儿为后的意图后，群臣一致反对，台谏官更是不断上奏驳斥金章宗。金章宗无奈之下只得顺从群臣意见，但金章宗退而求其次，力排众议晋封李师儿为元妃。我们曾经提到过，金朝后宫之内仅次于皇后的妃嫔就是元妃，所以李师儿虽然没能成为皇后，但在金章宗始终不立皇后的情况下，仍是名副其实的后宫之主。

自此以后，李元妃一家权势更盛，乃至出现一些"谐音梗"。金章宗有一天在宫中设宴，找来一些演员表演节目。在表演过程中，有人向这些演员问道："你们知道国家出现过的祥瑞吗？"一名演员反问道："难道你不知道国家出现过凤凰吗？"提问的人说："我当然知道，但不清楚具体情况。"反问的那名演员继续说："凤凰朝四个方向飞，不同的方向代表不同的吉兆。向上飞象征风调雨顺，向下飞意味五谷丰登，向外飞预示四国来朝，向里飞可就是加官晋爵啊。"此处的"向里飞"是"向李妃"的谐音，那名演员的意思非常明确，只要投靠李师儿，就可以加官晋爵、尽享荣华富贵。聪明的金章宗自然听出演员的调侃，但他并不生气，只是一笑而过，由此也可见金章宗对李师儿的纵容。

第六章　金源道衰何从起

不过，聪慧的李元妃知道"人无千日好，花无百日红"，等到自己年老色衰，难免金章宗会移情旁人。为了稳固自己来之不易的地位，李师儿想方设法为金章宗诞育皇嗣。在李师儿入宫前，钦怀皇后和其他妃姬已经为金章宗生育过皇子，但这些皇子全都在两三岁甚至几个月大的时候夭亡。为了求得皇嗣，金章宗不断祈求神明。比如在承安五年（1200），金章宗分别到太庙、山陵祭祀祈祷。在少府监张汝猷的建议下，金章宗还分派近臣到各地的岳镇海渎庙宇中祈祷，后来又派刑部员外郎完颜匡到亳州的太清宫祈祷。

也许金章宗的祈祷起到了效果，李元妃在泰和二年（1202）八月成功生下皇子，金章宗给皇子起名忒邻。群臣纷纷向金章宗上表道贺，金章宗和李元妃都很高兴，在神龙殿设宴款待五品以上的官员，六品以下的官员则在神龙殿东侧的廊道内宴饮。金章宗令平章政事徒单镒向供奉先祖的太庙报告道谢，尚书右丞完颜匡向祖先陵寝报告道谢，又专门派人到亳州太清宫报告道谢。在皇子忒邻满月的当天，金章宗封他为葛王。这个封赠意义非凡，因为金世宗早年曾受封葛王，在金世宗即位后，再未封任何人为葛王，以致金朝制定的三等王国封号中都没有"葛"。金章宗对忒邻的期待极高，这才违背制度重新启用葛王的封号。当忒邻满

世章之治：盛世下的危机

三个月之时，金章宗发放3000道僧道度牒，并在玄真观设立道场为忒邻祈福。在忒邻满百天的时候，金章宗又在庆和殿为忒邻举行隆重的庆祝仪式，令百官依照新年的规格向自己敬酒道贺，五品以上的官员还要为皇子进献礼物。可惜事与愿违，被金章宗和李元妃寄予厚望的皇子忒邻还是没能逃过夭折的命运，在2岁的时候，忒邻因病去世。

命运的捉弄使得金章宗和李元妃疲惫不堪，二人之后也没能再生育皇子。虽然李元妃并未因没有皇子而失去金章宗的宠爱，但没有皇子作为保障，李元妃的地位终将成为水中月镜中花。时间来到泰和八年（1208），已经在位20年的金章宗身体越来越差。金章宗预感到自己可能时日无多，虽然太医说承御贾氏和范氏都已怀有身孕，然而金章宗的身体恐怕支撑不到皇子诞生。金章宗确实没能等到自己的皇子，只得在临终前将皇位传给皇叔完颜永济。

完颜永济的上位不仅预示金朝即将走向终点，也标志李元妃的地位将要一落千丈。根据金章宗的遗诏，完颜永济只是暂代皇帝之位，等到有孕的贾氏和范氏诞育下皇子，完颜永济就要将其立为储君。这道遗诏是李元妃和同党一手炮制，无外乎是想以此挟制完颜永济，继续掌握朝政。但是和能在金章宗时期严防宗室

第六章 金源道衰何从起

的政治旋涡中自保甚至得到金章宗信赖的完颜永济相比，李元妃的想法难免过于天真，手段也过于幼稚。

已经登上皇位的完颜永济自然不会再将所谓的遗诏奉为圭臬。在登基仅仅两月有余后，完颜永济就昭告天下："章宗皇帝将天下交给了朕，并且留下遗旨说后宫中有两位夫人有孕，如果其中有人诞下皇子就立为储君。章宗皇帝多次向朕叮嘱此事，朕虽然无德无才，也要尽心竭力完成章宗皇帝的嘱托。为保万无一失，朕小心谨慎地照顾两位夫人，为她们安排僻静的住所，又派她们可心的人去照顾，就连钦怀皇后的母亲郑国公主和乳母萧国夫人都昼夜不离左右。昨天朕听说贾氏夫人身体不适，十分忧愁，立即命大臣前往看护。今天平章政事仆散端和尚书左丞孙即康向朕上奏说承御贾氏本应在去年十一月分娩，如今已经过去三个月，却仍未分娩。范氏夫人的预产期是在本月，太医副使仪师颜说范氏在去年十一月伤了胎气，虽然一直调养，脉象已经正常，但胎形已失。流产之后，范氏十分痛苦，觉得有负章宗皇帝，决意削发为尼。朕牢记章宗皇帝的嘱托，却突闻这样的噩耗，内心实在痛苦。虽然范氏夫人已经流产，但贾氏夫人仍有希望诞育皇子，朕郑重地向列祖列宗祈祷贾氏夫人能为章宗皇帝生下龙子。朕唯恐官民不了解其中的经过，造成谣言四起，因此公

世章之治：盛世下的危机

布于众。"

在"解决掉"范氏后，完颜永济的目标转移到贾氏和李元妃身上。在当年四月，完颜永济再次昭告天下："近期有人向朕告发李元妃，说李元妃有负章宗皇帝。在泰和七年正月的时候，章宗皇帝病重，李元妃就开始和宦官李新喜策划阴谋。他们计划让宫中嫔妃谎称有孕，再偷偷用别人家的婴儿冒充皇子。去年贾承御生病呕吐又腹中肿胀之际，李元妃与她的母亲王盼儿、宦官李新喜便指使贾承御装作怀孕，他们计划等贾承御临产期到时就用李家的婴儿冒充皇子。但章宗皇帝突然驾崩，李元妃等人的阴谋没来得及实施。章宗皇帝去世前曾命平章政事完颜匡负责皇宫内外一切事务，明确说明'我有两名身怀六甲的嫔御'，随后召朕入宫，当时在左右侍候的人都可作证。李元妃和李新喜却不遵圣旨，想要擅自把李喜儿、李铁哥召进宫中，但没能成功，只得私自叫来提点近侍局乌古论庆寿一起品评诸位亲王，反反复复没有定夺。幸好知近侍局副使徒单张僧派人找来平章政事完颜匡，章宗皇帝的圣旨才盖上大印。完颜匡入宫后，一切都按照章宗皇帝的遗诏处理，大事才定下来。章宗皇帝病危之际多次召唤李元妃，但李元妃一次都没有前去，就算章宗皇帝去世前召见李元妃，李元妃仍在和她的母亲策划阴谋，拒绝见章宗皇帝。以往章宗皇帝临幸其他宫人，李元妃心存嫉妒，甚至令女巫制作纸人、木人和鸳鸯符诅咒章宗皇帝没有后代。李元妃的种种不轨行为罄竹难书。在事情败露后，朕派大臣前去审问，她们已经认罪。朕又派宰相复审，她们同样供认不讳。经过讨论，李元妃应被处以极刑。朕念及李元妃长期侍奉章宗皇帝，有意免其一死，但王公百官都认为不能姑息。朕只得赐李氏自尽，王盼儿和李新喜也明正典刑。李氏的兄长安国军节度使李喜儿、弟弟少府监李铁哥也都按律处理，恢复他们宫籍监奴婢的身份，发配到偏远的州县。"

在完颜匡的帮助下，完颜永济仅用了不到半年的时间就彻底铲除掉李元妃一党。然而，李元妃大概率是被诬陷。虽然李元妃确实有架空完颜永济的筹谋，但远没有胆量和能力"偷梁换柱"。根据后来人回忆，范氏的胎气是在金章宗去世后的第三天受损，金章宗病危时也没有让完颜匡负责皇宫内外一切事务的安排。因此有人推测完颜匡是想独揽拥立完颜永济的功劳，所以才诬陷李元妃。等到完颜永济被纥石烈执中弑杀后，金章宗的庶长兄完颜珣继位，也就是金宣宗。金宣宗出于政治目的，彻底为李师儿平反。金宣宗下诏："大安初年，东海郡侯（完颜永济）说李元妃和她的母亲王盼儿勾结李新喜，诱骗贾氏谎称有孕，最终正法。朕知道章宗皇帝圣明有德、聪慧绝伦，怎么会被这样低级的谎言欺骗。近期朕召集群臣讨论这件事，武卫军副使兼提点近侍局完颜达、霍王傅大政德等人都声明贾氏是被冤枉的。当时完颜达身为章宗皇帝身边的近侍，大政德更是参与护理贾氏，所以了解内情。朕不敢疏忽，亲自询问、广求证据，发现贾氏谎称有孕的事确实没有真凭实据，当时受到牵连被贬被罚的人都赦免归家。"至此，受牵连的李元妃族人才脱离苦海。

虽然李元妃的大起大落让人唏嘘，但金章宗宠信李氏一族确实在一定程度上破坏了金朝清明的政治风气。对此，金元之际的文人士大夫多有回忆。比如刘祁说道："在李元妃一家最受宠的时候，权势不弱于唐代开元年间的杨贵妃一家，好在他们只是奢侈放纵，还不至于危害国家和百姓。也有人说李元妃其实长得并不美丽，只因聪明机敏可以迎合章宗皇帝，才得到宠爱。李元妃起初没有文化，见到金章宗爱好文学后，她就开始学习诗文，在女性中也是难得的人物。"相较于刘祁的评价，元好问则认为李元妃一党已经对国家稳定构成威胁，说道："当李元妃受宠后，金章宗任命李喜儿为宣徽使，权势可与杨国忠相比"，"泰和年间，李元妃干预国家政务，她的兄弟都在皇帝身边，权势滔天，把天下搅动得混沌不清"，"在李元妃和她的兄弟最受宠的时候，内外无不讨好归附他们"。

总之，金章宗宠信李元妃无可厚非，但重用李氏外戚确实扰乱了金朝正常的政治秩序。与此同时，金章宗在宰相人选方面也犯了错误。

三、经童再作相

刘祁说金章宗时期的一大问题就是外戚和小人参与政务，外戚自然是指李元妃一族，小人则主要是针对胥持国而言。胥持国在金章宗时期长期身居相位，虽然颇有政绩，但品行缺陷导致胥持国主政时期朝野风气陡然败坏。

胥持国字秉钧，是代州繁畤人。相较于其他身居宰执之位的沙场宿将或儒学名士，胥持国的出身被人们诟病，因为他既不是军功显著的名将，也不是才高八斗的进士，仅仅在少年时中过经童科。出身不入流的胥持国之所以能够成为国家最高统治集团的一员，一方面源于胥持国确实具备不俗的政务能力，另一方面则出于金章宗的宠信。

胥持国中选经童科后长期在基层任职，在担任博野县县丞期间，他把握住机会，成为皇太子完颜允恭的东宫僚属。当时有人向朝廷举报说民间存在以"太子务""大王庄"等名目冒占国家

世章之治：盛世下的危机

土地的情况，尚书省让胥持国核实此事。经过调查，胥持国上报道："这些土地从宋代时开始就是民田，国家不能擅自将这些土地收为国有。"由于胥持国稳妥地处理了这件事，朝廷将胥持国擢升为太子司仓，后由转掌饮令兼太子司仓。完颜允恭很快也注意到胥持国的才能，又将胥持国提拔为祗应司令。

由于胥持国长期在东宫任职，金章宗在即位前就了解胥持国善于理财。等到金章宗登基后，立即任命胥持国为宫籍副监，并赏赐他50万宫籍库钱和一所住宅。之后金章宗又擢升胥持国为同签宣徽院事、工部侍郎，同时兼任宫籍监长官，胥持国已经成为炙手可热的皇帝近臣。三个月后，胥持国又被金章宗擢升为工部尚书，成为国家高级官员。在任职期间，胥持国出使南宋，积累下不小功绩。在明昌四年（1193），胥持国进入中枢，担任参知政事，为了封堵官民议论，金章宗还特赐胥持国为孙用康榜进士及第。

在胥持国担任参知政事后不久，黄河决堤造成洪灾。金章宗命胥持国监督修筑堤坝的工程，胥持国很好地完成任务。第二年，胥持国升任尚书右丞。胥持国的升迁速度如同坐着火箭一般，这虽然离不开金章宗对胥持国的宠信，但也是胥持国刻意经营的结果。实事求是地讲，胥持国具备出众的理财能力，但他在为人方面缺少节操，善于揣测人主的心理，还善于玩弄权术。由于胥持国长期在东宫，知晓金章宗喜好美色，便暗中搜集房中秘术献给金章宗。等到起于微末的李元妃扶摇直上后，胥持国又大肆贿赂李元妃身边的人。李元妃出身低贱，在朝中没有根基，所以也需要胥持国的帮助。很快两个人就结成同盟，李元妃不断在金章宗面前称赞胥持国为人老成、能力超群，本就喜欢胥持国的金章宗自然如沐春风，更加信任胥持国。胥持国就这样和李元妃互为表里，把握朝政。

正是在李元妃和胥持国的推波助澜下，被官民拥戴的宰相完颜守贞遭到罢免。完颜守贞是金朝开国功臣完颜希尹之孙，在金世宗时期就显露了才干，金世宗曾对宰相说："作为勋臣希尹的后裔，完颜守贞具有非凡的才能，日后必可大用。"金章宗即位后，完颜守贞被任命为刑部尚书兼右谏议大夫。不久后，完颜守贞进入中枢担任宰相。完颜守贞执政时期号称"明昌之治"，但一时风头无两的完颜守贞很快就遭到李元妃和胥持国的排挤。

胥持国和李元妃怂恿金章宗将完颜守贞调出中都，之后金章宗一度想把完颜守贞再召回中都，但尚未付诸行动，就在李元妃、胥持国的反对下不了了之。由于担任西京留守的完颜守贞把西京治理得井井有条，得到回京向金章宗述职的机会，金章宗再

世章之治：盛世下的危机

次流露出将完颜守贞留在朝中委以重任的心思。得知消息的胥持国急忙指使自己的心腹监察御史蒲剌都等人诬告完颜守贞在北部边境贪赃受贿、私匿牲畜。金章宗让完颜守贞和蒲剌都在崇政殿对质，完颜守贞义正词严地驳斥了种种诬陷，蒲剌都无言以对，继而御史中丞董师中进谏说："完颜守贞是难得的人才，他清正廉洁，才华出众，愿陛下重用。"与董师中一同进言的还有右拾遗路铎和户部郎中李敬义。金章宗便任命完颜守贞为平章政事，封萧国公。

再次拜相的完颜守贞成为胥持国的眼中钉、肉中刺，恨不得除之而后快。每当朝廷议事，完颜守贞与胥持国两人从未达成过一致。完颜守贞的支持者也在不断弹劾胥持国，但一些激进行为引起了金章宗的反感。某一天，金章宗询问路铎朝廷风气不正的缘故，路铎直截了当地回答道："当今朝廷的一大弊病就是胥持国把持朝政，排挤迫害忠臣。"金章宗对路铎的言辞极为不满，说道："一切事务都是由朕定夺，怎么能说宰相权力太重呢？"赵秉文入朝为官后也第一时间上书金章宗，建议金章宗重用君子、远离小人。金章宗询问赵秉文谁是君子、谁是小人，赵秉文直白地表示："君子是完颜守贞，小人是胥持国。"

由于天气炎热，金章宗与李元妃欲往山后景明宫避暑，可当

第六章　金源道衰何从起

时一连好几年闹灾，民不聊生、国库空虚，御史中丞董师中、侍御史贾铉以及治书侍御史粘割遵古便联名上言："此行劳民伤财，不可轻举。都城周边的园林足以赏玩，近畿山野也满是珍禽异兽，足够畋猎习武，何必动用千车万骑远涉边陲呢？"金章宗看完奏章还在犹豫，李元妃却在旁不耐烦地说："天子去避暑这样的小事，也要招他们喋喋不休，真是不知趣。"金章宗便将董师中等人奏章退回。未承想董师中等人再次上书："近两年水旱灾情严重，陛下曾下诏减少土木工程，节省不必要的开支，民众为之欢欣。去年西京、北京和临潢诸路颗粒无收，加之修筑边堡界壕，已是财力困乏、米粮价格大涨，若再兴师动众，势必会增加民众负担。陛下倘若不采取措施，恐怕民间就要发生犯上作乱的事，望圣上三思。"左补阙许安仁、左拾遗路铎也相继进谏。金章宗无奈听从众臣所奏，下诏解释道："只因酷暑难耐，朕才想要到山后避暑，如今台谏上奏说尚有多处百姓没有粮吃，朕对此并不知情，现在既然已经了解情况，就算酷暑再怎么难熬，也会以民众的疾苦为重，北幸山后就此作罢。"深知金章宗心意的胥持国趁机挑拨金章宗与这些倾向完颜守贞的台谏官的关系，到处散布董师中所谏皆无中生有，是有意违抗皇上旨意。久而久之，金章宗相信了这种说法。

世章之治：盛世下的危机

等到第二年，金章宗又要率领文武大臣到山后景明宫，董师中等人以为再次进谏能获得皇上的嘉纳，言词更加激烈，态度更加坚决，却招致金章宗大发雷霆。金章宗派人严厉斥责董师中等人："卿等所言虽不是毫无道理，但也不是完全可取，而且卿等的言行已经有失君臣之体。朕岂能事事听从你们的摆布，难道就做不了一点主吗？"见到金章宗如此表态，胥持国加紧安插亲信，严密监视完颜守贞及其拥护者。在时机成熟后，胥持国通过李元妃在金章宗面前编造完颜守贞的罪状："完颜守贞权倾朝野，他手下不仅拥有大批文人学士，还利用自己的威望和影响竭力拉拢董师中、路铎等台谏官，已经形成一股危及皇帝的政治力量。完颜守贞还结交近侍，暗中打探皇上和皇妃的日常起居，似要图谋不轨。完颜守贞就是如今京师不得安宁、皇上旨意难以推行的罪魁祸首。望陛下明察。"金章宗虽然欣赏完颜守贞的才干，但也畏惧他的刚正，便以常与近侍窃语宫中密事的罪名将完颜守贞贬出京师，不久后完颜守贞在济南府任上病逝。

在彻底铲除完颜守贞后，胥持国更是肆无忌惮，将朝政控制在手中。一些趋利忘义之辈纷纷投效胥持国，就连之前一直对抗胥持国的董师中也依附胥持国。朝堂上的正义之士厌恶这种卑贱、庸俗的政治风气，私下称之为"经童作相，监婢为妃"。随

第六章　金源道衰何从起

着投效胥持国的小人越来越多，甚至形成所谓"胥门十哲"的小团体。在承安三年（1198），御史台上奏弹劾道："右司谏张复亨、右拾遗张嘉贞、同知安丰军节度使事赵枢、同知定海军节度使事张光庭、户部主事高元甫、刑部员外郎张岩叟、尚书省令史傅汝梅、张翰、裴元、郭郛等10人都是通过勾结权贵得到职位，被民间戏称为'胥门十哲'。尤其是张复亨和张嘉贞，一向卑鄙奸佞、蝇营狗苟，完全无法承担谏官的职责，应该把他们全部罢免。"金章宗见到群情激奋，便将张复亨、张嘉贞等人外放，胥持国也因此事被勒令退休。

然而，得到李元妃支持的胥持国很快又被金章宗起用，担任知大名府事，不久后升任枢密副使，在北京大定府辅佐枢密使完颜襄治理军务。毫无疑问，金章宗是在为胥持国再次进入中枢为相造势。但金章宗的心思被反对胥持国的其他臣子探知，某日，金章宗召见礼部尚书张暐、大理卿麻安上与翰林修撰路铎商讨事情，言语涉及到对董师中和张万公的评价。路铎趁机上奏道："董师中通过依附胥持国得到升迁，赵枢、张复亨、张嘉贞这些人也都是胥持国的门人，在胥持国罢相后，张嘉贞又投效完颜襄，其人品可见一斑。胥持国是天下公认的奸邪小人，根本不配掌管军务，依微臣看来，胥持国既然不能让百姓信服，自然也无法让众军信服，要是再让胥持国回朝担任宰相，天下必然大乱。"金章宗见到胥持国如此不得人心，只能无奈接受路铎的建议，说道："臣子难以决定如何用人，天子却可以做到，朕怎么会再让胥持国担任宰相呢？顶多也就是封赠他两级官阶，让他再次退休。"

得知再次拜相无望后，已经年老的胥持国顿感无力，不久后就病逝于军中。金章宗与胥持国的感情很深，赐予胥持国"通敏"的谥号。金章宗对胥持国究竟是忠是奸仍存疑虑，对平章政事张万公说道："胥持国已经去世，他为人到底怎么样？"张万公回答道："胥持国平素行事确实不够纯正。"金章宗仍有意为胥持国开脱，说道："这也不见得胥持国是好利的小人。"由此观之，元朝史官评价金章宗明知胥持国为人不堪却出于一己私欲对其加以重用的言论不失公允，胥持国得势的确也离不开金章宗在背后的支持。

四、后继又无人

随着在位时间越来越长，没有皇嗣逐渐成为金章宗最大的心病。事实上，金章宗曾有过6个儿子，即钦怀皇后所生的完颜洪裕，资明夫人林氏所生的完颜洪靖，其他姬妾所生的完颜洪熙、完颜洪衍、完颜洪辉以及后来李元妃所生的完颜忒邻。但金章宗的这些儿子全都因病夭折。

完颜洪裕出生于大定二十六年（1186），正值金章宗的父亲完颜允恭去世一周年之际，本来金世宗正在忧伤，听说皇曾孙降临后转忧为喜，在庆和殿设宴庆祝，赐给完颜洪裕金鼎、金香合、20端重彩、骨睹犀、吐鹘玉山子、1副兔儿垂头和2匹名马，金章宗则向金世宗进献玉双驼镇纸、玉琵琶拨、玉凤钩、骨睹犀具佩刀和一袭衣服作为回礼。金世宗心情极佳，直至深夜宴会才结束。但在大定二十八年（1188）十月，还不到3岁的完颜洪裕夭折。金章宗对自己这位唯一的嫡子怀有深厚的感情，在明昌三年（1192）追封完颜洪裕为绛王。

完颜洪靖本名阿虎懒，出生于明昌三年（1192）。婴儿期的完颜洪靖非常警秀，令金章宗十分喜爱，但次年完颜洪靖也因病夭折。金章宗在承安四年（1199）追封完颜洪靖为荆王，加开府仪同三司。完颜洪熙本名讹鲁不，也出生于明昌三年（1192），然而出生不到一个月，完颜洪熙便夭折。承安四年（1199），金章宗追封完颜洪熙为荣王，加开府仪同三司。完颜洪衍本名撒改，出生于明昌四年（1193），出生仅数日便夭折。承安四年（1199），金章宗追封完颜洪衍为英王，加开府仪同三司。完颜洪

世章之治：盛世下的危机

辉本名讹论，出生于承安二年（1197）五月。在完颜洪辉满月后，金章宗封完颜洪辉为寿王。不久后完颜洪辉也生了急病，已经一连失去4个儿子的金章宗极度紧张，连忙招募医生为完颜洪辉诊治，宣称只要能医治成功，就加赐医者宣武将军和500万钱。在完颜洪辉痊愈后，金章宗印刷1万卷《无量寿经》作为答谢，又在衍庆宫作普天大醮7日，同时禁止臣子上奏刑名事件、杜绝民间宰杀生灵。但好景不长，当年十月完颜洪辉还是夭折。完颜忒邻是金章宗与李元妃的儿子，有关他的事迹我们在之前曾有讲述。

虽然金章宗正值壮年，还有继续养育儿子的希望，但暂时没有皇子的金章宗也不得不思考在自己百年之后将皇位传给何人。按照常理来说，一旦无望父死子继，兄终弟及应是首选。换言之，金章宗大概率应该在自己的兄弟中培养接班人。金章宗共有6名兄弟，即完颜珣、完颜琮、完颜瑰、完颜从彝、完颜从宪和完颜玠。

完颜珣，女真名吾睹补，是完颜允恭的庶长子，母亲是刘氏，生于大定三年（1163）。大定十八年（1178），完颜珣被封为温国公。金章宗即位后，完颜珣晋封为丰王，加开府仪同三司；承安元年（1196），晋封翼王；泰和八年（1208），晋封邢王，后又封升王。在职位方面,完颜珣在金章宗一朝先后担任兵部尚书、吏部尚书,后又在地方上担任永定军节度使、彰德军节度使,具有丰富的政治经验。

完颜琮,女真名承庆,母亲是田氏。完颜琮仪表不俗、风度翩翩,又机警清辩、性格宽厚、勤勉好学。金世宗十分喜爱完颜琮,特意命德才兼备的女真进士纳坦谋嘉做完颜琮的老师,教授完颜琮女真小字和儒学经典。完颜琮长大成人后不重钱财、乐于施舍,在骑射、绘画、雕塑等领域都颇有造诣。大定十八年(1178),完颜琮被封为道国公。金章宗即位后,晋封完颜琮为郓王。但在明昌五年(1194),完颜琮去世。

完颜瑰,女真名桓笃,母亲也是田氏。完颜瑰为人宽厚,沉默寡言,重视修身养性,善于作诗、骑射、书法,还精通女真大字和女真小字。大定二十二年(1182),完颜瑰被封为崇国公。金章宗即位后,晋封完颜瑰为瀛王,然而在明昌三年(1192),完颜瑰去世。金章宗和完颜瑰关系很好,对完颜瑰的去世极为伤心,对宰臣说道:"瀛王自幼忠孝,在朕的兄弟中最为善良,因此朕经常让他陪伴左右。"

完颜从彝,女真名阿怜,母亲也是田氏,完颜从彝出生后不久,田氏去世,因此完颜从彝是在石抹氏的养育下长大的。大定

世章之治：盛世下的危机

二十五年（1185），完颜从彝被封为宿国公。金章宗即位后，完颜从彝被封为沂王；承安元年（1196），担任兵部尚书，改封蔡王；承安四年（1199），改任秘书监；泰和八年（1208），再改封霍王。

完颜从宪，女真名吾里不，母亲是刘氏。金章宗即位后，完颜从宪受封寿王；承安元年（1196），晋封为英王；承安四年（1199），改封为瀛王；泰和六年（1206），担任秘书监。泰和八年（1208），完颜从宪因病去世。

完颜玠，女真名谋良虎，母亲是王氏。完颜玠自幼聪明秀气、性情温和、爱好学习。金章宗即位后，完颜玠被封为温王。但在明昌三年（1192），年仅11岁的完颜玠去世。

在兄弟之外，金章宗还有一个选择，就是在健在的叔伯中选定皇储。在杀掉完颜永蹈和完颜永中后，金章宗时常觉得有负于祖父金世宗和父亲完颜允恭，因此在不放松对叔伯防范的同时，也对他们予以必要的关怀。完颜永功在金章宗一朝始终在地方为官，在明昌二年（1191）担任判广宁府事，次年改任判彰德府事，承安二年（1197）担任判太原府事，泰和七年（1207）改任西京留守，泰和八年（1208）又改任判平阳府事。完颜永德在大定二十九年（1189）判秘书监，明昌五年（1194）迁劝农使，承

第六章 金源道衰何从起

安三年（1198）再任劝农使。金章宗即位后，完颜永成担任判真定府事，明昌三年（1192）改判太原府事，承安元年（1196）改判平阳府事，泰和四年（1204）去世。再就是完颜永济。金章宗即位后，完颜永济担任判安武军节度使，明昌四年（1193）改判兴平军节度使，五年（1194）改判沁南军节度使，承安三年（1198）改判昭义军节度使，泰和元年（1201）改判彰德府事，五年（1205）改判平阳府事，七年（1207）改判武定军节度使。

由此观之，金章宗去世前可以选择的皇位继承人有自己的兄弟完颜珣、完颜从彝和叔父完颜永功、完颜永德、完颜永济。私心作祟的金章宗在人选方面出现失误。在众多候选人中，金章宗最钟爱的是卫王完颜永济。完颜永济是完颜永蹈的亲母弟，但和张扬且有非分之想的完颜永蹈相比，完颜永济低调得多，显得性格柔弱，同时完颜永济也没表现出出众的智慧与才能。所以在众多叔伯中，金章宗最放心的就是完颜永济，这才异想天开地认为完颜永济会老老实实地遵照自己的遗诏册封自己的遗腹子为皇储。在泰和八年（1208），金章宗的身体每况愈下，他自己也感觉到时日无多。十一月，担任武定军节度使的完颜永济接到旨意入中都朝见，在完颜永济告辞返程时，金章宗将他留下，说道："难道叔父不知朕此时将你召进中都的深意吗？莫非你不想成为

世章之治：盛世下的危机

天下之主，竟然这么急着回去。"此时李元妃也在金章宗身边，闻听此言大惊失色，连忙说道："此等大事不可轻言。"

在金章宗的执意挽留下，完颜永济滞留中都，金章宗病危之际，李元妃和黄门李新喜派内侍潘守恒召完颜永济进宫，潘守恒虽是宫中的小厮，但颇懂礼法，他向李元妃提出建议："如此重要的事情应当有国家重臣在场作为见证。"李元妃便让潘守恒先将平章政事完颜匡召入宫中，然后才召完颜永济入宫。等到金章宗驾崩，完颜匡等人宣读遗诏，立卫王完颜永济为帝，完颜永济便在金章宗的灵柩前即位，成为金朝的第七位皇帝，也就是卫绍王。

我们之前曾经提到过，卫绍王即位后一改柔弱的形象，立即铲除了李元妃一党，消灭了动摇自己皇位的威胁。大安二年（1210）八月，完颜永济立自己的儿子胙王完颜从恪为皇太子。至此，金朝似乎又一次有惊无险地完成最高权力的交接。然而，卫绍王的拨乱反正止步于消灭政敌，对金章宗遗留下来的其他问题基本都置若罔闻。与此同时，已经整合漠北高原数年的成吉思汗正在虎视眈眈。卫绍王早年曾经接待过成吉思汗，因此成吉思汗对卫绍王有所了解，在得知完颜永济做了金朝皇帝后，成吉思汗不屑地表示："我本以为中原的皇帝都是天人之姿，没想到这

第六章 金源道衰何从起

样庸俗懦弱的人也能当皇帝。"

在成吉思汗带领蒙古军队进攻西夏的时候，西夏多次向金朝求援，鼠目寸光的卫绍王竟然坐视不管，认为这是两个敌国的战争，自己可以渔翁得利。最终，西夏无奈向成吉思汗请降，成为日后蒙军攻金的急先锋。不久后，蒙古军队开始攻金，经过野狐岭之战，金军大败，丧失在正面战场与蒙古军队作战的资本。长期不被金朝信任的契丹人和其他北方部族也开始反抗金朝的统治，辽东、山东的汉人也聚众反金，金朝处于四面受敌的状态中。

面对外患，卫绍王束手无策，只能与大臣相对而泣。至宁元年（1213）八月，成吉思汗率大军逼近中都，负责防守中都北面的右副元帅纥石烈执中不仅不认真布防，反而一味游玩。完颜永济派使臣到军营去严词督促，纥石烈执中恼羞成怒，联络完颜丑奴、蒲察六斤、乌古论夺刺等人于八月二十五日凌晨反叛，从通玄门杀入中都东华门，占据皇宫。次日，纥石烈执中劫持完颜永济出宫，派宦官李思中将其毒杀。九月，胡沙虎迎立金章宗的庶长兄完颜珣为帝，即金宣宗。十月，元帅右监军术虎高琪又在金宣宗的默许下诛杀纥石烈执中。几番折腾下来，金朝的统治力量已经分崩离析，只能凭借成吉思汗西征之际无暇南下的间隙苟延残喘。不过，金朝还要面对西夏、南宋以及地方军阀的挑战，处于国土越来越小、力量越来越弱的状态中，最终在蒙古军重新南下后灭亡。自金章宗病逝到金朝灭亡，才过了短短的26年。

虽然并不能完全将金朝的灭亡归咎于金章宗传位于卫绍王，毕竟在当时的历史环境下，除非出现雄才大略的一代英主，否则任何人都很难抵挡住横扫欧亚大陆的蒙古铁骑。但不可否认，金章宗的决定极不成熟，卫绍王的执政一定程度上确实加速了金朝崩溃的速度。正如李锡厚、白滨两位学者所论：卫绍王在位时期的种种不当决策使得金朝迅速衰落，已显露败亡的征兆。

尾 语
日中须景昃，月满必光亏

　　金朝国祚一共 119 年，金世宗与金章宗祖孙的统治时间就长达 47 年，这一时期也是金朝国家体制转型的最关键阶段。从效果上来看，金世宗与金章宗开创的"世章之治"在有金一代确实可以称作盛世，但这个盛世起源于数十年的征杀，也终结于数十年的混战。因此，与其说"世章之治"是国泰民安的盛世，不如说是难得的和平光景。

　　正如之前已经说过的，无论是在金世宗时期，还是在金章宗治下，金朝的太平背后都隐藏了许多危机，这些危机最终在蒙古

世章之治：盛世下的危机

的外力作用下一同迸发，共同摧毁了金朝。对于"世章之治"的这种特质，金末元初的大人物耶律楚材有很清楚的认知，他曾作诗说："大定民兴咏，明昌物适宜。日中须景昃，月满必光亏。"也就是说金世宗和金章宗统治时期的金朝虽然得享一时太平，但正如月满必亏一样，金朝由盛转衰已不可避免。

其他文人士大夫也从各个角度分析了金朝在金章宗时期由盛转衰的原因，比如刘祁表示金章宗虽然聪慧，又爱好文学、崇尚儒雅，但是金章宗的文治仅限于吟诗作赋，忽略了对治国理政之道的追求，而且金章宗内心也和金世宗一样偏向女真人，导致金章宗时期的大臣多是阿谀奉承之辈。刘祁认为以上种种是卫绍王、金宣宗时期金朝国势急转直下的根源。杨奂则指出，因为金世宗、金章宗时期承平日久，朝野之间都失去了进取的精神，形成崇尚奢靡享受的社会风气，就连士大夫为文作诗也是一味粉饰太平。

由此观之，金元之际的文人士大夫已经意识到金世宗、金章宗治下的金朝存在诸多隐患。可惜当局者迷，金世宗虽然追求长治久安之道，但无法找到在保持女真人特权的前提下整合人心的终极答案。相较于金世宗，金章宗虽也一度励精图治，甚至北伐南征，使金朝的声势达到顶峰，但养尊处优又年少即位使得金章

尾　语　日中须景昃，月满必光亏

宗多少有一些"何不食肉糜"的先天缺陷，好大喜功、率性而为也就成为金章宗的性格标签，也成为金章宗时期的政治风格。总之，"世章之治"成为隐藏诸多内外危机的"另类"盛世，虽有一定的偶然性，但也是历史发展的必然结果。

后 记

面对即将出版的第一本书,我竟思绪万千,不由追忆起2015年9月硕士入学时。当时我刚刚迈入历史学的门槛,对未来的学习虽充满热情,但在研究方向方面实在缺乏系统的规划。幸运的是,我遇到了王德朋老师,由此开始了辽金史的学习。后经王老师推荐,我又幸运地进入吉林大学追随高福顺老师继续深造。在即将博士毕业之际,当高老师得知我对未来尚无明确的规划后,遂将我推荐给首都师范大学江湄老师,我就此又幸运地成为江老师门下的第一位博士后。

后 记

　　回想近 10 年的求学生涯，总结起来似乎只有四个字——何其有幸。遗憾的是，我虽得三位恩师教诲，并被他们看重，但终究没能达到他们期盼的地步。每念至此，无比惭愧。

　　然而惭愧的是过往，憧憬的是未来。希望这本《世章之治：盛世下的危机》可以带给我新的力量，激发我更多的写作灵感。行笔至此，我确确实实要感谢下金世宗和金章宗，无论这两位女真帝王究竟功过几何，对我而言终究是"恩人"。我虽早已读过《金史》和其他金史材料，但并未对金世宗与金章宗有过多关注。直至 2020 年，在读《王恽全集汇校》时，偶然发现王恽诗文中常见"大定明昌五十年"之句，由此激发我写成《记忆·现实·愿景：论元代北方文士的"大定""明昌"情结》一文。此后，我保持对金世宗和金章宗的关注，又先后写出《典范与前戒：元代前期北方士人的"以金为鉴"思想与实践》《"〈金本纪〉所载世宗嘉谟懿训最详"对金世宗形象的塑造——兼论金世宗作为明君典范的时效性》二文。我想，《世章之治：盛世下的危机》与我之间注定有一种缘分。

　　这个缘分就是耿元骊老师的信任。依稀记得，大概是在 2023 年 6 月中旬的一天傍晚，我收到耿老师发来的信息，他先是关心我博士后出站后的去向，随后问我是否有兴趣撰写一本有关金朝

世章之治：盛世下的危机

历史的通俗读物。耿老师主编的"宋朝往事"系列丛书早已名声在外，我当然乐于加入其中，并第一时间选择了"世章之治：盛世下的危机"这个主题。在此，我要郑重地向耿老师致谢，谢谢他的信任与提携。

要感谢的还有我的三位恩师，感谢他们对我的栽培和期望，我唯一能做的，就是不忘初心、继续努力。

还要感谢前辈学人对金世宗、金章宗的持续探讨，本书大量参考了前人的研究成果，但限于体裁，无法一一列出征引文献及作者，在此谨致谢忱。

以"史"为鉴，方能知兴替、明得失、抑浊扬清，如果本书能够发挥一点"史鉴"作用，我愿足矣。

张宝坤

2024 年 11 月 10 日

记于内蒙古呼和浩特